스펄전 메시지 시리즈 ❷

찰스 해돈 스펄전의
고난주간 메시지
SERMONS ON THE PASSION OF CHRIST

찰스 해돈 스펄전 지음
왕인성 옮김

C. H. Spurgeon

기독교문서선교회

기독교문서선교회(Christian Literature Center: 약칭 CLC)는 1941년 영국 콜체스터에서 켄 아담스에 의해 시작되었으며 국제 본부는 미국의 필라델피아에 있습니다.

국제 CLC는 59개 나라에서 180개의 본부를 두고, 약 650여 명의 선교사들이 이동도서차량 40대를 이용하여 문서 보급에 힘쓰고 있으며 이메일 주문을 통해 130여 국으로 책을 공급하고 있습니다.

한국 CLC는 청교도적 복음주의 신학과 신앙서적을 출판하는 문서선교 기관으로서, 한 영혼이라도 구원되길 소망하면서 주님이 오시는 그날까지 최선을 다할 것입니다.

Sermons on the Passion of Christ

Written by
Charles Haddon Spurgeon

Translated by
In Seong Wang

All rights reserved

Korean Edition
Copyright © 2017, 2025 by Christian Literature Center
Seoul, Korea

Sermons on the Passion of Christ

Sermons on the Passion of Christ

| 발간사

| 찰스 해돈 스펄전의 생애와 설교

박영호 박사

언약신학원 원장

1. 신앙적 배경과 목회

오늘날 사람들에게 찰스 해돈 스펄전(Charles Haddon Spurgeon, 1834-1892) 목사가 누구인지 물어본다면 그 대답이 너무 다양해서 놀랄지 모르겠습니다. 대부분의 사람들은 설교의 황태자, 청교도의 황태자로 부르며 유명한 설교가였다고 생각할 것이고, 다른 사람들은 침례교인이였다고 말할지도 모르겠습니다. 또 다른 사람들은 19세기에 영국에 살았던 목사라고 기억할 것입니다. 이 모든 말이 사실이지만, 찰스 해돈 스펄전에 관해 훨씬 더 많은 이야기들이 있습니다.

스펄전은 1834년 회중교회 가정에서 17명의 자녀 가운데 맏아들로 태어났으며, 조부와 증조부 모두 독립파 교단의 목사였습니다. 이러한 집안 내력은 지금 보기에는 하나도 이상할 것이 없지만, 19세기 중반의 영국에서는 상황이 다릅니다. 그 당시 이런 집안이라는 것은 영국 국교회에 반대하여 비국교도에 헌신했다는 것을 의미했습니다.

그리고 스펄전 목사는 그 시절 영국을 사로잡았던 산업혁명 영향에서 멀리 떨어진 시골에서 자랐습니다.

1850년 1월 6일, 16세가 되던 해에 스펄전 목사는 콜체스터에 있는 프리미티브 감리교(Primitive Methodist) 집회에서 회심하였습니다. 설교자는 이사야 45장 22절 "땅의 모든 끝이여 내게로 돌이켜 구원받으라 나는 하나님이라 다른 이가 없느니라"는 본문 말씀을 중심으로 "나를 바라보라"는 제목의 설교를 하였습니다. 스펄전은 이 설교에서 깊이 감동하게 되었으며, 구원의 기쁨과 회심을 느꼈습니다.

비록 그의 어머니에게는 슬픔이었지만 곧 침례교인이 되어 바로 평신도 설교자로 설교를 시작하게 되었습니다. 그는 1852년 워터비치에 있는 한 작은 침례교회의 목사가 되었습니다. 그 후에 설교 천재로 여겨지면서 스펄전 목사는 엄청난 수의 청중을 매혹하며, 시골을 넘어서 런던으로까지 큰 명성을 얻게 되었습니다. 이러한 큰 성공의 결과로 스펄전 목사는 1854년 뉴파크스트리트교회(New Park Street Chapel)에서 설교하도록 초청되었는데, 그의 나이가 불과 19세에 불과하였습니다.

스펄전 목사가 그 교회에서 첫 설교를 했을 때, 200석 규모의 자리를 다 채울 수 없었지만 일 년 안에 1,200석 자리의 교회가 차고 넘치게 되었습니다. 스펄전 목사는 곧 더 크고 넓은 장소에서 설교를 하기 시작하였고, 교회는 더 부흥 성장하여 마침내 런던 중심가의 메트로폴리탄교회는 1861년에 6,000석 규모의 예배당을 완공하게 되었습니다. 1892년 57세의 일기로 이 땅에서의 생을 마칠 때까지 그의 명성은 그칠 줄 몰랐습니다.

1856년에 스펄전 목사는 수산나 톰슨(Susannah Thompson)과 결혼하여 곧 슬하에 쌍둥이 아들, 찰스와 토마스를 두었습니다. 두 아들은 후에 아버지의 뒤를 이어 목회자가 되었습니다. 스펄전 목사는 목회자 훈련학교인 목회자대학(Pastor"s College)을 열어 그의 평생에 걸쳐 구백 명이 넘는 설교지를 양성하였습니다. 또한, 그는 불우한 소년 소녀들을 위해 고아원을 건립하였으며 고아들을 교육시켰습니다. 그리고 그의 아내 수산나와 함께 기독교 문서를 편찬하고 배포하는 사역을 성장시켰습니다.

스펄전 목사는 그의 40여 년의 목회사역 동안 천만이 넘는 사람들에게 설교했다고 전해집니다. 그의 설교는 매주 2,500부 이상 발간되어 팔렸고 20여 개의 언어로 번역되었습니다. 그는 135권의 저서를 출간했으며, 완전히 설교와 문서운동으로 복음을 전하는 데 헌신하였습니다.

스펄전 목사의 전 생애 동안 영국은 산업혁명으로 인해 시골 농경사회에서 도시 산업사회로 탈바꿈하고 있었습니다. 사회 전반의 급격한 변화로 여러 어려움과 공포가 영국 곳곳에 도사리고 있었습니다. 이 엄청난 변화의 소용돌이 가운데 공장 노동자나 가게 점원이 되기 위해 도시로 몰려들었던 사람들이 스펄전 목사의 회중이 되었습니다.

그 자신도 작은 시골에서 나고 자라서 거대하고 불친절한 도시로 이주해온 터라 보통사람으로서 보통 사람들의 영적인 갈급함을 뼛속 깊이 이해했습니다. 그는 복음을 친숙하게 만드는 화술가였으며 사람들의 마음 속 깊숙이 자리 잡은 필요를 지혜롭게 말하여 듣는 사람으로 하여금 그 말씀을 기쁘게 받아들이도록 만들었던 사람이었습니다.

스펄전 목사가 지금의 마이크나 스피커가 있기 전 시절에 설교를 했던 분임을 잊지 마시길 바랍니다. 다시 말해 앰프의 도움 없이 설교를 하셨던 분입니다. 한번 설교를 할 때 마다 2,000-3,000명이나 되는 청중 앞에서 어떠한 기계 장비의 도움도 없이 설교를 하셨습니다. 그 자신이 강단 위의 증폭기가 되어 설교하셨습니다.

스펄전 목사는 단순히 서서 딱딱한 설교를 읽는 분이 아니었습니다. 설교의 개요를 만들어 놓고, 설교 주제를 즉흥적으로 그때 그때 상황에 맞게 발전시키면서, "보통의 언어로 보통의 사람에게" 전하는 설교를 하셨습니다. 그의 설교는 이야기와 시, 그리고 드라마와 감동이 있었습니다.

스펄전 목사는 생명력 있게 항상 큰 동작으로 단상 위를 성큼성큼 걸어 다니며 설교하셨습니다. 그는 감각적 호소를 통해 설교했습니다. 큰 제스처를 사용하면서 이야기를 표현했으며, 유머를 사용하였고, 그림 언어를 이용하여 늘 자신의 설교에 큰 활력을 불어넣었습니다. 스펄전 목사에게 설교란 하나님의 진리를 이야기하는 것으로 이를 위해 어떠한 은사라도 마다하지 않고 사용하곤 했습니다.

스펄전 목사의 설교는 풍성한 기도와 말씀 연구로 가득한 그의 영적인 삶에 뿌리를 내리고 있습니다. 그는 신학적, 사회적, 정치적 유행에 현혹되지 않았습니다. 성경이 오직 그의 삶과 설교의 기초였습니다. 그는 성경 본문의 의미를 텍스트 안에서 파악할 뿐 아니라, 각각의 회중의 삶과 연관지어 이해하는 주해 설교자였습니다. 스펄전 목사에게 성경은 살아 있었고, 특별히 성도들의 사회적 지위나 경제적 상황 그리고 살고 있는 시대가 어떠하든지 그들의 삶과 밀접한 연관이 있었습니다.

스펄전 목사는 하나님의 계시를 완전히 받아들였습니다. 하나님의 계시란 예수 그리스도를 통한, 성경을 통한, 그리고 자신의 기도와 말씀 연구를 통한 계시를 말합니다. 그에게 계시란 아직 끝나지 않은 행위입니다. 일단 사람이 받을 준비가 되어 있으면 하나님은 여전히 지금도 그 자신을 계시하고 계십니다. 혹자는 스펄전 목사 자신이 신비로웠고, 또 하나님의 비밀들을 기꺼이 그리고 열정적으로 탐구했다고 말하고 있습니다.

스펄전 목사는 칼빈주의적 청교도 신앙을 가졌으며, "이것은 알고, 이것은 모르지만, 분명한 것은 여전히 신뢰할 것이다"라고 편안히 말하면서, 진리와 함께 거하는 삶을 살았습니다. 스펄전 목사의 "감각적 호소의 설교"는 우리에게 도전이 되며 본받아야 합니다.

2. 감각적 호소의 설교

스펄전 목사는 강단에 서기 위한 공식적인 설교 훈련을 받지 못했습니다. 그러나 그는 생생한 연설이라는 자신의 스타일을 개발했는데, 꾸밈이 없으면서도 날카롭고 강하게 교리적이면서 엄밀하게 경험적인 "감각적 호소의 설교"의 대가였습니다.

설교는 성경을 본문으로 한 일종의 기독교적 연설입니다. 설교자의 설교내용이 효과적으로 전달되도록 하기 위해서는 전달기술, 즉 설교 행위가 지적인 터치, 감각적·감성적 터치 위에 놓일 때에 효과를 배가시킬 수 있습니다. 따라서 무엇을 이야기할 것인가 하는 설교내용이 중요한 핵심 사안이지만, 그것 못지않게 중요한 것이 어떻게 이 내용을 감동적으로 전달할 수 있을 것인가 하는 전달기술과 행위의 기법문제입니다.

왜냐하면 설교의 목표는 회중으로 단순히 지적인 만족에 머물게 하는 것이 아니라 궁극적으로 그들의 삶을 변화시키는 데까지 나아가는 것인데, 이것을 가능하게 하는 것 가운데 하나가 곧 감정적인 터치이기 때문입니다. 즉, 설교의 내용을 듣고 웃고, 울고, 감동하는 감정적 터치가 이루어질 때 그것은 회중의 뇌리에 깊이 각인되며 그것이 의지의 변화를 촉진시키는 동력을 제공하기 때문입니다.

따라서 설교자는 설교 내용과 의지의 변화 사이에 중요하게 자리 잡아야 하는 "감동적 수용"을 간과해서는 안 됩니다.

1) 감각적 호소

설교의 전달행위와 관련하여 중요하게 부각하는 것이 "감각적 호소"(Sense Appeal)입니다. 말하자면 설교에서 감각적인 호소는 회중의 오감(시각·청각·촉각·미각·후각)을 자극하여 설교의 내용의 실감을 극대화하려는 기법으로 회중으로 오감의 터치를 통해 설교의 내용을 경험시키고, 이를 통해 전달의 효과를 높이려는 의도를 갖고 있습니다. 스펄전의 설교는 감각적 호소가 뛰어났습니다.

감각적 호소를 위해 설교자에게 필요한 기본적인 요소는 무엇입니까?

아담스(Jay E. Adams)는 이것과 관련하여 지각(Perception), 상상력(Imagination) 그리고 묘사(Description)를 핵심요소로 추천합니다.

첫째, 지각은 단순히 어떤 사물을 자세히 관찰한다는 것만을 의미하지 않습니다. 감각의 지각이라는 것은 관찰력과 함께 풍부한 지식을 요구하기 때문에 평소의 꾸준한 연구 태도가 설교자들에게 요구됩니다.

둘째, 종합적인 상상은 일차적으로 관찰된 개념을 확대시킴으로 가능케 됩니다. 이 확대 작업을 통해 우리는 모든 물질적인 실체를 궁극적으로 영적인 진리들과 연관시키는 데에 이르게 됩니다. 따라서 이 종합적 상상은 데일(R. W. Dale)이 지적하는 것처럼 영상 속에 있는 것을 다듬는 모방과 구분되어야 하며 오히려 이것을 구체화한 것(incarnating)이 되어야 합니다.

셋째, 사실적인 묘사는 설교자가 설교를 준비하면서 경험한 것을 회중도 동일하게 경험하게 한다는 데 그 핵심이 있습니다. 이를 위해 요구되는 것은 눈에 보이는 선명한 묘사와 풍부한 어휘력입니다. 특히 개념적이고 형이상학적인 단어나 표현 대신 단어 자체에 그림이 있는 단어들을 사용하는 것이 바람직합니다. 이상의 세 가지 요소는 적절하게 조화되어야 하며 동시에 각 요소는 철저히 훈련되어야 합니다.

2) 감각적 호소의 종류

(1) 시각적 호소

설교의 전달에서 가장 중요한 것의 하나가 회중을 설교의 내용 속에 동참하게 하는 것입니다. 즉, 설교자가 설교하는 내용을 들으면서 회중은 그들의 마음에 "마음의 그림"(mind painting)을 그리도록 "언어그림"을 시도하는 것입니다. 아담스가 주장하는 것처럼 몸이 육신의 눈으로 쉽게 볼 수 있듯이 마음도 영적인 눈으로 언어그림을 볼 수 있기 때문에 가능합니다.

설교 역사상 감각적 호소의 기법을 가장 완벽하게 설교에 도입한 인물로 찰스 스펄전을 들 수 있습니다.

> 그러나 여기를 보십시오!
> 십자가에 달려 있는 저분을 여러분은 보십니까?
> 그의 가슴 위로 고요히 떨구어진 그의 고통스런 머리를 바라봅니까?
> 그의 볼 위로 뚝뚝 떨어져 내리는 핏방울의 원인이 되어 있는
> 저 가시 돋친 면류관을 봅니까?
> 꿰뚫려 갈라진 그의 두 손과 잔인한 두 못으로 거의 쪼개어진,

체중을 지탱하고 있는 그 의 신성한 발을 여러분은 봅니까?
갈보리의 십자가, 예수님의 피흘리는 손에서 자비가 뚝뚝 떨어집니다.
겟세마네 동산, 구주의 피 흘린 자국에 용서가 맺힙니다.
부르짖음이 들립니다.
"나를 앙망하라, 그리하면 구원을 얻으리라"
그곳을 보십시오…
여러분을 위해 못박힌 두 손, 여러분을 위해 피를 뿜어낸 두 발,
그 품이 여러분을 향해 열려있습니다.
만일 그대가 어떻게 자비를 구해야 할지 모른다면, 자 여기 있습니다.

이런 시각적인 호소는 단지 사실적으로 일어난 사건이나 인물에만 해당하는 것이 아니라 어떤 상상적인 가상적인 장면들에 대해서도 가능합니다. 이런 시각적인 호소는 회중으로 설교자가 설명하는 사안에 대해 관념적인 수용 대신 "경험적"인 수용을 가능하게 하며 이렇게 일단 회화적으로 회중 스스로 그려낸 설교의 내용은 단지 언어 내용에만 의지하는 관념적·개념적 전달보다 훨씬 강력한 상을 회중으로 간직하게 한다는 점에서 긍정적입니다. 특히, 이렇게 제공되는 그림들은 동작에 의한 움직이는 그림이기 때문에 생동감을 가질 뿐 아니라, 그 자체로 분명한 설명을 기도하기 때문에 더욱 극적인 효과를 거둘 수 있습니다.

죄인들이여!
여러분은 그가 "엘리 엘리 라마 사박다니"라고 부르짖는
외마디 소리를 듣습니까?
여러분은 그가 "다 이루었다"라고 외치는 소리를 듣습니까?

여러분은 그의 머리가 죽음 속에 매달려 숙여져 있는 것을 목격합니까?
창으로 꿰뚫린 부분과 십자가에서 내려진 시체를 봅니까?
오, 그대여 이곳으로 오십시오!

(2) 청각적 호소

설교에서의 청각적 호소란 설교에 등장하는 구체적인 인물들의 대화를 표현하는 것뿐 아니라 각양의 소리를 묘사함에 있어 청각적 수용을 극대화시키기 위한 일체의 의성어 사용까지를 포괄함을 의미합니다. 스펄전 목사는 간접적인 청각적 터치를 자연현상이나 일반적인 청각적인 현상들을 실감 있게 묘사하는 방식으로 사용하였습니다.

만일 우리가 그를 찬양하기를 그친다 해서
예수 그리스도의 이름이 잊혀질까요?
아닙니다. 돌들이 노래할 것이며 언덕이 관현악단이 될 것이며
산들이 양처럼 뛰놀 것입니다.
태양이 합창을 지휘할 것이며 달은 그의 은빛 하프를 연주하면서
그 소리에 맞추어 달콤하게 노래할 것입니다.
별들은 그들의 율동적인 코스에 따라 춤출 것입니다.

그림을 그리는 작업인 시각적 어필과 마찬가지로 청각적인 어필도 자연스럽게 회화적인 효과를 동반하면서 거기에 사용된 소재의 실감을 더해주기 때문에 이 두 가지 기법은 대개 병행해서 사용됩니다.

당신의 손과 발을 묶고 있는 천사가 단숨에 깊은 구덩이로 당신을 데려갑니다. 그는 당신에게 아래로, 아래로 내려다보라고 명령합니다. 밑바닥

이 없습니다(여기까지는 시각에의 호소입니다. 이제는 귀가 활동하게 됩니다). 당신은 심연(深淵)으로부터 올라오는 음산한 신음소리와 동굴에서 울리는 듯한 끙끙거리는 소리와 고문당하는 유령들의 찢어지는 듯한 비명소리를 듣습니다(지금부터는 두 요소가 상호 교차하여 사용됩니다).

당신은 떨며, 당신의 뼈는 촛농처럼 녹고,
당신의 골수(骨髓)는 당신 속에서 흔들립니다.
지금 당신의 힘은 어디에 있습니까?
또한 당신의 자랑과 허세는 어디에 있습니까?
당신은 외마디 비명을 지르며 울부짖고 자비를 애걸합니다.
그러나 그 천사는 놀라운 한 손아귀에 당신을 재빨리 움켜쥐고
"가라, 가라"고 소리치며 힘껏 아래로 당신을 내던져 버립니다.
그러면 당신은 밑바닥의 휴식할 장소를 결코 발견하지 못할
저 아래쪽으로, 아래쪽으로, 아래쪽으로 영원히 굴러
당신은 내던져 버려지게 됩니다. 내려가게 됩니다.
지옥으로 떨어집니다.
저주받은 자들이 고통의 불타는 쇠사슬 소리를 쩔렁쩔렁 낼 때 그들은
"영원히"라고 말하게 될 것입니다.
고통 속에서 외치는 그대의 끊임없는 고함소리가
하나님의 마음을 움직일 수 없을 것이며,
그대의 신음소리와 짠 눈물이 당신을 동정하도록
하나님을 움직이지 못할 것입니다.
그러나 당신은 먼 곳으로부터
증상과 냉소의 으르렁거리는 소리를 듣습니까?

포근히 싸여있는 북 같은 우리의 심장이
　　무덤을 향한 장송곡에 맞춰 뛰고 있습니다.

(3) 촉각적 호소

　촉감이란 것은 접촉하여 뜨겁거나 찬 온도에 의해 견고하거나 부드러운 혹은 습하거나 건조한 밀도에 의해 거칠거나 고른 피륙의 바탕에 의해 혹은 고통과 같은 감각 등에 의해 활동됩니다. 촉각적인 호소라는 것은 이런 촉감을 회중이 느끼도록 묘사하는 기법입니다. 이것은 앞의 시각적, 청각적 호소와 비교해볼 때 상대적으로 그리 자주 사용되지 않는 기법이지만 설교내용을 현재화시키고 "실감나는 전달"을 위해서는 적극적으로 설교에 도입되어야 합니다.

　스펄전 목사는 그의 설교에서 촉각적인 호소를 적절하게 사용하였습니다. 특히 그는 회중으로 촉감을 느낄 수 있도록 "터치"에 많은 주의를 기울였습니다.

　　마음은 매우 미끄럽습니다!
　　그렇습니다.
　　마음은 모든 복음의 낚시꾼들이 잡기에 괴로움을 주는 고기입니다.
　　뱀장어처럼 미끈둥거려 여러분의 손가락 사이를 미끄러져 나갑니다.

　특별히 촉각적인 호소는 인간의 고통의 문제나 환희 등을 표현할 때 매우 유용하게 사용할 수 있는 기법입니다. 설교의 내용과 촉각적인 터치를 연결지어 설명하면 더욱 효과적인 전달이 가능합니다.

여러분의 손가락을 내미십시오.
사랑하는 여러분!
여러분의 손가락을 내미십시오.
여러분의 손가락을 내미십시오.
여러분이 믿음의 기도나 혹은 소망으로
주님과 접촉할 때까지 가버리지 마십시오.

(4) 미각적 호소

미각적 호소란 혀로 느낄 수 있는 감촉과 관련된 것으로 짜고, 쓰고, 맵고, 시고, 단 혀의 촉감을 설교에 도입하는 기법입니다. 설교의 내용에 따라 모든 미각적인 현상들을 다 취급할 수 있지만 특히 선과 악으로 대별되는 메시지가 주류를 이루는 설교에서는 주로 쓰고, 단 두 가지 미각이 주로 사용됩니다. 스펄전 목사의 설교에서는 주로 유쾌한 것과 불쾌한 것의 두 가지 범주로 미각적 호소가 사용되고 있습니다. 특히 "꿀로 가득 찬 두 손"(Hands Full of Honey)이라는 설교는 미각적 호소가 가장 극명하게 나타난 대표적인 설교라 할 수 있습니다.

시들지 않는 것은 기쁨입니다.
여러분은 해마다 그것을 입 속에 간직할 수 있습니다.
그렇지 않다 할지라도 그것은 결코 싫증나게 하지 않습니다.
세상의 남자들은 술에 곧 진저리가 나고
그리스도인들은 즐거움을 갖고 있는데,
그것은 꿀과 같고 꿀벌 집과 같습니다.
양손에 꿀을 가지고 잔치를 계속하면서

> 그는 주위에 둘러서 있는 모든 사람들에게
> 하늘의 즐거움을 보이면서 말합니다.
> "오! 맛을 보고 주의 선하심을 알라. 그를 믿는 자는 복되도다."

(5) 후각적 호소

후각이란 냄새를 통해 느껴지는 느낌을 말하는 것으로 이 후각적인 느낌을 설교에 도입하려는 시도가 곧 후각적 어필입니다. 일차적으로 후각적 어필에서는 그것이 어떤 냄새이든 설교에서 그 냄새가 회중에게 느껴지도록 묘사하는 것을 말합니다.

후각적인 호소는 이차적인 사용이 가능한데 설교자가 의도적으로 설교의 메시지를 좋고 나쁜 냄새라는 도식으로 나타내는 것이 그것입니다. 가령 복음을 아름다운 장미향기로 묘사한다든지 죄의 부패성을 코를 찌르는 시체 썩은 냄새로 묘사한다든지 어떤 경우이든 비유적으로 끌어들인 후각적인 소재가 생생하게 회중에게 전달되어야 합니다. 스펄전 목사는 특히 이차적인 방식을 그의 설교에 적극적으로 도입하여 복음에 대한 설명을 시도했습니다.

> 그 지하 납골당에는 죽음의 안개로 덮인 습기나
> 마땅히 있어야 할 부패한 공기도 없습니다.
> 일반적인 무덤 속에는 부패하는 유독한 냄새가 있습니다.
> 그러나 그리스도의 무덤 속에는 어떤 냄새도 없습니다.
> 오히려 향기가 있을 따름입니다.
> 한 어린이가 회심할 때 나는 한 가족이 회심할 거란 희망을 갖습니다.
> 은혜는 값진 연고(軟膏)와 같기 때문입니다.

그것은 향기를 사방에 뿌립니다.
향기로운 향로 상자 하나가 방안에 놓이면
그 향기는 곧 온 방을 채웁니다.
그리고는 조용히 윗층으로 올라가 윗방으로 들어갑니다.
온 집으로 채우기까지 그 일을 쉬지 않습니다.

   스펄전 목사는 영혼들을 구원하고자 하는 강렬한 소망이 있다면 그 목적을 이룰 만한 진리들을 전해야 함은 물론, 영혼들을 구원으로 인도하는 데 도움이 될 만한 방식을 사용하여 그 진리들을 다루어야 함을 알았습니다. 설교자는 모든 사람들에게 모든 것이 되어야 합니다(we are to be all things to all men). 그러므로 논리를 따지는 사람들에게는 논리를 제시하고, 명확한 귀납적 사실들과 필수적인 연역적 사실들을 제시하여야 한다고 말했습니다.
   그러나 스펄전 목사는 "논리적인 증명을 요하는 부류의 사람들보다는 감정적인 설득의 방법으로 호소할 필요가 있는 사람들의 숫자가 훨씬 많습니다. 이들에게는 이성적인 추론이 아니라 마음의 논리가 더욱 필요하다"고 지적했습니다. 스펄전 목사는 마음의 논리를 다음과 같은 예를 들어 설명합니다.

다시는 속을 썩이지 말라고 아들을 타이르는 어머니의 논리나 아니면 집으로 돌아와 아버지와 화해하라고 오빠를 설득하는 누이동생의 논리와 같은 것이 필요합니다. 곧 분명한 논리에 뜨거운 사랑이 생생하게 담겨 있어야 합니다.

스펄전 목사의 설교는 청교도적 특징을 많이 갖고 있었습니다. 청교도 설교는 진리에 대한 합리적인 이해를 추구하면서, 그에 못지않게 가슴과 의지를 중요히 여겼습니다. 그는 청중들의 전인격에 호소하였습니다. 리차드 백스터(Richard Baxter)는 말합니다.

> 인간은 깊은 감동과 영향을 받지 않고서는 그 진리에 따라 살려고 하지 않는다…진리에 대한 이해는 반드시 의지에 영향을 주어야 한다. 그 진리가 열정적으로 듣는 이의 가슴을 향하여 파고들 때 듣는 이의 가슴을 뜨겁게 하며 그렇게 살도록 결단하게 만든다.

스펄전 목사는 마음을 설교자의 소명의 중요한 도구(the instrument)로 보았습니다. 그는 "우리의 일은 그저 정신적인 일만이 아니다. 그것은 마음의 일이요, 우리의 가장 은밀한 영혼의 수고인 것이다"(ours is more than mental work, it is heart work, the labour of our inmost soul)라고 확신하였습니다. 설교는 단지 정신의 일만은 아닙니다. 이 마음의 원리는 스펄전 목사의 설교에 강하게 배어있습니다. 스펄전 목사는 말합니다.

> 나는 우리의 마음 깊은 곳에서 솟아나는 설교를 좋아합니다. 우리의 마음에서 나온 설교가 아니라면 청중들의 마음에 닿을 수 없기 때문입니다.

아담스가 말한대로 스펄전 목사는 그의 설교에서 감각적 호소(sense appeal), 즉 오감을 통해 청중들의 감동을 이끌어내는 설교를 했습니다. 스펄전 목사는 분명한 칼빈주의적 신학과 교리를 가지고 있었지만, 그의 설교는 메마르고 쥐어짜는 설교가 아니었습니다. 스펄전 목사는 깊은 묵상과 고민 없이 교리의 구조에만 맞추어 설교하거나 말씀의 의미만을 잘 정리하여 설교하는 행위를 비판하였습니다.

스펄전 목사는 또한 설교가 너무나 고상한 문화나 심오한 학식이나 언변적으로 나아가는 것을 경계하였습니다. 하지만 그는 설교에서 신학이나 교리의 가치를 무시한 것은 아닙니다. 단지 신학이나 교리가 성령의 사역을 자칫 제한할 수 있는 것을 주의해야 한다고 하였습니다.

스펄전 목사 당시의 설교자들은 회중의 상황과 필요를 고려하지 않고, 오히려 회중의 삶과 무관한 메마르고 지루한 산문체의 설교를 하고 있었습니다. 많은 설교자들은 고전문학에서 화려한 문구를 인용함으로써 그들의 학문적인 실력을 과시하는 경향이 많았습니다.

반면에 스펄전 목사는 모든 사람이 이해할 수 있는 평이하고도 쉬운 구어체를 사용했으며, 회중의 삶과 연관되어 적용할 수 있는 설교를 하였습니다. 그의 설교는 은유, 직유, 이야기, 유추와 이미지로 가득 찬 신선하고도 회중의 마음에 깊이 새겨지며 감동을 주는 설교였으며 풍성한 상상력을 불러일으키는 설교였습니다.

아담스는 『스펄전의 설교에 나타난 센스어필』(*Sense Appeal in the Sermons of Charles Haddon Spurgeon*)이란 책에서 스펄전 목사가 이야기, 유추, 상상을 어떻게 효과적으로 설교에서 사용했는지 다음과 보여주고 있습니다.

> 여러분은 십자가 위에 못 박힌 주님을 상상 속에서 주시합니까?
> 그의 손과 발에서 흐르는 보혈을 보십니까?
> 여러분은 그를 보고 있습니까?
> 그를 바라보십시오.

> 만일 우리가 그를 찬양하기를 그친다고 해서
> 예수 그리스도의 이름이 잊혀질까요?
> 아닙니다.
> 돌들이 노래할 것이며 언덕이 관현악단이 될 것이며
> 산들이 양처럼 뛰놀 것입니다.

스펄전 목사는 그의 설교를 듣는 회중이 능동적으로 참여할 수 있도록 이끄는 설교자였다고 할 수 있습니다. 스펄전 목사의 설교가 사람들에게 감동을 주고 변화를 이끌어낼 수 있었던 것은 그가 풍성하고 다양한 상상, 유추, 비유, 이야기 등을 통하여 청중들과 호흡하는 설교를 하였을 뿐만 아니라, 더 중요한 것은 그의 설교는 청중의 정신에만 호소한 것이 아니라 청중의 마음에 호소하였기 때문입니다.

이 설교집에 있는 스펄전 목사의 『고난주간 메시지』는 감각적 호소를 충분히 반영하고 있습니다. 독자들이 주의 깊게 읽고 느껴 보시기 바랍니다. 물론 본서의 각각의 설교들은 스펄전 목사가 자신의 목회 사역 중 각기 다른 시기에 설교한 것으로 각각의 독특한 특징들이 있습니다.

이 설교들은 시리즈가 아니며, 순차적으로 의도되어 만들어진 것도 아니고 하나로 묶을 수 있을 정도로 조화를 이룬다거나 편집된 것도 아닙니다. 대신에 이 『고난주간 메시지』는 설교자인 스펄전 목사를 그대로 반영하고 있습니다. 놀라운 설교가인 스펄전 목사가 독자로 하여금 특정한 이야기, 특정한 사건, 즉 하나님의 특별한 계시를 자신과 함께 경험하도록 인도하고 있습니다. 본서를 통해 독자들은 스펄전 목사의 『고난주간 메시지』를 분명히 들을 수 있을 것입니다.

이 설교집 『고난주간 메시지』를 읽으면서 주님의 목소리를 "들을 수" 있기를 간절히 바랍니다. 고난을 겪으시고 그것을 통해 하나님의 뜻을 이루시는 예수를 만나시기를 바랍니다. 이 귀한 말씀들을 읽는다는 것은 단순히 책 읽듯이 읽는 것이 아니라 듣는 것을 말합니다. 주의 깊게 듣는다면 무수한 세월이 지났지만 하나님의 영원한 진리의 말씀의 메아리인 이 설교가 놀랍도록 아름다운 운율이 되어 독자들의 귀에 들릴 것입니다.

이 설교집을 읽는 독자들은 무엇보다도 시대를 초월하여 우리와 연합하고자 하시는 창조주의 초대를 깨닫고 반응하고자 했던 스펄전 목사의 열정, 그의 헌신, 그의 언어로 풀이된 메시지를 느낄 수 있을 것입니다. 『고난주간 메시지』를 통해 벅찬 감격으로 사순절을 지내시기를 바랍니다.

C. H. Spurgeon

Sermons on the Passion of Christ

역자 서문

왕인성 박사
부산장신대학교 신약학 교수

하나님의 말씀은 어제나 오늘이나 동일합니다. 따라서 모든 시대를 무론하고 하나님의 음성은 생생히 과거 믿음의 사람들이나 오늘날의 그리스도인이나 미래의 성도들에게도 과거의 이야기나 미래적 소재가 아닌 현재형의 나의 이야기로 들려지는 것입니다.

스펄전 목사의 설교를 번역하면서 역자는 동일한 인상을 받았습니다. 물론 감히 하나님의 말씀과 한 목사의 설교를 동일시하려는 것이 아니나, 분명 스펄전 목사의 설교는 19세기의 영국이 주된 배경이 되고, 당시의 지명과 사건들이 자주 언급되지만, 21세기를 살아가는 한국적 상황에서도 그 메시지는 동일하게 그리고 생명력 있게 다가옵니다.

그리고 스펄전 목사의 설교는 먼 발치에서 팔짱 끼고 평가하듯 듣게 되는 것이 아니라, 눈으로 읽음에도 우리를 성령께서 휘감아치는 설교의 현장 속에 우리를 강제적으로 앉혀놓는 듯한 인상을 받기도 하였습니다.

찬송가 147장의 "거기 너 있었는가 그 때에"라는 가사는 우리가 십자가 사건의 제 3자가 아니라, 우리가 예수 그리스도를 시험하고 비난하고 정죄했던 유대 종교 지도자들이며, 불신앙과 몰이해 속에 예수님을 배반했던 제자들이며, 우리가 십자가에 못 박도록 내어준 빌라도요, 직접 못 박은 로마 군병이며, 분위기에 휩쓸려 메시아 예수 그리스도 십자가 처형의 동조자였던 군중이라고 지적합니다.

스펄전 목사의 『고난주간 메시지』는 겟세마네, 예수님 대신에 바라바를 선택했던 유대인들, 그리스도 보혈의 가치, 십자가에 못 박히심에 대한 애통, 그리스도께서 우리를 위하여 저주가 되심, 피로 우리를 사신 바 됨, 가시 면류관, 겟세마네의 고통, 세 개의 십자가, 수치와 침 뱉음, 그리고 십자가 우리의 영광이라는 보배로운 주제의 말씀들이 펼쳐져 있습니다.

고난주간 뿐 아니라, 나를 자랑하고자 하는 교만의 뿌리가 싹틀 때마다 『고난주간 메시지』의 설교 한편 한편을 읽는 것만으로도 우리는 하나님 앞에서의 겸비함과 깊은 영성을 체험하게 될 것으로 확신합니다.

SERMONS ON THE PASSION OF CHRIST

Sermons on the Passion of Christ

목차

발간사: 찰스 해돈 스펄전의 생애와 설교   5
역자 서문   23

제1장	겟세마네	27
제2장	예수보다 선호된 바나바	59
제3장	그리스도의 보배로운 피	90
제4장	십자가에 못 박히신 광경을 슬퍼함	120
제5장	그리스도께서 우리를 위하여 저주를 받은 바 되셨다	149
제6장	"값으로 산 것이 되었으니"	180
제7장	사랑이 행하는 최고의 행동	211
제8장	가시 면류관	241
제9장	겟세마네의 고뇌	271
제10장	세 개의 십자가	301
제11장	수치와 침 뱉음을 당하심	331
제12장	우리의 영광인 십자가	362

Sermons on the Passion of Christ

제1장
겟세마네

> 예수께서 힘쓰고 애써 더욱 간절히 기도하시니 땀이 땅에 떨어지는 핏방울 같이 되더라(눅 22:44).

겟세마네의 슬픔을 경험한 이들은 거의 없습니다. 제자들의 대다수는 그곳에 없었습니다.

그들은 "그 고뇌"(agony)의 신비를 목도하는 일이 허용될 만큼, 은혜 가운데 충분히 자라나지 못했습니다. 자신들의 집에서 베풀어진 유월절 만찬에만 몰두하던 그들은, 자구(letter)에 매여 살아가면서 복음의 영에 대해서는 단지 갓난쟁이요 젖먹이들인 많은 사람들을 대표합니다.

겟세마네의 담들(walls)은, 평범한 신자들로 하여금 [하나님과의] 교제(communion)의 보다 심오한 경이를 실제적으로 보지 못하도록 시선을 닫아버리는 은혜에 있어서의 약점을 상징합니다.

열두 제자, 아니 열한 명의 제자에게만 겟세마네에 들어가 이 위대한 광경을 보는 특권이 주어졌었습니다. 열한 명의 제자들 중, 여덟 명은 일정

거리를 두고 남겨졌습니다. 그들은 교제하였으나, 대단히 사랑받은 사람들에게 허용된 그러한 종류의 친밀한 교제를 나눈 것은 아니었습니다.

변화산에서 그분과 함께 있었고, 야이로의 집에서 생명을 주시는 기적을 목격한, 단지 세 명의 더 큰 사랑을 받은 이들, 오직 이 세 사람들만이 그분의 신비스러운 슬픔의 휘장에 다가갈 수 있었습니다.

하지만 그 세 사람조차도 그 휘장 너머를 침범할 수 없었습니다. 돌 하나를 던질 거리만큼의 이격이 그분과 그들 사이에 남겨져야 했습니다. 그는 포도주 짜는 틀을 홀로 밟으셔야 했으며, 사람들 가운데는 그분과 함께 하는 이가 아무도 없었습니다.

베드로와 세베대의 두 아들은 소수의 탁월하고, 경험 많은, 은혜의 지도를 받는 성인들(saints)을 대표하는데, 그들은 "아버지들"(Fathers)로 기록될 수 있는 자들이었습니다.

큰 물에서 사역했던 이들은 거대한 대서양의 파고와 같은 그들의 구속자의 고통을 어느 정도 파악할 수 있었을 것입니다. 그분과 독점적으로 많은 시간을 함께 보냈기에, 그들은 단지 무리 가운데 그분을 바라보기만 했던 이들보다는 훨씬 더 그분의 마음을 헤아릴 수 있었을 것입니다.

세 명의 제자들은 다른 사람들의 유익을 위하여 그리고 자신들이 앞으로 겪게 될 상상할 수 없는 갈등들과 맞서 싸울 수 있도록, 그 핵심 그룹으로 들어가 대제사장의 고통 속의 탄원을 들었습니다. 그리고 그들은 고통 속에 계신 그분과 교제를 나누었고, 그분의 죽음과 하나가 될 수 있었습니다.

하지만, 나는 말합니다.

선택된 이들 가운데에서 선택된 이 사람들조차, 그 왕을 보좌하는 이들 가운데서 이 선택을 경험하고 특별한 호의를 입은 자들인 이들조차, 그분의 모든 고통을 이해하려면 반드시 들어가야만 하는 구세주의 비탄의 비밀스런 자리에까지는 뚫고 들어갈 수 없었다고 말입니다.

"당신의 알려지지 않은 고난"(Thine unknown sufferings)은 그리스정교회 예식서(Greek liturgy)에 있는 놀라운 표현입니다. 왜냐하면 그분의 슬픔 속에 내밀한 방이 있는데, 인간의 지식과 교제에는 닫혀 있는 곳이었기 때문입니다.

그리스도가 우리에게 "말할 수 없는 선물"이 되셨던 것이 바로 여기가 아니었을까요?

와트(Watt)가 노래할 때 정말 바르게 표현하고 있지 않습니까?

> 그리고 그분이 주시는 모든 알려지지 않은 기쁨들,
> 알려지지 않은 고통들과 함께 주어진 것이니.

우리 주님이 정신적 고통과 지옥과 같은 사악함이라는 위아래 맷돌짝 아래서 갈아지고 있을 때의 모든 것, 즉 그분이 감람산(olive press)에서 견디신 모든 것을 아는 것은, 어떤 신자, 즉 아무리 경험 많은 신자라도 가능하지 않을 것이기 때문에, 그 고통을 여러분에게 설명하는 것은 명백히 설교자의 역량을 훨씬 더 뛰어넘는 일입니다. 오직 예수님 자신이 여러분에게 겟세마네의 기이한 역사에 접근하도록 허락하셔야만 가능한 일입니다.

저로서 할 수 있는 것은 단지 여러분에게 여러분의 발에서 신발을 벗게 하고 그 정원에 들어가도록 초대하는 것뿐입니다. 왜냐하면 그 장소는 거룩한 땅이기 때문입니다.

몇 가지 요소가 우리에게 잠깐의 숙고를 요구합니다.

"거룩한 성령님! 오셔서 우리의 사고 속으로, 우리의 언어 속으로 생명을 불어넣어 주시옵소서."

1. 여기로 와서 구세주의 이루 말할 수 없는 비애를 보십시오

　괴로운 그날 밤의 감정들은 성경에서 몇 어휘들로 표현됩니다. 요한은 그분이 당신의 수난에 앞선 4일 전에 밀려오는 폭풍우 구름을 주목하면서, "지금 내 마음이 괴로우니"라고 말씀하셨다고 묘사합니다. 그분은 어디에서 위로를 받아야 할지를 몰라, "무슨 말을 하리요"라고 외치셨습니다. 마태는 예수께 대해 "고민하고 슬퍼하사"(마 26:37, he began to be sorrowful and very heavy)라고 기록합니다.

　"매우 극심히"(very heavy)로 번역된(개역개정판에는 이 표현은 번역되지 않았음–역주) "아데모네인"(αδημονειν)에 대하여, 굿윈(Goodwin)은 구세주의 고통 속에 번민이 있었는데, 그 어휘의 어근이 "사람들에게서의 분리"를 의미하였기 때문에, 인류로부터의 분리로 마음이 산란하셨을 것이라고 말합니다.

　형제자매들이여!

　우리의 거룩한 주님이 그분의 고통의 강렬함으로 인하여 심란함의 극치까지 내몰리셔야 했다는 것이 어찌된 일입니까?

　마태는 구세주 자신이 "내 마음이 매우 고민하여 죽게 되었으니"라고 말씀하신 것으로 표현합니다. 여기에서 "페리루포스"(Περιλυπός)라는 어휘는 슬픔으로 둘러싸이고, 포위되며, 압도된 것을 의미합니다. 굿윈은 "그분은 온몸이 슬픔 속으로 내던져져 조금도 숨 쉴 구멍이 없었다"라고 강하게 표현하고 있습니다.

　죄는 위로가 비집고 들어갈 조금의 틈도 남겨놓지 않기에, 죄를 감당하신 그분은 전적으로 비탄 속에 잠겨 있어야만 했습니다. 마가는 그분이 심히 놀라시며 슬퍼하사(역주: 막 14:32)라고 기록합니다. 이 경우 접두어 "에크"(εκ)와 함께, "오암베이스다이"(Οαμβεισθαι)는 엄청난 공포와 떨림 가운데 있었던 모세와 마찬가지의 극도의 놀람을 나타냅니다.

　오, 거룩하신 구세주여!

　우리가 어찌 감히 당신이 놀라고 경악할 수 있는 사람으로 생각할 수 있겠습니까?

　하지만 하나님의 공포가 당신을 거슬러 배치되었을 때 그 일이 실제로 일어났습니다.

　누가는 제가 택한 본문에서 강력한 언어를 사용합니다.

　　힘쓰고 애써(being in an agony).

각각 설교의 주제가 될만한 가치가 있는 이 표현들은 구세주의 슬픔이 가장 비상한 성격을 지녔음을 보여주기에 충분하며, 다음의 예언적 외침을 잘 정당화해줍니다.

　　내게 임하였던 그 슬픔과 같은 그 어떤 슬픔이 있는지 살펴보라!
　　(애 1:12)

　그분은 유례없는 비참함으로 우리 앞에 서 계십니다. 그분이 당하신 것 같은 악의 권세에 의하여 괴롭힘을 당한 이는 아무도 없습니다. 지옥에 속한 세력들이 자신들의 군대에게 "작은 자나 큰 자나 싸우지 말고, 오직 그 왕과 싸우라"(왕상 22;31)고 명령을 내린 것처럼 말입니다.

우리가 주님의 고통의 모든 근원을 이해한다고 공언한다면, 지혜가 우리를 다음의 질문으로 꾸짖을 것입니다.

> 네가 바다의 샘에 들어갔었느냐 깊은 물 밑으로 걸어 다녀 보았느냐
> (욥 38:16).

우리는 계시된 그 비탄의 명분들을 바라보는 것 이상을 할 수 없습니다.

첫째, 이 비탄은 부분적으로 예수께서 죄의 의미를 온전하게 이해하셨을 때, 그분의 영혼에서 일어난 공포에서 비롯되었습니다.

형제자매들이여!

여러분이 처음 죄를 자각하게 되었고 그 죄를 대단히 죄스러운 일임을 알게 되었을 때, 비록 그 죄성에 대한 여러분의 인식이 실재적인 가증스러움에 비교하여 매우 희미하였을지라도, 공포가 여러분을 사로잡았을 것입니다.

여러분은 그 때의 잠 못 이루는 밤들이 기억나십니까?

시편 기자와 마찬가지로, 여러분은 "종일 신음하므로 내 뼈가 쇠하였도다 주의 손이 주야로 나를 누르시오니 내 진액이 빠져서 여름 가뭄에 마름 같이 되었나이다"(시 32:3, 4)라고 말하였습니다.

우리들 가운데 어떤 이들은 우리의 영혼이 생명보다는 속박(strangling)을 선택했을 때를 기억할 수 있을 것입니다. 그 때에 죽음의 그림자가 하나님의 진노로부터 우리를 숨길 수 있었더라면, 우리는 지옥에 우리의 잠

자리를 펴지 않을 수 있기에 무덤 안에서 너무 기뻐 잠을 이루지 못했었을 수 있습니다.

우리의 거룩한 주님은 자연의 흑암 속에 있는 죄를 보셨습니다. 그분은 하나님을 향한 죄의 반역적인 공격성, 그분 자신을 향한 죄의 살인적 증오, 그리고 인류에 대한 죄의 파괴적인 영향에 대해 가장 독특한 지각을 갖고 계셨습니다.

공포가 그분을 사로잡은 것은 당연했을 터인데, 왜냐하면 죄를 한 번이라도 바라보는 것은 죄의 자식에 불과한 지옥을 한 번 바라보는 것보다 훨씬 끔찍스러운 것임에 틀림없기 때문입니다.

둘째, 또 하나의 비통함의 깊은 원천은 그리스도께서 이제 죄와 관련하여 그분의 공적인 지위를 더욱 온전히 인식하고 계셨다는 사실 안에서 발견됩니다.

그분은 이제 죄가 되셨습니다.

말씀을 들으십시오.

그분, 죄를 알지 못했던 분이, 우리를 위하여 죄가 되셨습니다. 이는 그분 안에서 하나님의 의가 되게 하기 위함입니다. 그리고 그날 밤 이사야 선지자의 말이 성취되었습니다.

여호와께서 우리 모두의 죄악을 그에게 담당시키셨도다(사 53:5-6).

이제 그분은, 죄를 담당하는 분이자, 우리가 하나님의 완전한 진노를 결코 받지 않도록 하나님의 공의 안에서 그것을 수용할 대리자로 서셨습니다. 바로 그 시간에 하늘은 그분이 죄인들을 대신하여 서 계신 것을 보앉고, 인간이 취급받아야 할 그 방식으로 그분을 대하였습니다.

오, 사랑하는 친구들이여!

하나님의 흠 없는 어린 양이 자신이 죄인의 자리에 있는 것을 알게 되었을 때, 그리고 그분이 그 자리를 그분의 선택하신 이들을 구원하기 위해 자발적으로 받아들이신 까닭에 그 자리를 거부할 수 없었을 때, 그분의 영혼은 무엇을 느끼셨을 것임에 틀림없으며, 그분의 완전한 본성이 그처럼 죄악과 가까이 묶이는 상황으로 인해 어떤 충격을 받았을 것임에 틀림없지 않았을까요?

셋째, 우리는 이 시점에서 우리의 주님이 그분의 십자가가 안겨줄 모든 수치와 고통을 선명하게 보고 계셨음을 믿습니다.

그 고통은 그분의 머리에 쏟아질 끔찍한 소나기의 첫 한 방울에 불과했습니다. 그분은 반역자인 제자의 신속한 도래와 관리들에 의한 체포, 산헤드린, 빌라도, 그리고 헤롯 앞에서의 조롱으로 가득 찬 재판, 매질과 구타, 가시관, 수치, 침 뱉음당할 것을 예견하셨습니다.

이 모든 것들이 그분의 마음에 떠올랐고, 재판에 대한 예견이 재판 자체보다 더 고통스러운 것임을 우리 본성은 잘 알고 있기에, 갈등의 한 가운데서도 단 한 마디도 대답하지 않으신 그분께서 일어날 일을 전망하면서 강렬한 울음과 눈물을 억제할 수 없으셨을 때, 그분의 마음이 어떠했을까를 생각해볼 수 있습니다.

사랑하는 친구들이여!

여러분이 여러분의 마음의 눈앞에서 그분의 죽음의 끔찍한 사건들, 예루살렘 온 거리를 찾아 헤매는 추적, 십자가에 못 박음, 고열, 갈증, 그리고 무엇보다도 그분의 하나님이 예수를 버리신 일을 떠올린다면, 여러분은 그분이 그토록 비탄에 잠기고, 쓰라림 속에 놀라셨던 일을 이상하게 생각할 수 없을 것입니다.

넷째, 그러나 가능하게 생각할 수 있는, 그분의 괴로움을 더한 결과를 가져온 사건은 이것입니다. 이제 그분의 아버지가 그분에게서 자신의 존재를 은폐하기 시작했다는 점입니다.

그 엄청난 물러남의 그림자가 그분이 겟세마네 감람나무 숲 아래서 한밤중의 찬 공기 가운데 무릎을 꿇었을 때, 그분의 영 위에 임하기 시작하였습니다. 그분의 영에게 늘 완전한 격려를 하셨던 그리고 현저하게 느껴졌던 그 위로가 없어져 버렸습니다.

인간으로서의 그리스도 예수가 필요로 했던 약속들에 대한 복된 적용이 제거되었습니다. "하나님의 위로"라는 용어로 우리가 이해하는 모든 것이 그분의 눈에서 감추어져 버렸습니다. 그분은 인류 구원을 목적으로 싸우기 위해 이제 그분의 약함 속에서 혼자만 남겨졌습니다.

하나님은 마치 냉담한 관객처럼, 혹은 오히려 하나님이 대적자이신 것처럼 서 계셨고, 예수께 "원수의 타격으로, 잔인한 자의 응징으로" 상처를 입히셨습니다.

다섯째, 그러나 우리 판단에는 겟세마네 동산에서 구세주의 고난의 가장 맹렬한 고통은 사탄의 유혹에 있었습니다.

그분의 일생 중 그 어떤 시간보다 위에 있으며, 심지어 광야에서의 40일의 갈등을 능가하는 것은, 바로 그분이 유혹 받으신 시간이었습니다.

이제는 너희 때요 어둠의 권세로다 하시더라(눅 22:53).

이제 그분은 강조적으로 말하실 수 있었습니다,

이 세상의 임금이 오겠음이라(요 14:30).

이는 지옥의 모든 군대와의 마지막 백병전이었습니다. 승리가 쟁취되기 전에, 그분은 엄청난 피를 땀처럼 흘리셨습니다.

2. 이제 우리는 다음으로 우리 주님의 시험을 숙고하겠습니다

그분의 경력 초창기부터, 뱀은 약속된 구원자의 발뒤꿈치를 조금씩 물어뜯기 시작했습니다. 그리고 이제 여인의 후손이 뱀의 머리를 짓이길 시점이 되자, 옛 용은 자신을 무너뜨릴 위대한 존재를 향하여 필사적인 노력을 기울입니다. 계시가 휘장이 떨어뜨려지도록 허락한 그 곳에서 우리가 그 휘장을 올리는 것은 불가능합니다.

그러나 우리는 사탄이 우리 주님을 시험했던 제안들에 대한 희미한 생각을 꾸며볼 수 있습니다. 먼저 우리가 이 그림을 그리려고 시도하기 전에, 우리는 조심스럽게 말해야 할 것입니다. 무엇이든지 사탄이 우리 주님에게 제안했을 법한 것들에 대해. 그분의 완전한 본성은 추호도 무엇이든 죄가 되는 것에는 굴복하지 않으셨다는 것 말입니다.

의심할 바 없이 그 유혹들은 가장 역겨운 성질을 가졌을 것이나, 그것들이 그분 위에 어떤 흠이나 오점을 남기지 못했습니다.

예수님은 여전히 수많은 사람들 가운데 가장 올바른 분이십니다. 이 세상의 임금이 왔으나, 그는 그리스도 안에서 아무 것도 취하지 못했습니다. 그는 불꽃을 튕겼으나, 그 불꽃들은, 우리의 경우처럼, 건조한 부싯깃(tinder)에 떨어지지 않았고, 바다 속으로 떨어진 것처럼 되었습니다.

그리하여 그들은 즉시로 불씨가 꺼져버렸지요.

그는 맹렬한 화살들을 날렸습니다. 그러나 그것들은 그리스도의 몸에 조그만 상처도 남길 수 없었습니다. 그것들은 그분의 완벽하게 의로우신 본성의 보호막을 세차게 때렸습니다. 하지만 그것들은 뾰족한 끝이 부러진 채 떨어져서 그 원수의 목적을 좌절시켰습니다.

여러분은 이 유혹들이 무엇이라고 생각합니까?

여러 암시로 살펴볼 때, 그 유혹들은 다음과 같은 것이라는 생각이 들었습니다.

첫째, 일을 끝내지 않고 남겨두려는 유혹이 있었습니다.
우리는 다음의 기도로부터 이러한 사례를 헤아릴 수 있습니다.
"가능하다면, 이 잔이 내게서 지나가게 하옵소서."
시험하는 자는 "하나님의 아들"에게 이렇게 말했습니다.

과연 그러합니까?

보십시오!

당신은 진정 인류의 죄를 지도록 부름 받은 것이 아니요?

하나님은 "내가 능력 있는 용사에게는 돕는 힘을 더하며"(시 89:19)라고 말씀하지 않으셨소?

그리고 당신은, 이 모든 짐을 지도록 하나님이 선택한 당사자가 아니오?

당신의 연약함을 보시오!

당신은 땀을 흘리고 있소.

이제는 심지어 핏방울이 흐르다니!

확실히 당신은 아버지가 구원하는 일을 위해 임명한 강력한 존재가 아니오.

혹은 당신이 그라면, 당신은 그것으로 무엇을 얻을 수 있겠소?

그것이 당신에게 무슨 쓸모가 있소?

당신이 이미 충분한 영광을 가졌소.

당신이 위하여 희생 제물로 스스로를 바쳐야하는 그 인간들이 얼마나 사악한 지를 보시오.

당신의 절친들은 당신이 그들의 위로를 가장 필요로 할 때 당신 주위에서 잠들어 있소.

당신을 도와 회계를 맡은 이 유다는 평범한 노예의 몸값에 불과한 돈을 위해 당신을 배반하려고 서두르고 있소.

당신이 스스로를 희생시키려는 대상인 세상은 당신의 이름이 악하다고 내던지려 하오.

그리고 당신의 몸값을 지불하여 속량한 당신의 교회, 그것이 무슨 가치가 있소?

유한한 인간이라는 떨거지들!

당신의 신성은 당신이 원하는 어떤 순간에라도 그러한 존재 정도는 창조할 수 있지 않소?

· 왜 당신은 굳이 당신의 영혼을 죽음의 길로 쏟아 부으려 하오?

사탄은 그러한 주장들을 사용할 수 있습니다. 수천 년 동안 사람들을 시험해 왔던 자의 끔찍스러운 기교는 속이기 위해 모든 종류의 방법을 어떻게 고안해 낼지를 잘 알고 있었을 것입니다. 그는 구세주 위에 지옥의 가장 뜨거운 숯불을 얹었을 것입니다. 큰 고통 속에 우리의 구세주가 보다 간절하게 기도했던 것은 다른 어떤 것보다 이 시험과의 투쟁에서였습니다.

둘째, 성경은 우리 주님이 자신의 힘이 충분하지 않을 수도 있다라는 두려움으로 공격 받았음을 시사합니다.

그분은 두려움 가운데 자신의 신음소리를 들으셨습니다.

그분은 어떻게 들으셨을까요?

한 천사가 그분에게 힘을 더하도록 그분에게 보내어졌던 것입니다. 결국 그분의 두려움은 아마도 자신이 너무 약하다는 생각에 의해 생성되었을 것입니다. 그 사악한 마귀가 그분의 귀에 대해 이렇게 속삭였을 것이라고 상상해봅니다.

> 그대여!
> 그대는 하나님으로 인해 고통 받고 있으며 사람들의 싫어하는 존재가 되어버렸소!
> 비난이 그대의 마음을 이미 깨뜨리지 않았소?
> 당신은 공개리에 수치를 받는 일을 참아야 할 것이고, 부정한 존재처럼 도시 밖으로 쫓겨나게 되지 않겠소?
> 그대는 십자가에 못 박혀 있는 당신의 발아래 서서 울부짖을 친족과 마음이 갈기갈기 찢어질 어머니를 어떻게 보려 하오?

당신의 부드럽고 섬세한 영혼은 그러한 상황으로 주눅 들게 될 것이오.
당신의 몸은, 이미 충분히 야위어 있소.
당신의 오랜 금식은 당신을 매우 쇠약하게 만들었소.
당신은 그대의 일을 성취하기도 오래 전에 죽음의 먹잇감이 되고 말 것이오.
당신은 확실히 실패할 것이오.
하나님은 당신을 버리셨소.
이제 그들이 당신을 박해하고 마음대로 다룰 것이오.
그들은 당신의 영혼을 사자들에게 던져버릴 것이고 당신의 가장 소중한 것을 개들의 권세 앞에 던져버릴 것이오.

그 다음에 사탄은 모든 십자가의 고통을 보여주고서는 이렇게 말했을 것입니다
"당신의 마음이 그것을 견딜 수 있겠소?
혹은 하나님께서 당신을 처분하실 그 날에 당신의 손이 충분히 강할 수 있겠소?"
사탄의 유혹은 신성(Godhead)을 직접 공격하지 않는 대신, 그리스도의 인성(manhood)을 공격하였습니다. 그러므로 마귀는 아마도 항상 인간의 연약함 위에 머물 것입니다.

당신은 스스로 말하지 않았습니까?
나는 벌레요 사람이 아니라. 사람의 훼방거리요 백성의 조롱거리니이다
(시 22:6).

하나님의 진노의 구름이 당신 주위로 몰려올 때, 당신은 그것을 어떻게 견뎌내려 합니까?
폭풍우가 틀림없이 당신의 희망을 파선시켜버릴 것입니다. 그것을 이길 수 없습니다.
당신은 이 잔을 마실 수 없고, 이 세례로 세례 받지 못할 것입니다.

이런 방식으로 우리는 우리의 주님(Master)이 시험받으셨다고 생각합니다.
그러나 그분은 그것이 굴복하지 않으셨음을 보십시오.
고통 속에 있으면서, 그 단어는 씨름 중인 것을 의미하는데, 그분은 야곱이 천사와 투쟁하던 방식으로 시험하는 자와 겨루셨습니다. 그분은 "아니다"라고 말씀하십니다.
"나는 나의 약함에 대한 모욕에 굴복하지 않을 것이다. 나는 나의 신성(God-head) 안에서 강하다. 나는 그대를 이겨낼 것이다."
하지만, 그 시험은 정말 끔찍한 것으로, 그것을 이겨내기 위해서, 정신적 의기소침은 그분으로 하여금 "땀이 땅에 떨어지는 핏방울 같이 되게" 하셨습니다.

셋째, 또한 시험이 그분이 전적으로 버림받았다는 주장으로 야기될 수 있습니다.
저는 이것보다 더 괴로운 시험이 있다는 것을 알지 못합니다. 그러나 전적으로 버림받는 것은 확실히 최악의 시험들 중의 하나입니다.
"보시오!"
사탄은 그의 이빨 사이로 경멸하는 소리를 내면서 말했습니다.

… 보시오!

당신은 그 어디에도 친구 한 명 없소!

하늘을 바라보시오.

당신의 아버지는 그대를 향한 동정심의 잔을 닫아 버렸소.

당신의 아버지의 궁정의 그 어떤 천사도 당신을 돕기 위해 손을 뻗지 않소.

저쪽을 보시오.

당신의 출생 시에 영광을 돌렸던 그 천사들의 중 어느 누구도 당신의 생명을 보호하기 위해 개입하지 않을 것이오.

모든 하늘은 당신에게 아무런 의미가 없소.

당신은 혼자 남겨진 것이오.

그리고 땅에서도, 모든 사람들이 그대의 피를 갈구하지 않소?

보시오!

하늘이 되었든 땅에서든 그대는 친구 한 사람 남아 있지 않소.

모든 지옥이 당신을 향하여 있소. 나는 나의 소유인 지옥굴을 휘저어 우리(den)를 휘저어 놓았소.

나는 모든 지역에 나의 공문서를 보내어 모든 흑암의 왕자들을 소환하여 이 밤에 당신을 사로잡게 하였소.

그리고 우리는 아무런 화살을 남기지 않고 다 쏠 것이며, 우리의 모든 지옥의 힘을 당신을 제압하는데 사용할 것이오.

그렇다면 당신은 무엇을 할 것이오.

이 외로운 존재여?

이것이 바로 그 유혹이었을 것입니다. 나는 그것이 시험이었다고 생각하는데, 그분에게 힘을 북돋아주기 위해 온 천사의 출현이 그분에게서 그 두려움을 제거했기 때문입니다. 그분은 두려워하는 가운데서 [그분의 고뇌가] 들려졌습니다. 그분은 더 이상 혼자가 아니었고, 하늘이 그분과 함께 계셨습니다.

넷째, 우리는 사탄이 또한 참으로 쓰라린 비난으로 우리 주님을 공격했다고 생각합니다.

여러분은 시험하는 자가 어떤 모습으로 변장할 수 있으며, 그는 얼마나 아픔을 주면서 교묘히 빈정거릴 수 있는지를 알고 있습니다.

> 아! 당신은 당신의 백성들의 속량을 성취할 수 없을 것이오.
> 당신의 위대한 호의는 조롱거리로 드러날 것이오.
> 그리고 당신의 사랑하는 자들은 사라질 것입니다.
> 당신은 내 손아귀에서 그들을 구하려는 싸움에서 이기지 못할 것이오.
> 당신의 흩어진 양들은 확실히 내 먹잇감이 될 것이오.
> 다윗의 후손이여,
> 나는 그대를 필적할 수 있소.
> 당신은 내 손에서 벗어날 수 없소.
> 그대가 선택한 이들 중 많은 이들이 당신의 속죄의 힘에 의존하여 하늘에 들어갔소.
> 그러나 나는 그들을 거기로부터 끌어낼 것이오.
> 그리고 영광의 별들이 빛을 잃게 할 것이오.
> 나는 그대를 하나님의 찬양대의 무리를 빈약하게 만들 것이오. 왜냐하면
> 당신은 당신의 보증 계약을 이행하지 못할 것이기 때문이오.
> 당신은 그것을 수행할 수 없소.

당신은 이 수많은 사람 모두를 들어올릴 수 없소.

당신은 사라지고 말 것이오.

보시오!

목자가 중상을 입을 때 이제 양들이 흩어지지 않는가?

그들은 전적으로 당신을 잊게 될 것이오.

당신은 당신의 영혼의 괴로움을 결코 보지 못할 것이오.

당신의 바라던 종국은 결코 도달할 수 없을 것이오.

당신은 영원히 집을 짓기 시작했으나 완공할 수 없었던 한 사람으로 남을 것이오.

아마도 이것이 왜 그리스도께서 그분의 제자들을 세 차례나 찾으셨는지를 밝혀주는 진정한 이유가 될 것입니다.

여러분은 어머니라는 존재에 대해 잘 알고 있습니다.

그녀는 중병에 시달려 지친 채 매우 가냘픈 모습입니다. 그녀는 아이가 죽을 수 있다는 끔찍한 두려움 아래서 임신한 아이를 출산합니다. 그녀의 잠시 잠깐의 휴식도 가로채기 위해 그녀를 덮친 질병으로 인해, 그녀는 질병에 눌려 자신의 침상 위에 누워있습니다. 그녀는 회복의 가능성이 거의 없습니다.

하지만 그녀는 자신의 아기를 걱정스레 응시합니다. 그리고 그녀 스스로 심각하게 아프면서도, 한 순간도 침대에 머물러 있을 수가 없습니다. 그녀는 잠을 잘 수 없고, 고통스럽게 뒤척입니다. 그녀의 마음 속에 수 많은 생각이 방황하고 있기 때문입니다.

그녀는 아이를 바라보기 위해 다시 일어납니다.

"아기야, 괜찮니?

괜찮아?
심장의 떨림이 덜해졌니?
맥박은 좀더 부드러워졌고?"
아아 안타깝도다!

그녀는 기력이 떨어졌고, 다시 침상으로 돌아가야만 합니다. 하지만 그녀는 휴식을 취할 수 없습니다. 그녀는 사랑하는 아이를 살피기 위해 또 다시 그리고 또 다시 돌아오게 될 것입니다.

마찬가지로 나는 그리스도께서 베드로, 야고보, 그리고 요한을 내려다보시면서 이렇게 말씀하셨을 것이라 생각합니다.

"그들(제자들-편집자주) 모두를 잃어버린 것은 아니다. 세 사람이 남아 있다."

그리고 예수께서는 그들을 모든 교회의 전형으로 간주하시면서, 다음과 같이 말씀하시는 것으로 보입니다.

"아니다. 아니다. 나는 이겨낼 것이다. 나는 승리하게 될 것이다. 나는 피 흘리기까지 싸울 것이다. 나는 속량을 위한 몸값을 지불할 것이다. 그리고 내 사랑하는 이들을 그들의 원수의 손에서 건져낼 것이다."

제가 생각하기에 이것이 그분을 향한 시험이었습니다.

여러분이 이것보다 그 시험들이 무엇이었는지에 대해 보다 온전한 그림을 그려낼 수 있다면, 나는 매우 행복할 것입니다.

이 한 가지 교훈과 함께 나는 한 가지 요점을 남기고자 합니다.

너희는 유혹에 빠지지 않도록 기도하라.

이것은 그리스도께서 직접 사용하신 표현입니다. 직접 시험당함을 통해 예수님 자신이 얻으신 결론입니다.

사랑하는 친구들이여!

여러분은 존 번연이 그린 아폴리온(Apollyon)과 싸우는 그리스도인의 그림을 모두 읽어보셨을 것입니다. 그 대가인 화가는 그러한 인생을 정확하게 묘사합니다. 그는 다음과 같이 말합니다.

> … 이 쓰라린 투쟁은, 그 그리스도인이 기운을 거의 다 써버릴 때까지, 반나절 이상 진행되었다. 나는 그가 양날을 가진 칼로 아폴리온에게 상처를 입혔다는 것을 알게 되기까지는, 그토록 즐거워하는 그를 결코 본 적이 없다. 참으로 그는 미소를 만면에 띠었고 하늘을 우러러 보았다. 그러나 그것은 내가 지금껏 본 것 중 가장 공포스러운 광경이었다.

그것이 "우리로 시험에 들게 하지 마소서"라는 기도의 의미입니다.

오, 유혹 받는 곳으로 부주의하게 향해 가는 여러분!

저는 그렇게 행동하는 충분히 어리석은 이들을 알고 있습니다.

마귀가 여러분을 유혹하도록 마귀를 유혹하는 그 자리에 스스로를 갖다두는 여러분!

우리 주님의 모범을 주의하여 살피십시오.

그분이 시험 당하실 때, 땀이 피가 되도록 흘리셨습니다.

오, 그러한 시험에서 여러분을 살려주시도록 하나님께 기도하십시오.

이 아침에 그리고 매일 기도하십시오.

> 우리를 시험에 들지 말게 하옵소서.

3. 사랑하는 형제, 자매들이여! 피처럼 흐르는 땀을 보시오

우리는 "땀이 땅에 떨어지는 핏방울같이 되더라"는 말씀을 읽습니다. 다소 범상치 않을지라도, 이 현상은 다른 사람들 안에서도 목격되어 왔습니다. 갈렌(Galen)의 오래된 의학 서적들을 포함한, 기록된 몇몇 사례들이 있습니다. 몇몇은 보다 최근의 기록이고, 장기간의 질병을 앓은 이들 안에서, 그리고 죽음의 공포 아래서 어떤 이들은 피와 같은 땀을 흘렸습니다.

그러나 이 경우는 전적으로 본질적으로 다른 이유들이 있습니다. 여러분은 그분이 피와 같은 땀을 흘리심을 알아차렸을지라도, 그것은 땅바닥에 뚝뚝 떨어지는 피땀이었습니다. 그 피는 응고되어 큰 덩어리들을 형성하였습니다. 나는 크고 무거운 덩어리인 "응혈"(gouts)이라는 어휘보다 이 상황이 의미하는 바를 더 잘 표현할 수 없습니다.

이는 어떤 경우에도 목격된 바가 없습니다. 약간의 피의 유출의 사례는 이전에 심신이 약해진 사람들의 경우에서 알려진 바는 있지만, 큰 덩어리의 피땀은 유례가 없습니다.

여기에 그분을 필적할 사람은 없습니다. 그분은 단지 약 30세 전후의 신체 건강한 분이었으며, 죽음에 대한 두려움 없이 노동하였습니다. 그러나 시험과 투쟁으로 말미암아 발생한 정신적 압박과 사탄의 시험을 좌절시키기 위한 힘을 쏟는 긴장은 그분의 정서를 자연스럽지 않은 흥분으로 몰아갔고, 그분의 땀구멍은 땅 바닥에 떨어지는 피와 같은 땀을 큰 덩어리로 내보내었습니다. 이는 죄가 구세주의 피땀을 뽑아내게 할 수 있을 만큼, 죄의 무게가 얼마나 끔찍한가를 잘 증명해줍니다.

나의 형제자매들이여!

이는 주님이 가지신 사랑의 힘이 얼마나 큰지를 증명해줍니다.

나무를 베지 않고 추출하는 고무질(gum)이 항상 최상의 것이라는 아이삭 암브로스(Isaac Ambrose)의 관찰은 바른 것이었습니다.

이 고귀한 녹나무(camphor-tree)는, 옹이가 달린 채찍으로 맞아 상처를 입을 때, 그리고 십자가상에서 못이 꿰뚫을 때 가장 달콤한 향을 내었습니다.

그러나 보십시오.

채찍이 없고, 못이 없고 상처가 없을 때, 그 나무는 최상의 향기를 내뿜었습니다. 이는 그리스도의 고난의 자원성(voluntariness)을 설명합니다. 왜냐하면 창이 없이도 그 피는 자연스럽게 흘러나왔기 때문입니다.

거머리를 붙이거나 칼로 그을 필요도 없었지요.

그 피는 자발적으로 흘렀습니다. 통치자들이 "오, 샘이여 솟아라!"할 필요도 없었습니다. 자발적으로 그 피는 선홍색을 띠며 콸콸 흘렀던 것입니다.

사랑하는 친구 여러분!

사람들이 마음속에 두려움에 찬 고통을 겪어야 한다면(나는 의료적 사안에는 익숙지 않습니다만), 명백히 피가 심장을 향해 몰려들 것입니다. 뺨은 창백해질 것이며, 까무러치는 발작이 일어납니다. 마치 시련을 통과하는 동안 피가 속사람에게 영양을 공급하려는 듯이, 피가 안쪽으로 흐릅니다.

그러나 그분의 고통 가운데 있는 구세주를 보십시오.

스스로에게 자양분을 주기 위해 그분의 피가 심장으로 몰리는 고통 대신에, 그분의 피는 땅을 적시도록 바깥으로 흘렀을 만큼, 그분은 전적으로 자아에 대해서는 망각하고 있습니다. 자신을 땅에 쏟을 만큼, 그리스도의 고통의 절정은 인류를 위해 그분이 감당하신 희생 제사와 완성을 그려내고 있습니다.

나의 형제들이여!

그분이 통과하신 싸움이 얼마나 격렬했는지를 알지 못합니까?

그리고 당신에게 들려지는 소리를 듣지 못합니까?

> 너희가 죄와 싸우되 아직 피 흘리기까지는 대항하지 아니하고(히 12:4).

대단히 뼈아픈 시험을 당하게 되는 것은 우리들 중 어떤 이들의 운명이 되어왔습니다. 그 시험들과 싸우면서 차갑고 끈적끈적한 땀이 우리 이마에 맺힐 만큼 그 시험은 쓰라린 것들이었습니다. 그렇지 않다면 우리는 다른 이들을 어떻게 가르칠지를 알지 못했을 것입니다.

저에게도 그것이 있었습니다.

저는 결코 그 장소를 잊지 않을 것입니다. 그곳은 외로움의 자리로 나의 하나님을 숙고하면서, 내가 시험보다는 죽음을 선호하게 될 때까지, 끔찍한 신성모독의 생각이 급하게 내 영혼 위로 날아갔습니다. 저는 그곳에서 무릎을 꿇었고, 그 고통이 너무 끔찍했기에, 신성모독의 말을 내뱉기 전 그것을 막고자 내 손이 나의 입술 위에 있었습니다.

사탄이 진정 당신을 신성모독으로 이끌기 위해 시험하도록 허락받는다면, 당신은 머리가 희어질 때까지 살게 될지라도, 그 일을 결코 잊지 못할 것입니다. 혹은 사탄이 당신을 어떤 욕망을 가지고 공격하도록 허락한다면, 비록 당신이 바로 그 생각을 증오하고 혐오할지라도, 그리고 그것에 탐닉하는 것보다 더 빨리 당신의 오른 팔을 잃을지라도, 그 일은 다가와 당신을 추적할 것이며, 당신을 핍박하고 고통을 안겨줄 것입니다.

나의 형제자매 여러분!

땀을 흘리기까지 아니 피 흘리기까지 그 시험과 싸우십시오.

유혹에 빠지지 않도록 기도하십시오.

그러면 당신이 시험 속으로 들어갈 때, 당신은 확신을 가지고 말할 것입니다.

"주여, 나는 이것을 추구하지 않았습니다. 그러므로 당신의 이름을 위하여, 그것을 이겨내도록 도와주십시오."

4. 나는 여러분이 구세주의 기도를 주목하길 바랍니다

사랑하는 친구들이여!

우리가 시험 받을 때, 이기기를 원한다면, 최상의 무기는 기도입니다. 여러분이 칼과 방패를 사용할 수 없을 때, 모든 것 중에서 가장 유명한 무기인 기도로 당신을 무장시키십시오.

당신의 구세주가 그렇게 하셨습니다.

그분의 기도를 주목하십시다.

첫째, 그것은 외로운 기도였습니다.

그분은 그분의 세 명의 가장 가까운 친구들에게서도 돌을 던질 만큼으로 거리로 멀리 물러났습니다.

신자들, 특히 시험 가운데 있는 이들은 고독 속의 기도를 많이 드려야 합니다. 개인적인 기도는 하늘을 여는 열쇠인 것처럼, 지옥의 문을 닫는 것도 개인적인 기도입니다. 그 기도가 예방적인 방패인 것처럼, 개인적인 기도는 시험과 싸울 때 들 수 있는 검입니다.

가족과 함께 하는 기도, 무리지어 하는 기도, 교회 안에서의 기도로는 충분하지 않습니다. 이 기도들도 매우 소중하지만, 여러분의 향로에서 최상의 향을 피우는 것은 여러분의 개인적인 헌신으로 자리이며, 그곳에서는 하나님 외에는 아무도 듣지 않습니다.

여러분이 시험을 이기길 원한다면, 자신을 고독으로 자리로 데리고 가십시오.

둘째, 마가에게도 그것은 겸손한 기도였습니다.

누가는 그분이 무릎을 꿇었다고 말합니다만, 다른 복음서 기자는 그분이 얼굴을 땅에 대었다고 말합니다.

도대체 무엇이 왕으로 얼굴을 땅에 대게 했다는 말입니까?

그렇다면 당신의 자리는 어디이어야 합니까?

위대한 주님의 미천한 종에 불과한 당신의 자리는 어디이어야 합니까?

주님께서는 땅바닥에 엎드리지 않았습니까?

그렇다면 당신은 어디에 누울 겁니까?

어떤 먼지와 재로 당신의 머리를 뒤덮게 할 것입니까?

어떤 삼베로 당신의 허리띠를 졸라맬 것입니까?

겸손은 우리에게 기도에 있어 훌륭한 발판을 마련해줍니다. 우리가 하나님께서 우리를 적절한 시간에 높이실 수 있도록 스스로를 낮추지 않는다면, 교만한 자를 던져버리시는 하나님과 함께하는 유익에 대해 아무 희망을 걸 수 없습니다.

셋째, 더욱이 그것은 아들로서 드리시는 기도(filial prayer)였습니다.

마태는 그분이 "오, 나의 아버지"라고 말씀하셨다고 묘사합니다. 마가는 "아바 아버지"라고 적고 있습니다.

여러분은 항상 여러분이 시험당하는 모든 날 동안 여러분을 자녀 삼아 주신 이 요새를 발견할 수 있습니다. 따라서 "우리를 시험에 들게 하지 마시고, 악에서 구하옵소서"라고 기록된 그 기도는 "하늘에 계신 우리 아버지"로 시작하는 것입니다.

자녀로서 간구하십시오.

여러분에게 신하로서의 자격은 없습니다. 여러분은 여러분의 반역으로 말미암아 그 자격은 상실하였습니다. 하지만 예수 그리스도의 피를 통해 자녀로서의 자격을 얻었습니다. 아버지의 보호를 요구하는 자녀의 권리는 그 어떤 것도 빼앗을 수 없습니다.

"나의 아버지, 나의 외침을 들어주세요"라고 말하기를 부끄러워 마십시오.

넷째, 그것은 끈기 있는 기도였음을 주목하십시오.

그분은 동일한 말씀으로 세 차례 기도하셨습니다.

응답이 있을 때까지(until you prevail) 만족하지 마십시오.

첫 번째 간청이 얻을 수 없었던 것을 계속적 간구로 얻게 된 끈질긴 과부처럼 기도하십시오.

계속 기도하십시오.

그리고 동일한 기도 속에 감사로 지켜보십시오.

다섯째, 추가적으로, 그 기도는 간절한 기도였습니다.
그 기도가 선홍색 열을 낼만큼 어떻게 빛을 내었는지를 보십시오.

예수께서 힘쓰고 애써서 더욱 간절히 기도하시니(눅 22:43-44).

그리스도께서 내셨을 신음소리를 생각해 보십시오.
그분의 본성의 깊숙한 생에서 터져 올라 온 눈물은 어떠했겠습니까?
여러분이 원수를 이기고 싶다면 더욱 간절한 청원을 드리십시오.

여섯째, 마지막으로 그 기도는 내려놓음의 기도였습니다.
"그러나 내 원대로 마시옵고 아버지의 원대로 하옵소서!"
복종하십시오.
그러면 하나님이 뜻을 이루어주실 것입니다.
하나님의 뜻이 이루어지게 하십시오.
그러면 하나님의 뜻이 최상의 결과를 이루실 것입니다.
여러분은 여러분의 기도의 결과를 그분의 손에 온전히 그리고 기꺼이 맡기십시오.
그분은 언제 주어야 하고, 어떻게 주어야 하며, 무엇을 주어야 할지, 그리고 무엇을 허락지 말아야 할 것인가를 아십니다.
그러므로 간구하되, 간절히, 끈질기게, 하지만 겸손과 자기포기(resignation)가 합쳐진 기도를 드리십시오.
그러면 당신은 얻게 될 것입니다.
사랑하는 친구 여러분!
우리는 이제 이 실제적 교훈을 마지막 요점으로 삼으면서 결론을 내려야 합니다.

"일어나 기도하십시오."

제자들은 잠들었을 때 누워 있었습니다. 기대어 앉는 것은 잠들기 좋은 자세였습니다.

일어나십시오.

자세를 갖추십시오.

하나님의 이름으로 일어나십시오.

일어나 기도하십시오.

그리고 여러분이 시험에 노출될 때, 여러분의 이전 삶을 뛰어넘어 더 절박하게, 열정적으로, 끈질기게 하나님께 매어 달리십시오.

그분은 여러분을 여러분의 환난의 날에 구원하실 것입니다.

5. 시대가 우리를 저버리고, 우리의 능력이 끝에 다다랐을 때, 바로 그 때 구세주의 능력이 역사하기 시작합니다

구름이 지나갔습니다. 그리스도께서 무릎을 꿇으셨고, 기도가 끝이 났습니다.

그러나 어떤 이는 물을 것입니다.

"그리스도께서 기도 안에서 승리하셨습니까?"

사랑하는 친구 여러분!

그분이 지상에서 승리하지 않으셨다면, 그분이 하늘에서 승리하실 것이라는 그 어떤 희망을 우리가 가질 수 있겠습니까?

그분의 강렬한 외침과 눈물이 그 때 받아들여지지 않았다면, 그분은 지

금 실패할 것이라고 우리는 의심하지 말아야 하는 것이 아닌가요?

그분의 기도는 성취되었고(speed), 따라서 그분은 우리를 위한 훌륭한 중보자가 되십니다.

"그분은 어떻게 받아들여지셨나요?"

그 질문에 대한 답은 참으로 간결하게 주어질 수 있습니다. 내가 보기에 그분의 기도는 세 가지 측면에서 받아들여지셨습니다.

첫째, 그분에게 주어진 은혜로운 응답은 그분의 마음이 갑자기 평안해졌다는 사실입니다.

나의 영혼이 심히 슬프다.

왔다 갔다 하시는 그분의 초조한 걸음!

세 차례의 반복된 기도!

그분에게 임한 외로운 동요!

이때의 그분의 모습과, 모든 기도를 마치신 후 "입맞춤으로 인자를 팔려느냐?"라고 하시면서 배신자를 만나러 가시는 주님과는 어떤 차이와 대조가 존재하겠습니까?

전에는 격랑에 빠진 바다처럼 보이셨던 분이, 이제는 그분 자신이 "잔잔하라" 말씀하셨고, 파도가 잔잔해진 것처럼 그분은 지금 평온하십니다.

여러분은 구주께서 빌라도 앞에 서셨을 때, 그분 마음속에 편만했던 평화보다 더 깊은 평화를 알지 못합니다. 그분은 한 말씀도 대답지 않으셨습니다. 그분은 끝까지 평온을 유지하셨고, 마치 그날이 환난의 날이라기보다는 그분의 승리의 날인 것처럼 평화로우셨습니다.

저는 이것이 기도에 대한 응답으로 그분에게 주어진 것이라고 생각합니다. 그분은 아마도 보다 더 강렬한 고난들을 겪으셨지만, 그분의 마음은 이제 보다 깊이 숙고하면서 그 고난들을 맞이하시려는 것처럼 고요하였습니다.

둘째, 우리는 하나님께서 그분을 천사를 통해 힘을 북돋우신 것으로 하나님께 응답받으셨다고 믿습니다.

그 일이 어떻게 일어났는지는 우리는 알지 못합니다. 아마도 그 일은 천사가 말했던 바에 의하여 그리고 동등하게 예수께서 행하신 바에 의하여 이루어졌을 것입니다.

천사는 속삭이며 약속하였을 것입니다. 그분의 성취의 영광을 그분의 마음의 눈 앞에 펼쳐 놓았을 것입니다. 그분의 부활을 묘사했을 것입니다. 그분을 섬기는 천사들이 그분을 그분의 보좌에 오르시도록 모셔가기 위해 하늘로부터 내려오는 수레를 가져오는 현장을 그렸을 것입니다.

또 그분이 처음 강림하셨을 때의 회상, 그분이 바다에서 바다까지, 그리고 강에서부터 땅 끝에 이르기까지 다스리게 되실 전망을 상기시키며, 그분을 강하게 하였을 것입니다. 혹은 아마도 어떤 알려지지 않은 방법으로 하나님은 그리스도께 어떤 능력을 보내셨을 것입니다.

그리하여 그리스도는 모든 것을 빼앗긴 채 족쇄에 매여 있다가 갑자기 엄청난 싸움에 필요한 모든 힘과 웅대한 에너지를 부여받았던 삼손처럼 되었을 것입니다. 그 때에 그분은 벌레도 아니요 사람도 아닌 존재로서 (시편 22:6-8의 "나는 벌레요 사람이 아니오니 사람들의 비방거리요…"를 암시하는 듯-역주) 겟세마네 동산에서 걸어 나가셨습니다.

오히려 그분은 그분 주위에 있는 모든 군대들과 싸우게 할, 보이지 않는 힘을 지녀 강하게 되셨습니다.

그리고 나는 우리가 다음과 같은 말로 결론 내려야 한다고 생각합니다.

그분의 간구를 들으신 하나님께서 이제 그분에게 단순히 힘이 아니라, 사탄에 대한 실제적 승리를 부여하셨습니다.

저는 그리스도께서 십자가상에서 지불한 것보다 그 동산에서 더 많은 것을 지불하셨다는 아담 클라크(Adam Clarke)의 주장이 옳은지 여부는 알지 못합니다. 그러나 나는 속죄는 십자가상에서만 이루어졌고, 다른 어느 곳에서도 이루어지지 않았다고 생각을 제련하는 이들은 매우 어리석다고 큰 확신을 갖고 말할 수 있습니다.

우리는 속죄가 그 동산에서뿐 아니라 십자가상에서도 이루어졌다고 믿습니다. 그리고 그 동산에서 그리스도 사역의 한 면이 종결되었고, 전적으로 마무리되었다는 생각이 문득 들었습니다. 그리고 그 일은 사탄과의 투쟁이었습니다.

그리고 저는 그리스도께서 이제 마귀의 유혹보다는 그분의 아버지의 존재의 부재와 사람들과 사람들의 아들들의 욕지거리를 견뎌야 했다고 생각합니다.

나는 정말 이 일들이 그분이 무릎 꿇고 기도하던 자리에서 일어났을 때, 그분이 핏덩이 같은 땀을 흘려 그 땅 위에 자신의 자취를 남긴 그 땅바닥에서 일어서셨을 때 끝이 났다고 생각합니다.

사탄의 시험은 그 때 끝이 났고, 그분은 그분의 사역의 그 부분에 대해 말씀하셨을 것입니다.

"다 이루었다. 용의 머리가 부러졌도다. 나는 그를 이기었노라!"

이 일이 정말 그러하다면, 그리스도께서 그 때 그분이 두려워하는 중에서 들으신바 되었습니다. 그분은 사탄의 시험을 두려워하셨고, 그것으로부터 놓임 받으셨습니다. 그분은 자신의 약함을 두려워하셨으나, 그분은 강하게 되셨습니다. 그분은 자신의 마음의 동요를 두려워하셨으나, 그분은 평온하게 되셨습니다.

그렇다면 결론적으로 우리는 단지 다음의 교훈을 말해야 할 것입니다.

> 너희가 기도할 때에 무엇이든지 믿고 구하는 것은 다 받으리라(마 21:22).

그러므로 여러분의 시험이 가장 극심한 최고조에 도달한다면, 기도 속에 하나님을 견고히 붙잡으십시오.
그러면 여러분은 승리하게 될 것입니다.
독실하신 죄인 여러분!
그것이 여러분을 위한 위로입니다.
번뇌하는 성도 여러분!
그것이 여러분을 향한 기쁨입니다. 이것이 이 아침에 우리 모두를 향한 메시지입니다.

> 시험에 들지 않도록 기도하라.

시험에 처한다면, 그리스도께서 우리의 믿음이 떨어지지 않도록 기도해주시라고 간구하십시오!
그리고 우리가 그 환난을 통과했을 때, 그리스도께서 오늘 우리에게 힘을 북돋아주신 것처럼, 우리의 형제자매들에게 힘을 북돋아주십시오.

Sermons on the Passion of Christ

제2장
예수보다 선호된 바나바

> 그들이 또 소리 질러 이르되 이 사람이 아니라 바라바라 하니 바라바는 강도였더라(요 18:40).

유월절에 죄수 한 사람을 놓아주는 관례는 의심할 바 없이 유대인들을 향한 로마 당국자들의 자비의 행동이었고, 그것은 유대인들에 의하여 그들의 유월절에 대한 축하적 의미로 수용되었을 수 있습니다.

그날에 유대인들 스스로가 애굽 땅에서 놓임 받았기 때문에, 그들은 수감된 자들 중 누가 자유를 얻는 데 유월절에 가장 잘 어울리는지를 생각했을 것입니다.

그러나 성경에는 이 일에 대한 근거가 존재하지 않는데, 결코 그 일이 하나님에 의해 명해진 바가 없기 때문입니다. 그리고 당시 지배자들이 어떤 유형의 범죄자인 것과 별도로, 그리고 그의 회개도 없이 어떤 범죄자를 무죄 석방하는 것이기에, 그러한 일은 공공의 정의에 매우 해로운 영향을 미쳤을 것임에 틀림없습니다. 왜냐하면 그것은 단지 어느 특정 날이 특별한 방식으로 기념되어야한다는 이유만으로 사회 속으로 그를 풀어주는 것이므로 어떤 죄수가 유월절에 무죄방면되어야 했기 때문에, 빌라도는 로마의 권력자들에게 전혀 자신의 평판을 손상시킴 없이 그 구세주(the Savior)를 놓아줄 기회를 갖게 되었다고 생각했습니다. 그는 사람들에게 구금 중인 악명 높은 도둑과 구세주 중, 둘 중에 누구를 택할 것인지를 묻습니다.

그 순간까지는 바나바가 군중들에게 역겨운 존재였을 것입니다. 하지만 그의 이전의 나쁜 평판에도 불구하고, 제사장들에게 선동된 무리들은 그의 모든 과오를 잊었고, 구세주보다 그를 선택하였습니다.

바나바가 누구였는지 우리는 정확히 말할 수 없습니다. 당신이 히브리어에 대해서 전혀 모른다 할지라도, "바"(Bar)가 아들을 나타내기에, 그의 이름은 "그의 아버지의 아들"을 의미함을 곧 알게 될 것입니다. 이는 베드로가 시몬 바요나, 요나의 아들로 불린 것과 마찬가지입니다.

그의 이름의 다른 부분인 "아바"(Abbas)는 "아버지"를 의미하며, 아바는, "아바 아버지"라고 우리가 아버지께 대한 소망을 담아 기도할 때 사용하는 어휘입니다. 그렇다면 바나바는 "그의 아버지의 아들"입니다. 그리고 어떤 신비주의자들은 특히 구체적으로 사탄의 아들을 가리키는 오명(汚名)의 뜻이 여기에 담겨 있다고 생각합니다.

다른 이들은 그것은 사랑스러운 이름이었고 그 이름은 그가 그의 아버지의 사랑받는 제멋대로 하는 아들(indulged son)과 같은 존재였기 때문에 주어진 것이라고 생각합니다.

그래서 어떤 작가들은 제멋대로 하는 아이들을, 종종 바나바의 모방자라고 말하면서, 자신들의 마을에 해가 되며, 부모들에게는 큰 비통의 원인이 되고, 모든 사람들에게 저주와 같은 사람들이 될 개연성이 매우 높은 존재들이라고 덧붙입니다.

그 사례들을 압살롬의 경우와 특히 엘리의 아들의 경우와 결부시킬 수 있다면, 그 이름을 붙이는 것은 자녀들의 응석에 지나치게 관대한 오류를 범하는 부모들에 대한 경고가 될 것입니다.

바나바는 적어도 세 가지 범죄를 저지른 것으로 드러납니다. 그는 살인, 난동, 그리고 흉악범죄(felony)로 말미암아 구속되었습니다. 그리고 우리에게 있어서 그런 아들을 둔 아비에게 연민을 품는 것과 이 아들의 범죄들은 너무나 서글픈 조합임에 틀림없습니다.

이 비열한 사람이 그리스도와 경쟁하기 위해 데려와져서 세워졌습니다. 무리에게 의견이 물어졌습니다. 빌라도는 수치심 때문이라도 그들이 바나바를 절대 선택하지 않을 것이라고 생각했습니다.

그러나 그들은 또한 피에 굶주려 구세주를 공격하는 이들이었으며, 제사장들에 의해 쉽사리 마음이 움직였고, 단 하나의 반대 목소리도 없었고, 한 사람도 반대쪽을 지지하는 손을 들지 않아, 경이로울 정도의 만장일치의 목소리를 내었습니다. 그가 악명 높은 매우 유명한 범죄자였기 때문에 그들은 바나바가 살인자요, 흉악범이며, 반역자라는 것을 알고 있었음에도, 그들은 크게 외쳤습니다.

"이 사람이 아니라, 바나바요!"

이 사실은 매우 의미심장합니다. 이 사실에는 우리가 일견 생각한 것보다 더 많은 가르침이 담겨 있습니다.

첫째, 무엇보다도 여기에서 우리는 그 죄인을 놓아주고 무죄한 자를 결박하는 장면 안에서, 우리 구세주의 죽음에 의하여 성취되는 어떤 유형의 위대한 사역을 보지 않습니까?

여러분과 나는 적절히 바나바 편에 서 있었을지도 모릅니다. 우리는 하나님에게서 그분의 영광을 강탈하였습니다. 우리는 하늘의 정부에 대항하는 선동적 반역자들이었습니다. 자신의 형제를 미워하는 자가 살인자라면, 우리 또한 그 죄에 있어서 유죄입니다. 여기에서 우리는 심판대 앞에 서 있습니다.

생명의 주님 되시는 분이 우리를 위하여 묶여 계시고 우리는 놓임 받도록 허락되었습니다. 주님은 우리를 구원하시고 우리를 사면하십니다. 반면에 점도 흠도 없으시고, 죄악의 어떤 그림자도 없으신 구세주는 십자가 형을 향하여 끌려가고 있으십니다.

나병환자를 정결케 하는 의식에는 두 마리의 새들이 취해졌습니다. 한 마리의 새는 죽임을 당했고, 그 새의 피는 대야에 부어졌습니다. 다른 새 한 마리는 이 핏속에 담가진 후, 날개들이 새빨갛게 되고 나서 공중으로 날아오르도록 놓임을 받았습니다. 살해된 새는 구세주를 잘 묘사하며, 믿음으로 그분의 피에 적셔진 모든 영혼은, 죽임을 당하신 그분에게 전적으로 생명과 자유를 빚진 채, 즐거운 자유 속에 기분 좋게 노래 부르며 하늘을 향하여 날아오릅니다.

일의 경과는 이렇습니다. 바나바가 죽어야 하든지 그리스도가 죽어야 합니다. 죄인인 여러분이 멸절되거나, 흠 없으신 그리스도 임마누엘께서 죽어야 합니다. 그분은 우리가 구원받도록 그렇게 죽으십니다.

오! 우리는 오늘 그와 같은 구원에 참여하지 않았습니까?

그리고 우리가 강도요, 반역자요 살인자들일지라도, 그리스도께서 우리를 위하여 저주가 되어주심으로, 율법의 저주로부터 우리를 구원하셨음에 대해 기뻐할 수 있지 않습니까?

둘째, 그 일의 처리(transaction)는 또 하나의 목소리를 갖고 있습니다. 구세주의 역사(history) 속에 있는 이 에피소드는 사람들의 판단에 있어, 예수 그리스도가 바나바보다 더 큰 죄인이었음을 보여줍니다.

그리고 이번 한 번만은 나는 감히 본질적으로 가장 악평 높은 불공정의 사례가 되는 사람들의 목소리(vox populi)가 우리의 죄악을 그리스도께서 전가시키는 관점에서 읽게 된다면, [그들의 소리가] 하나님의 소리(vox Dei)라고 말하고자 합니다.

자기 백성의 죄악들을 뒤집어 쓴 채 서 계신 그리스도는 바나바 위에 놓인 것보다 더 많은 죄를 자신 위에다 올려놓으셨습니다. 그분 자체 안에는 죄가 없으십니다. 그분은 전적으로 죄인이 되실 수 없습니다. 거룩하시고, 악의가 없으시고, 그리고 더럽혀지지 않으신 분이 바로 그리스도 예수님이십니다.

그러나 그분은 자기 백성의 죄악의 전체 덩어리를 전가(imputation)의 방식으로 스스로 위에 얹으셨고, 여호와께서 그분을 바라보실 때, 여호와께서는 심지어 극악무도한 바나바 위에 있는 것보다 구세주 위에 놓여진 더 많은 죄악을 보시게 됩니다. 바나바는 구세주 위에 놓인 엄청난 무게에 비하여 무죄방면됩니다.

사랑하는 이들이여!

생각해보십시오.

당신들의 주님이시자 주인(Master)께서 범죄자들을 [구원받는 자들]의 수에 포함시키기 위해 얼마나 허리를 굽혀 낮아지셨는가를 말입니다.

왓츠(Watts)는 이를 강하게 다음과 같이 표현합니다. 그러나 나는 그 표현이 조금도 강하다고 생각지는 않습니다.

> 그분은 명예와 호흡
> 둘 다 빼앗겨 버렸다.
> 사악한 자들을 자신의 죽음 속에 합류시키고자,
> 그리고 그들처럼 비열한 존재가 되시고자.

그분은 사람들의 평가 앞에, 그리고 재판정 앞에 그렇게 서 있었습니다. 왜냐하면 전체 신실한 자들의 죄악들이 그분에 의해 감당되었기 때문입니다.

> 여호와께서는 우리 모두의 죄악을 그에게 담당시키셨도다(사 53:6).

그 불법이 어떠했는지는 아무도 생각할 수 없고, 더욱이 그 어떤 혀도 말할 수 없을 것임에 틀림없습니다.
그가 감당하신 슬픔을 측정해보십시오.
그러면 당신들이 이 슬픔이 무엇인지 추정할 수 있다면, 당신은 심지어 바라바 자신보다도 재판정 앞에서 그분을 더 낮추게 만든 죄책이 어떠했겠는가를 조금은 생각할 수 있습니다.
오, 여기에서 나타난 겸비함은 어떠합니까?
의로우신 분이 불의한 자들을 위하여 죽으셨습니다. 그분은 많은 이들의 죄악을 감당하셨고, 행악자들을 위한 중보자가 되셨습니다.
하지만 다시 내게는 그 본문을 통해 내가 강조하기 원하는 것에 도달하기 전에, 세 번째 교훈이 눈에 들어옵니다.

세째, 우리의 구세주는 그분의 제자들이 모든 세대 안에서 표면상의 죄인들보다 훨씬 더 많이 세상에 의해 미워함을 당할 것임을 아셨습니다.

세상은 너무도 자주 그리스도인들보다 살인자들, 도둑들, 그리고 술주정뱅이들을 참아주었습니다. 그리고 최고의 그리고 가장 거룩한 삶을 살던 이들은 악하다고 여겨지고, 범죄자들과 동일한 목록에 기록될 가치조차 없는 것으로 간주되어 그들의 이름이 축출될 만큼 중상모략을 당하고, 학대당하기에 이르렀습니다.

이제 그리스도께서 자기 백성의 고난을 스스로 지심으로, 그들의 대적들의 비방으로부터 그들의 고난이 정결하다고 인정하셨습니다.

사랑하는 내 형제들이여!

만일 당신들과 내가 우리가 혐오하는 죄악들로 가득 찬 우리 자신을 발견하게 되고, 우리의 마음이 중상모략적인 독액의 축적물 아래서 기꺼이 파열되어야 한다면, 우리의 머리를 들고 이 모든 것 안에서 우리와 진정한 교제를 나누는 친구(Comrade)가 우리에게 있음을 온전히 느끼도록 합시다.

주 예수 그리스도조차도 바라바가 선택될 때 배척받으셨습니다.

당신의 주인보다 더 나은 대우를 결코 기대하지 마십시오.

제자들이 주인보다 높지 않음을 기억하십시오.

그들이 그 집의 주인을 바알세붑으로 불렀다면, 그들은 그 집안에 속한 제자들에 더 심한 말을 할 것입니다. 그리고 그들이 그리스도보다 살인자를 더 선호한다면, 그들이 당신들보다 살인자를 훨씬 더 선호할 날이 멀지 않았을 수 있습니다.

이 일들은 내게 이미 표면화된 것으로 보입니다. 이제 나는 우리의 보다 즉각적인 주제에 도달하였다고 생각합니다.

첫째, 우리는 있는 그대로 복음적인 역사 속에 기록된 죄를 고려하게 될 것입니다.
둘째, 우리는 이것이 전체 세상의 죄임을 목도하게 될 것입니다.
셋째, 우리는 이 죄가 우리가 회심 전에 우리 스스로 범한 죄임을 알게 될 것입니다.
넷째, 우리는 이 죄가 이 아침에 여기에 있는 수많은 사람들의 죄임을 두려워하게 될 것입니다.

우리는 하나님의 성령께서 그들의 마음을 변화시켜 구세주를 영접하도록 이끄시길 기도하면서, 그들과 대화하고 권고하게 될 것입니다.

1. 이 역사 안에서 우리가 발견하는 죄악을 고려함에 있어 몇 분의 시간이 유익하게 활용될 수 있습니다

첫째, 그들은 그리스도보다 바라바를 선호하였습니다. 그 죄는 우리가 구세주께서 아무런 죄를 범하지 않으셨음을 기억한다면, 더욱 선명하게 드러날 것입니다.
하나님의 법이나 인간의 법 어느 것도 그분은 범하지 않으셨습니다. 그는 진정 사무엘의 말을 사용하셨을 수 있습니다.

> 내가 여기 있나니 여호와 앞과 그의 기름 부음을 받은 자 앞에서 내게 대하여 증언하라. 내가 누구의 소를 빼앗았느냐 누구의 나귀를 빼앗았느냐 누구를 속였느냐 누구를 압제하였느냐 내 눈을 흐리게 하는 뇌물을 누구의 손에서 받았느냐 그리하였으면 내가 그것을 너희에게 갚으리라
>
> (삼상 12:3).

모여든 전체 회중들 가운데서 어느 누구도 구세주가 그에게 해를 끼쳤다고 비난할 뻔뻔스러운 근거를 제시하지 못했을 것입니다.

둘째, 그 때까지, 단지 그분은 자신들에게 큰 현세적 복을 주셨음을 그들은 인정할 수밖에 없었습니다.

모여든 무리들 가운데는 의심할 바 없이 그분께 값으로 환산할 수 없는 혜택을 입은 자들도 있었습니다.

오, 탐욕스러운 무리여!

그분이 너희가 배고플 때 배불리 먹이시지 않았더냐?

그분이 너희를 위하여 떡과 물고기를 몇 배로 불려주시지 않았더냐?

그분이 그분의 손길을 통해 너희 가운데 나병환자들을 치유하지 않으셨더냐?

너희의 아들들과 딸들을 괴롭힌 귀신들을 내쫓지 않으셨더냐?

너희 마비된 환자들을 일으켜 세우지 않으셨더냐?

너희 맹인들로 보게 하지 않으셨더냐?

너희 듣지 못하는 자들로 귀를 열어주시지 않았더냐?

이 선한 행위들 중 어떤 죄목으로 너희는 그분을 죽이려고 공모하느냐?

그들 모두는 스스로 자신들이 그분께 빚진 자들임을 알고 있었음에도,

그들은 마치 그분이 그들의 삶 가운데 가장 악한 문젯거리이고, 그들의 거주하는 지역에 대해 해충과 전염병인 것처럼 그분을 공격하며 떠들어댔습니다.

셋째, 그들의 불평은 그분의 가르침에 대한 것이었습니까?

어떤 점에서 그분의 가르침이 도덕을 위반하였습니까?

어떤 점에서 그분의 가르침이 사람의 최상의 유익을 저해하였습니까?

여러분이 그리스도의 가르침을 관찰하고, 심지어 그 가르침이 얼마나 인간의 복지에 공헌할 수 있는지를 판단한다면, 그러한 것은 결코 존재하지 않음을 알것입니다.

여기에 그분의 교리의 개요와 실질적 내용이 있습니다.

> 네 마음을 다하여 주 너의 하나님을 사랑하고, 네 이웃을 네 자신과 같이 사랑하라.

그분의 교훈들은 가장 부드러운 형태로 되어 있습니다.

그분이 그들로 하여금 칼을 빼들어 로마인들을 축출하라고 명하셨거나, 혹은 무자비하게 살육과 약탈을 위해 돌진하라고 명하셨습니까?

그분은 그들에게 제어되지 않는 욕망을 방출하도록 흥분시키셨습니까?

그분은 그들에게 자신의 모든 이익을 우선 챙기고 그들의 이웃의 안녕을 관심을 갖지 말라고 말하셨습니까?

그렇지 않습니다.

모든 의로운 상태는 그분이 의의 최상의 기준됨을 받아들여야 하며, 인류의 공공복리는 그분이 후견임(conservator)을 인정해야 합니다.

하지만 오히려 그분의 이 모든 가르침들 때문에, 대제사장들에 의해 사냥개 마냥 부추김을 당한 그들은 예수 그리스도의 피를 탐하며 외치고 있었던 것입니다.

"그를 십자가에 못 박으시오!

그를 십자가에 못박으시오!"

넷째, 그분의 전체적 의도는 명백히 그들의 선(good)이었습니다.
그분은 무엇을 위해 설교하셨습니까?

그 어떤 이기적 동기도 없었습니다. 여우도 굴이 있고, 공중의 새도 보금자리가 있지만, 그분은 어디에도 머리를 두실 곳이 없었습니다. 그분의 제자들의 조금의 기부만이 그분의 절대적 굶주림을 막아줄 뿐이었습니다. 차가운 산지와 한 밤중의 공기만이 이제는 그분을 증오하고 있는 무리들을 위한 그분의 외로운 기도의 열정의 증인이 되었습니다.

그분은 다른 사람들을 위하여 사셨습니다. 그들은 이것을 알 수 있었습니다. 그들은 "이처럼 비이기적인 영혼이 일찍이 존재한 적이 없었다"라고 말하지 않고서는, 3년의 사역을 감당하신 그분을 목도할 수 없었습니다. 그들은 그분이 사람들의 선을 구하는 일 외에는 지상에 계신 다른 목적이 없음을 알았을 것임에 틀림없고, 나머지 사람들도 마찬가지였을 것입니다.

그런데 그들은 이것들 중 무엇이 죄이기에 예수께서 십자가에 달리셔야 한다고 아우성쳤을까요?

그분의 선한 사역 중 무엇으로 인해 그를 십자가에 못박으려 하였습니까?

그분의 관대한 말씀 중 어느 것으로 인해, 그를 십자가에 못박으려 하였습니까?

그분의 거룩한 행위 중 무엇으로 인해, 그들은 그분의 손을 나무에 붙들어 매려 하고, 그분의 발을 나무에 묶으려 하였습니까?

빌라도는 그들에게 물었습니다.

"왜 그를 십자가에 못박라고 하는가? 그가 무슨 악한 일을 저질렀는가?"

비합리적인 증오와 함께, 무감각한 잔인함으로, 그들은 단지 빌라도의 질문에 답할 뿐입니다.

"그를 십자가에 못 박으시오!"

"그를 십자가에 못 박으시오!"

그들의 증오에 대한 진정한 이유는, 의심할 바 없이, 완전한 선(perfect goodness)에 대한 모든 인간의 자연스러운 증오에 기인합니다. 사람은 선의 존재가 그 자신의 죄를 드러내는 침묵의 증인이라고 느끼며, 따라서 그가 선을 제거하게 되길 간절히 바랍니다.

사람들의 판단에 있어 너무 거룩하게 되는 것은 큰 범죄인데, 거룩은 자신들의 죄를 꾸짖기 때문입니다. 거룩한 사람이 말의 능력을 가지지 않을지라도, 그의 삶은 하나님의 피조물들의 죄악을 드러내므로 하나님을 위하여 하나의 큰 울림이 있는 입증됩니다.

이 불편한 항의는 사악한 자들로 거룩하시고 의로우신 그 분의 죽음을 간절히 원하도록 이끌었습니다.

게다가 제사장들이 그들의 뒷배가 되었습니다. 종종 사람들이 그들의 종교적 지도자들보다 더 낫다는 것이 사실임은 슬프고도 비탄한 일입니다.

의심할 바 없이 이 경우 뇌물 또한 사용되었을 것입니다.

랍비 시몬이 그 무리들에게 지불하지 않았을까요?

구세주를 대적하기 위하여 자신들의 목청을 사용한 이들에게 유월절이 끝난 후 어떤 연회의 희망이 주어지지 않았겠습니까?

더욱이 그 전철을 밟는 무리들이 있었습니다. 만일 그들이 조금이라도 동정심이 있었다면 자신들의 혀를 억제했을 것입니다. 종종 "신중은 용기의 보다 더 나은 부분이다"(discretion is the better part of valor)라고 말해집니다.

진정 거기에는 용기 있는 사람들이 많이 있을 것임에 틀림없는데, 왜냐하면 그들은 용기의 더 나은 많은 부분을 가지고 있기 때문입니다. 그들이 그 외침 속에 합류하지 않았다면, 적어도 그들은 다른 사람들에게 민폐를 끼치지 않았을 것이나, 단 하나의 외침만 있었습니다.

"그를 제거하시오!

그를 제거하시오!

그는 살 자격이 없는 자요!"

이 40절에는 어떤 집중된 경멸이 존재합니까?

그들은 자신들의 이름을 더럽히지 않으려는 것처럼, "이 예수"가 아니라, "이 녀석"(this fellow)이라고 말합니다.

원래는 "이 마귀"를 의도했었을 수도 있지요.

그러나 그들은 바라바에게는 "바라바"라고 그의 이름을 언급함으로써 존중을 표합니다. 그러나 그들은 그분을 그토록 증오하고, 자신들의 품위를 떨어뜨리고 싶지 않은 표시로 "이 …"이라고 말합니다. 그렇다면 우리는 역사 안에서 있는 그대로의 이 큰 죄악을 목격하였습니다.

2. 그러나 이제 이 사건을 모든 세대에 걸쳐 세상의 죄책으로, 그리고 현재의 죄책인 죄악을 설명하는 것으로 바라봅시다

    사도들이 복음을 선포하기 위해 나아갔을 때, 진리는 수많은 나라들로 확산되었고, 로마 황제들에 의하여 통과된 심각한 칙령들이 있었습니다.
    이 칙령들은 누구를 향해 만들어진 것이었습니까?
    그 시대의 가증스러운 위법자들을 향하여 제정된 것들이었습니까?
    전체 로마 제국이 정숙한 이의 뺨을 붉히게 할 만한 죄악들로 만연했다는 것은 잘 알려진 사실입니다.
    로마서 1장은 대부분의 내용이 로마 지배지역 전반에 걸친 사회의 상태에 대한 생생한 묘사입니다.
    심각한 법률들이 제정되었을 때, 그 법률들은 왜 이 극도로 흉악한 죄악들을 거슬러 선포되지 않았습니까?
    사도 바울이 언급했던 것과 같은 종류의 범죄들을 저지른 이들이 처벌 받지 않고 살 수 있다는 것은 온당치 못합니다. 그러나 나는 이러한 일을 처벌하는 포고령을 발견치 못하였습니다. 나는 그러한 범죄들이 용인되었고, 비난 속에 거의 언급된 적이 없음을 압니다.
    그렇다면 화형, 성난 말들이 모든 마차에 매달아 질질 끄는 형벌, 칼, 감금, 모든 종류의 고문들이 누구에 대하여 사용되었다고 여러분은 생각합니까?
    무죄한 자들, 그리스도를 겸손히 따르는 자들에게 사용되었고, 그들은 결코 스스로를 변호하려 하지 않았으며, 이 모든 종류의 고난을 기꺼이 감당하려 하였고, 도살자의 칼을 견뎌내는 모습으로, 도살장의 양처럼 스스로를 내려놓았습니다.

로마 제국의 박해 아래서, 세상의 외침은 이러했습니다.

> 우리가 참고자 하는 이는, 그리스도가 아니며, 소돔 사람들, 살인자들, 그리고 도적들이오. 우리는 이들 중 어느 누구도 봐줄 수 있소.
> 그러나 결코 그리스도는 아니오. 지상에서 그의 추종자들을 제거하시오!

그 다음으로 세상은 자신의 전략을 바꾸었습니다. 세상은 명목상으로 기독교적으로 바뀌었습니다. 그리고 이 모든 신성모독적 영광 안에서 적그리스도(Antichrist)가 출현하였습니다.

로마 교황은 3중의 왕관을 썼고, 스스로를 그리스도의 대리인(Vicar)이라고 칭했습니다. 그리고 성인들, 천사들, 신상들, 그리고 그림들의 예배라는 혐오스러운 형태가 나타났으며 그리고 미사(Mass)가 온 것입니다. 그리고 나는 혐오스러운 실수에서 무엇이 비롯되었는지 알지 못합니다.

세상은 무어라고 말하였습니까?

"로마가톨릭이여, 영원하라!"

모든 무릎을 꿇고 모든 머리로 로마에 있는 유일한 베드로의 대표자에게 절하였습니다. 세상은 로마의 매춘부를 선택하였고, 그녀는 모든 눈으로 그녀를 찬탄하며 바라보게 할 혐오감을 일으키게 하는 포도주에 취하였습니다.

반면에 그리스도의 복음은 망각되었고, 여러 옛 책들 속에 묻혔으며, 흑암 속으로 거의 소멸되었습니다.

그 날 이후로 세상은 전략들을 다시 바꾸었습니다. 지상의 많은 곳에서 개신교가 공식적으로 인정받고 있고, 복음이 선포되고 있습니다.

그러나 그 다음엔?

그 다음으로 사탄이 등장하고, 또 하나의 바라바, 순전히 형식주의(ceremonialism)에 빠진 바라바들, 그리고 예배 장소에의 참석만이 높이 평가될 뿐입니다. 우리가 우리 이웃들만큼만 선하고, 표면적인 의식(rite)을 준수하기만 한다면, 내적인 것은 아무런 문제가 되지 않습니다. 살아가는데 필요한 외적인 명망만이 중요해지고, 그들은 결국 영적으로 죽게 됩니다. 그래서 여기 참석한 여러분들 중 많은 이들은 하나님의 성령의 활동을 전혀 느끼지 못함에도, 매우 편안해하고 만족해합니다.

비록 여러분은 결코 대속시키는 피로 씻긴 적이 없음에도, 만족해하며 여러분이 예배하는 어떤 장소의 한 자리를 차지하고 있기 때문입니다. 여러분은 여러분의 금화를 내놓으며, 병원에 기부하고, 혹은 좋은 목적을 위해 헌물 합니다.

하지만 내적 본성이 살아계신 하나님의 영으로 새롭게 되지 않으면, 잔과 접시의 바깥을 깨끗케 하는 모든 행위가 결코 도움이 되지 않음을 잊은채 기억하고 싶어하지 않습니다.

이것이 현 시대의 커다란 바라바이고 사람들은 구세주에 앞서 그것을 선호하여 선택합니다. 이것이 참이며, 세상은 진정 그리스도보다 죄를 사랑합니다.

나는 충분히 명백하게 하나의 단순한 사실로 이것을 증명할 수 있다고 생각합니다.

여러분들은 때때로 그리스도인들이 일관되지 않음을 목격해왔습니다. 그렇지요?

여러분이 세상의 행동 원칙들에 따라 그리스도인들을 판단했더라면, 그들의 모순은 그리 크게 부각될 것은 없습니다.

여러분은 세속적인 사람은 질책 없이 쉽게 자신이 좋아하는 죄악을 저지름을 잘 알고 있습니다. 그러나 만일 그리스도인들이 그토록 작은 죄를 범한다면, 온 세상이 손을 들이 다음과 같이 외칠 것입니다.

"얼마나 수치스러운 일인가!"

나는 그 상황을 바꾸려는 것이 아닙니다. 그러나 나는 단지 이것을 말하고 싶습니다.

아무개 씨(불신자-편집자주)가 있는데, 그는 방탕하고 사악하게 사는 것으로 알려져있습니다. 하지만 나는 그가 보편적으로 기피되거나 책망받는 것을 보지 못했습니다. 그러나 오히려 그는 대부분의 사람들에게 용인되고 있고, 어떤 이들에게는 칭찬 받고 있습니다.

그러나 앞서 언급한 사람의 삶과 비교할 때, 만일 그리스도인인[믿음의 사람인] 한 유명한 교수가 언급할 가치도 없는 어떤 잘못을 저질렀다고 상상해보십시오.

그러면 무슨 일이 일어나겠습니까?

"오! 언론에 내 놓으시오. 언론에 내 놓으시오!

그대는 아무개 씨가 행한 일에 대해 들었소?

이 위선자의 비행에 대해 들었냐는 말이요?"

"이게 무슨 일입니까?"

그러면서 그들은 당신에게 다음과 같이 말하는 것을 보게 될 것입니다.

"음, 그것은 잘못되었습니다 한참 잘못되었습니다. 그러나 그것은 세발의 피입니다. 제가 알고 있는 잘못을 당신이 말한 것과 비교할 때 아무 것도 아닙니다."

앞에서의 비교에서 볼 수 있는 것처럼, 세상이 그리스도인을 심판하는 방식과 세상 자체를 판단하는 것 사이의 차이를 통해, 사실상 세상은 제 멋대로 죄악속에 사는 사람은 용인할 수 있으나, 그리스도인은 용인할 수 없음을 보여줍니다.

 물론 그리스도인들도 결코 불완전성으로부터 전적으로 자유로울 수 없습니다. 하지만 세상의 적대감은 명백히 그리스도인들의 불완전성에 대한 것이 아닙니다. 왜냐하면 그들은 다른 이들 안에 있는 훨씬 더 큰 불완전성을 용인할 것이기 때문입니다.

 그러므로 그들의 반대와 비난은 단지 그 사람(그리스도인-편집자주)에 대한 것이며, 그가 취한 고백에 대한 것이고, 그가 따르려고 바라는 노선에 대한 것입니다.

 사랑하는 이들이여!

 신중하게 주목하십시오!

 여러분이 그들에게 아무런 기회를 제공하지 않았음을 말입니다. 그러나 여러분의 가장 작은 실수가 그들의 손에 쥐어지고 그것이 과장된다면, 결국 여러분은 세상이 주 예수 그리스도를 여러분들보다, 바라바를 선택한다는 명백한 증거를 확실히 보게 될 것입니다.

3. 이제 다음 주제에 들어섰습니다. 그리고 그리스도보다 바라바를 선택한 죄가 우리가 회심하기 전의 우리 모두의 죄였음을 보게 되기 위해서는 높이 계신 분으로부터의 도움이 필요합니다

 사랑하는 친구 여러분!

 여러분의 일기장의 장들을 넘기거나 기억의 나래를 펼쳐 여러분이 빠졌던 웅덩이의 구멍으로 다시 날아가보십시오?

 오! 그리스도 가까이에서 살고 있는 여러분은, 그 당시에 한 번도 그분

을 멸시한 적이 없었습니까?

여러분이 가장 좋아하는 무리는 누구였습니까?

그들이 세속적인 범죄자 무리는 아닐지라도, 별 볼일 없는 자들의 무리가 아니었습니까?

당시 여러분이 하나님의 백성들과 함께 앉아있었을 때는, 그리스도인들의 대화는 여러분 자신에게 정말 지루했었습니다. 그들이 하나님의 실재와 경험적인 주제들에 대해 말했다면, 여러분은 그것들을 이해하지 못했을 것이며, 그들을 골치 아픈 사람들이라고 느꼈을 것입니다.

저는 내가 알기에 현재 존경받는 신자들인 몇몇 사람들을 회상할 수 있습니다. 과거에 저는 하나님의 일들에 대해 말하는 것을 그들이 들었을 때, 그들을 정말 성가신 존재로 생각했었습니다.

도대체 우리는 무엇들을 생각합니까?

우리가 생각하는 시간을 가질 때, 우리가 가장 선호하는 주제들을 무엇이었습니까?

우리는 별로 영원에 대해 묵상하지 않았고, 지옥의 고통이 주는 비참함으로부터 우리를 구하시기 위해 오신 분에 대해 별로 묵상하지 않았습니다.

형제자매 여러분!

그분이 우리를 사랑하신 바로 그 큰 사랑은 우리 마음 밑바닥으로 가라앉아서는 안됩니다.

절대로 안됩니다!

그럴 수 없지요.

하지만 당시에는 우리가 십자가상의 죽음 이야기를 읽는다면, 그것은 우리 마음에 우화보다 더한 감동을 주지 않았을 것입니다. 우리는 그리스도의 아름다움에 대해 알지 못했습니다. 우리는 그분에 대해서보다 하찮은 것에 대해 더 빨리 생각했습니다.

그리고 우리의 즐거움은 무엇이었습니까?

우리는 그 즐거움을 어디에서 찾았습니까?

십자가 아래서였습니까?

구세주를 예배할 때였습니까?

그분과 교제를 나눌 때였습니까?

결코 그렇지 않았을 것입니다. 우리가 신실한 사귐에서 멀리 떨어질수록, 우리에게는 즐거움이 더했었습니다. 우리들 가운데 몇몇은, 우리가 양심이 없었을 때, 양심이 우리를 비난하길 멈추어 우리가 방종하여 죄 가운데 뛰어들 수 있었을 때, 우리는 즐거운 마음 상태에 있었던 수치를 고백해야 합니다.

그때에 우리는 읽는 습관은 어떠했습니까?

성경은 항상 뒷전이지 않았습니까?

만일 그때 우리의 이해 속에 그리스도만을 높이고 그분께만 영광을 돌리게 하는 어떤 것이 나름 존재했었다면, 우리는 자신을 즐겁게 하기에는 너무도 건조한 그 책(성경-편집자주)을 소중히 간수했을 것입니다.

무의미한 서너 질의 책들!

가벼운 읽을거리!

아마도 더욱 악한 것은 그것들이 우리의 눈을 그리고 우리의 마음을 즐겁게 하였을 것이라는 점입니다.

반면 그분의 우리를 향하신 영원한 기쁨에 대한 생각, 그분의 비견할 데 없는 열정과 지금은 하늘에 계신 그분의 영광에 대한 생각은 결코 우리 마음에 떠오른 적이 없고, 우리는 우리를 그러한 묵상의 자리로 이끌고자 했던 그 생각들을 견딜 수 없어 했습니다.

그렇다면 우리의 염원은 무엇이었습니까?

우리는 이윤을 추구했고, 부자가 되고, 학식으로 유명해지며, 능력에 대해 찬탄받는 것을 목표로 삼았었습니다. 우리가 자기 자신을 삶의 목표로 삼았던 것입니다.

혹시 우리가 다른 사람들을 고려했고, 우리 인류에게 유익을 끼치겠다는 바람이 있었을지라도, 자아가 이 모든 것의 기저에 있었던 것입니다. 우리는 하나님을 위해 살지 않았습니다. 우리가 아침에 잠에서 깨어났을 때, "나는 오늘 하나님을 위해 살기를 희망한다"라고 정직하게 말할 수 없었습니다. 밤에는 "오늘 하루 하나님을 섬겼어!"라고 말하면서 그날을 회상할 수 없었습니다. 그분은 전혀 우리의 모든 생각 가운데 계시지 않았기 때문입니다.

우리는 우리의 최고의 찬양을 어디에다 쏟아부었습니까?

우리는 그리스도를 찬양했습니까?

그렇지 않습니다.

우리는 자신의 영리함을 찬양했고, 그것이 죄와 관련 있을때에도 그것을 칭송하였습니다. 우리는 우리의 육체적 즐거움을 가장 잘 충족시키는 데 도움을 줄 수 있었던 이들을 칭송했습니다. 그리고 우리는 자신에게 최악의 해로움(이것은 세상적 쾌락을 의미함—편집자주)를 안겨준 사람들에게 최고의 사랑의 마음을 느꼈습니다.

우리가 과거를 돌아볼 때 이것이 바로 우리의 고백이 아닙니까?

내가 여러분의 삶의 역사의 진면목을 읽어낸 것이 아닙니까?

나 역시 나 자신의 과거를 잘 알고 있습니다.

오, 하나님 아버지!

그러한 흑암의 날들 동안, 우리의 정신 차리지 못한 영혼은 악을 추구하였지만, 그리스도를 따르지는 않았습니다.

만일 전능하신 은총이 우리를 완전히 바꾸어주지 않으셨다면, 그 일은 오늘날 우리에게도 동일하게 적용될 것입니다. 우리는 자연인이 그의 죄악의 흐름으로부터 돌아서길 기대하는 것보다는, 강물이 바다로 흘러들어가는 것을 멈추길 기대하는 것이 더 나을 것입니다.

또한 우리는 거듭나지 아니한 마음이 그리스도를 사랑하게 되길 기대하기보다는, 불이 물이 되거나 물이 불이 되길 기대하는 것이 더 나을 것입니다.

우리로 하여금 구세주를 찾게 만든 것은 전능하신 은총이었습니다. 그리고 우리가 과거의 삶들을 돌이켜 볼 때, 그 변화에 대한 감사의 마음이 함께 있어야 하며, 우리가 바라바를 선택하였고 구세주에 대해 "그를 십자가에 못 박으시오"라고 말했을 만큼 그토록 큰 어리석음에 빠졌던 것에 대한 슬픔을 가져야할 것입니다.

4. 이제 저는 설교를 마무리하려고 합니다. 여기에는 의심할 바 없이 오늘 우리 주 예수 그리스도보다는 바라바를 선택하는 많은 사람들이 있습니다.

사랑하는 친구 여러분!
우선 여러분의 경우에 대해 진술하게 해주십시오.
저는 여러분의 상태를 정직하게 묘사할 것이나, 그러나 동시에 여러분이 그 진술 안에서 여러분의 죄를 보도록 묘사할 것입니다. 그리고 내가 그 일을 하는 동안, 나의 목표는 필시 주께서 여러분의 뜻을 바꾸시도록 여러분을 훈계하는 것입니다.

첫째, 저는 여기에 그리스도보다 죄를 선호하는 이들이 많다는 사실이 두렵습니다.

나는 내 앞에 모든 어리석음, 무분별함, 탐욕과 불결함과 함께 술 취한 사람이 보입니다. 그러나 그 사람은 전심으로, 비록 그가 머리로는 그리스도의 아름다움과 탁월성에 대한 어떤 것을 알고 있을지라도, 실제적으로는 그는 예수님을 대항하며 다음과 같이 말하고 선택합니다.

"이 사람 말고 술의 쾌락에 푹 빠지게 해주시오."

둘째, 다른 경우들도 있지요. 최고의 욕망이 그들의 마음속 중심에 있는 최고의 자리에 앉아 그들을 다스립니다.

그 사람들은 죄가 가진 악을 알고 있습니다. 그리고 그들은 그것에 대한 좋은 명분을 가지고 있습니다. 그들은 또한 종교의 달콤함의 어떤 면을 알고 있습니다.

왜냐하면 그들은 결코 자신들이 하나님의 백성들과 어울릴 때보다 결코 더 행복하지 않기 때문입니다. 그리고 그들은 때때로 엄중한 설교를 듣고 집으로 돌아갑니다. 특히 그 설교가 그들의 악을 건드린다면, 그들은 "하나님께서 오늘 내 영혼에게 말씀하셨어. 그리고 나는 정체 상태에 빠졌어!"라고 느낍니다.

그러나 그럼에도 불구하고 유혹이 다시 따라오고, 그리고 그들은 그들이 이전에 타락했던 것처럼 다시 타락합니다.

나는 이 말씀앞에서도 마음이 움직이지 않는 이들이 여러분들 가운데 있을까 염려됩니다.

여러분은 이 해악을 향해 전진하고 있습니다. 그 결과는 여러분의 영원한 파멸이 될 것입니다.

그러나 생각해보십시오.

여러분이 지옥에 있으면서 "나는 잃어버린 자를 찾아 구원하기 위해 세상에 오신 구세주의 아름다움과 온전함보다는 더러운 탐욕의 바라바를 선택하였었다"라고 말하고 있을 여러분을 바라보십시오.

어떤 이들은 이 경우에 해당하지 않겠지만, 복음을 들었으나 여전히 복음의 구원하는 능력보다 죄를 선택하는 수많은 이들의 경우가 있습니다.

셋째, 여기에 또 다른 부류의 사람들이 있지요. 그들은 이익을 얻는 것(gain)을 더 선호합니다.

다음과 같은 내용입니다. 그들이 진정으로 주의 백성이 된다면, 그들은 이제 그들이 자신들의 거래(세상적인 사업방식을 의미함–편집자주)가 요구하는 조건을 행할 수는 없습니다. 만일 그들이 진정 그리고 참된 신자들이 되었다면, 그들은 정직해야 합니다.

하지만 이렇게 그들은 핑계를 댈것입니다.

"정직의 원리들 안에서 장사가 행해진다면 나의 사업은 돈을 벌어주지 못합니다."

"아니면, 기독교인들이 절대 하지 말아야 할 장사–이런 것들이 몇 가지 있습니다–방식을 따지면 결코 돈이 안 됩니다."

여기에 전환점이 있습니다.

내가 금을 취할까요?

아니면 그리스도를 취할까요?

맞습니다.

그것은 양심이 마비된 금입니다.

저주가 반드시 임하는 금입니다.

그것은 바보의 돈입니다.

아마도 그것은 가난한 자의 빈곤을 강탈하여 얻어낸 소득일 수 있습니다. 그것은 결코 빛 가운데 서 있을 수 없는 돈입니다. 왜냐하면 그것은 공정하게 얻어진 것이 아니기 때문입니다. 여러분이 죽음을 맞이하는 침상에 누이게 될 때, 돈은 여러분의 영혼을 불사를 것입니다.

그러나 세상을 사랑하는 사람들은 말할 것입니다.

"아니오, 그리스도가 아니란 말이오. 내게 가득 찬 지갑을 주고, 그리스도는 저리 멀리 쫓아버리시오."

다른 이들, 덜 천박하고, 덜 정직한 사람들은 외칠 것입니다.

"우리는 그분의 탁월함을 잘 알고 있습니다. 우리는 그분을 소유하기 원합니다. 하지만 소유할 수 없습니다. 우리의 매일의 사랑스러운 이윤을 포기해야 하는 조건이라면요."

"이 사람이 아닌, 바라바를 우리에게 주시오."

따라서 나는 사례들을 더 제시할 수도 있습니다.

그러나 동일한 원리들이 그 사례들 안에 흐르고 있지요. 무엇이든지 그 어떤 것이라도 당신이 마음을 주 예수 그리스도께 드리는 것을 막는 존재가 있다면, 당신은 당신의 영혼 안에 그리스도를 반대하는 후보자를 내세우는 죄를 범하고 있고, 당신은 "이 사람이 아니고, 바라바를 원합니다"라고 선택하고 있는 것입니다.

내가 그리스도의 큰 뜻(cause)을 여러분에게 변호하도록 몇 분만 할애해 주기 바랍니다.

여러분은 왜 그리스도를 거부합니까?

여러분은 그분에게 받는 수많은 좋은 것들을 인식하지 못합니까?

그분이 없으셨다면 여러분은 죽은 존재가 되었을 것입니다.

아니 그 이상이지요.

여러분은 지옥에 있었어야할 존재들입니다. 하나님은 커다란 도끼의 날을 날카롭게 갈으셨습니다. 단호한 나무꾼 마냥 정의(justice)가 도끼를 높이 들고는 서 있습니다. 땅의 방해자처럼 당신을 잘라내버릴 준비가 되었습니다.

그때 하나의 손이 복수하는 이의 팔을 멈추게 하고 있는 것이 보입니다. 그리고 그 목소리가 "그냥 두어라 내가 그것 주위를 파서 거름을 줄 때까지"라고 말하는 것이 들립니다.

여러분의 극단의 순간에 막 여러분에게 나타나셨던 분은 누구입니까?

그분은 다름아닌 그리스도이셨고, 그분보다는 여러분의 술 취함 혹은 악을 선호할만큼 그토록 여러분이 가벼이 여겼던 바로 그분입니다.

오늘 여러분은 하나님의 집에 있습니다. 그리고 내가 바라기는 그분이 보내신 메시지를 듣고 있습니다.

여러분이 모든 희망이 닫히고, 여러분의 몸과 영혼이 말할 수 없는 고통을 견뎌야 하는 지옥에 가 있을 수 있음을 한 순간이라도 생각해보십시오.

여러분이 거기에 있지 않다는 사실이 그분을 사랑하고 찬송케 합니다.

그분은 말씀하셨습니다.

"그 지옥의 나락으로 빠져드는 그를 구원하라."

여러분은 왜 그토록 많은 빚을 지고 있는 그 은총을 베풀어주신 분보다 여러분의 이득을 자기 탐닉을 더 선호합니까?

평범한 감사가 여러분을 복주시기 위하여 그토록 많이 자신을 부인하셨던 주님을 위해 여러분 자신이 어떤 죄를 부인하도록 해줄 것입니다.

여러분은 그분의 계명들이 너무 엄격하기 때문에 그분을 따를 수 없다고 저에게 말하고 있습니까?

어떤 면에서 그 명령들이 너무 엄격합니까?

여러분 자신이 그 계명들을 판단할 위치에 있다면, 여러분은 그 계명들의 어떤 면에서 흠을 잡을 수 있습니까?

그 계명들은 여러분의 죄를 거부합니다. 말하자면 여러분의 비참한 운명을 거부합니다. 그것들은 사실상 여러분이 스스로를 파괴하는 것을 허락하지 않습니다. 여러분을 위하지 않는 그리스도의 계명은 없습니다. 여러분이 탐닉하면 해가 될 수 있겠다는 원리를 따라 금하거나 금하지 않은 것뿐입니다.

그러나 그리스도의 계명들이 너무 단호하다고 치더라도, 파괴되는 것보다는 그 계명들을 감수하는 것이 더 낫지 않습니까?

군인은 암묵적으로 상관의 명령에 복종합니다. 그는 훈련 없이는 승리가 없다는 것과 질서가 없다면 전체 군대가 사분오열 될 것임을 알기 때문이죠.

선원들이 북쪽의 두꺼운 얼음을 통과하기 위해 자신의 목숨을 걸 때, 우리는 그가 권위를 가진 사람의 모든 명령과 규율에 전적으로 동의하며 순종함을 압니다. 그는 그 모험의 모든 고통을 감수합니다. 왜냐하면 그는 위대한 발견에 일조하고자 하는 열망에 의해 고무되고, 커다란 보상에 의하여 자극받기 때문입니다.

그리고 확실히 그리스도께 우리를 부르신 작은 자기 부인은 그분이 제공하시는 상급에 의해 풍성이 보상받게 될 것이며, 영혼과 영혼의 영원한 관심사가 위험에 처하게 될 때, 우리는 영원한 생명을 상속받으려면, 이 일시적인 불편함을 감내하는 것이 낫습니다.

저는 여러분이 그리스도인이라고 말하는 것을 듣습니다만, 그 안에 행복이 없습니다. 나는 이점의 거짓을 말하려는 것이 아니고, 그것에 해당하는 진실을 말하려고 합니다. 하지만 나는 다른 어떤 유형의 삶보다 그리스도인의 삶 가운데 더 큰 즐거움이 있음을 엄숙히 선언합니다.

내가 개처럼 죽어야 하고, 그리고 내세가 없을지라도, 나는 그리스도인이 되길 선택할 것입니다.

여러분은 우리 가운데 가장 가난한 이들을 예로 들면서 호소할 것입니다. 물론 그들은 가장 아프고 가장 멸시받는 자들입니다. 하지만 그들 역시 여러분에게 나와 동일한 것을 말할 것입니다.

한 가난한 시골 여인이 있습니다. 전신 류마티즘으로 고생하며, 빈 찬장만이 있으면서 늙은 몸을 이끌고, 한줌의 불을 쬐며, 낡은 누더기 붉은 외투를 입고 추위에 떨고 있는 늙은 시골 여인입니다.

그녀가 자신의 종교를 포기한다면 당신들 가운데 가장 높고 위대한 자로 변화될 수 있습니다.

하지만 그녀는 이렇게 말할 것입니다.

큰 부자의 식탁 위에 쌓여진 온갖 럭셔리한 것들보다 그녀의 구원자가 그녀 자신에게 더 큰 위로가 된다고요.

여러분은 나의 주님께서 그분의 제자들을 축복하지 않을 것이라고 헛되이 생각한다면 실수하는 겁니다. 그의 제자들은 그리스도를 신뢰하는 축복받은 존재들입니다.

여전히 나는 여러분이 다음과 같이 말하는 것을 듣고 있습니다.

"그래요, 이것이 전부이지요. 그러나 나는 현재의 쾌락이 좋다오."

이 대화 가운데 어린아이 같은 철없음이 있지않습니까?

그렇습니다.

정말 바보 같을 뿐이지요.

현재의 쾌락은 무엇을 위한 것입니까?

"현재"라는 말이 얼마나 지속될까요?

당신이 만년 이상의 즐거움을 가질 수 있다면 어느 정도는 당신에게 동의하겠습니다. 그러나 그면에서 당신에게 매우 제한된 참을성이 있을 뿐입니다.

어떻게 죄로 말미암은 만년의 즐거움이 수백만 년의 죄로 말미암은 징벌과 비교될 수 있겠습니까?

왜냐하면 당신의 삶은 가장 길게 잡아도, 매우 짧기 때문입니다.

당신은 시간이 매일매일 더 빨리 날아가고 있음을 모릅니까?

당신의 늙을수록, 당신은 더 긴 시간대보다 더 짧은 시간대를 살고 있는 것처럼 보이지 않습니까?

여전히 당신이 야곱처럼 살 수 있다면 이처럼 말할 것입니다.

"내 날들이 적고 악하였습니다. 그날들이 수가 늘어날수록 더 짧아 보입니다."

여러분은 이생의 삶이 한뼘 뿐이며 곧 끝날 것을 알고 있습니다.

묘지들을 보십시오.

그들은 녹색을 띤 채 도드라져 어떻게 모여 있는지를 보십시오.

여러분 자신의 동료들을 기억하십시오.

한 사람 한 사람 그 사람들이 어떻게 세상을 떠났습니까?

그들은 당신처럼 튼튼하고 강한 사람이었습니다. 그러나 그들은 사라져가는 그림자 마냥 사라지고 말았습니다.

이 찰나의 쾌락을 취하고 그 다음에는 영원한 고통 속에 누워있는 삶이 가치가 있습니까?

나는 당신을 위하여 이 질문에 답하기를 기도합니다.

바라바가 당신에게 제공할 일시적 이득을 위하여 바라바를 선택하고 그분의 오른 손에 영원토록 놓인 영원한 기쁨과 행복의 보물을 포기할만한 가치가 있습니까?

많은 사람들이 성경 안에서 신자라고 고백합니다. 하지만 영원한 화와 영원한 즐거움을 믿는지 여부를 묻는 시점에 도달할 때, 여러분은 속으로 속삭일 것입니다.

"그것은 책에 있습니다. 그러나 여전히 그것은 우리에게 참이거나 실제로 여겨지지 않습니다."

여러분 자신에게 솔직해지십시오.

여러분이 그렇게 하고 나면, 저는 여러분이 행복 혹은 화 가운데 있어야 됨과 당신의 주인으로 이 시점에서 바라바 혹은 그리스도를 택해야 함을 명백히 증명할 것입니다. 그런 후, 저는 어느 것이 더 나은 선택인지를 판단하라고 도전할 것입니다.

그리고 바른 결정을 내릴 수 있도록 하나님의 강력한 은총이 당신에게 영적인 온전함을 주시라고 기도할 것입니다.

그러나 홀로 우리를 바른 것을 선택하고 그릇된 것을 거부하도록 이끄시는 강력한 성령이 여러분 위에 임하여 구세주의 상처에게로 날아가도록 이끌지 않으신다면, 여러분은 그렇게 하지 못할 것임을 나는 잘 알고 있습니다.

나는 이제 예배를 더 길게 할 필요가 없다고 생각합니다. 그러나 여러분이 여러분 자신의 집에서 그 문제를 숙고함으로 예배를 이어가시길 희망합니다. 그리고 나는 개인적으로 주님과 분리되어 있는 여러분 모두에게 질문하고자 합니다.

여러분은 누구에게 속해 있습니까?

여러분은 누구 편에 서 있습니까?

중립 지역은 없습니다.

중간지대도 없습니다.

여러분은 그리스도를 섬기거나 벨리알을 섬기는 것입니다. 여러분은 주와 함께 있거나 그분의 대적들과 함께 있는 것입니다.

이 시대에 누가 주의 편에 선 사람일까요?

누구입니까?

누가 그리스도를 위하여 그분의 십자가를 위합니까?

누가 그분의 보혈을 위하여 그리고 그분의 보좌를 위하여 서 있습니까?

반대로, 누가 그분의 원수들입니까?

많은 자들이 그리스도를 위하지 않습니다.

그분의 원수들의 수는 많습니다.

더 이상 그 사람들의 수에 속하지 마십시오.

주 예수 그리스도를 믿으십시오. 그러면 당신은 구원받을 것입니다.

이 목소리와 함께 복음이 여러분에게 다가옵니다. 여러분이 믿고 자신을 그분께 던져 넣도록 하나님께서 도와주실 것입니다. 그리고 여러분이 그분을 신뢰한다면, 여러분은 지금 구원받으며, 영원히 구원받을 것입니다.

아멘.

Sermons on the Passion of Christ

제3장
그리스도의 보배로운 피

그리스도의 보배로운 피(벧전 1:19).

태초부터 피는 하나님에 의하여 가장 고귀한 것으로 간주되었습니다. 하나님은 이 생기의 근원 주위에 가장 엄중한 제재로 울타리를 치셨습니다. 그리하여 주께서는 노아와 그의 자손들에게 "그러나 고기를 그 생명 되는 피째 먹지 말 것이니라"고 명령하셨습니다. 인류는 육류를 제공하는 움직이는 모든 동물을 가졌지만, 그는 결코 고기와 피를 같이 먹는 것은 금지되었습니다.

목 매어 죽인 동물은 먹기에 부적합한 것으로 간주되었는데, 하나님께서 사람으로 어떤 유형인 형태이든지 그 음식을 먹거나 마심으로써 피와 지나치게 결부되지 않도록 하셨기 때문입니다. 따라서 황소와 염소의 피조차도 하나님의 법령이 정해 질만큼 거룩함을 지니고 있었습니다.

사람의 피에 관한 한, 하나님의 경고가 어떻게 진행되었는지를 기억하십시오.

> 내가 반드시 너희의 피 곧 생명의 피를 찾으리니 짐승이면 그 짐승에게
> 서, 사람이나 사람의 형제면 그에게서 그의 생명을 찾으리라 다른 사람
> 의 피를 흘리면 그 사람의 피도 흘릴 것이니 이는 하나님이 자기 형상대
> 로 사람을 지으셨음이니라(창 9:5).

첫 번째 살인자가 사람에 의해서 그의 피가 흘려지지 않은 것은 사실입니다. 그러나 그 때에는 그 범죄가 새로운 것이었고 처벌이 결정되어 선포되지도 않았던 때입니다. 따라서 그 사건은 명백히 예외적이었고, 더욱이 가인의 형벌은 아마도 그가 그 자리에서 처형되는 것보다도 훨씬 더 가혹한 것이었습니다.

왜냐하면 그는 자신의 사악함에 따른 형벌을 끝까지 겪도록, 땅위를 떠도는 방랑의 삶을 살아야 했으며, 그 다음에는 진노의 끔찍한 운명 속으로 들어가야 했기 때문입니다. 그의 삶에서의 죄는 의심할 바 없이 크게 증가했을 것입니다.

하나님이 왕이셨고, 이스라엘을 다스리셨던 신정정치 시대에는, 살인은 항상 가장 예시적인 방법으로 처벌되었고, 그것에 대한 그 어떤 관용이나 용서도 존재하지 않았습니다. 눈에는 눈, 이에는 이, 생명에는 생명으로가 엄중하고 냉혹한 법령이었습니다. 그 법은 명백히 기록되었습니다.

> 고의로 살인죄를 범한 살인자는 생명의 속전을 받지 말고 반드시 죽일
> 것이며(민 35:31).

난투극을 벌이다가, 혹은 불운하게, 우연히 살인을 하게 된 모든 경우

에도, 그 사안은 간과되지 않았습니다. 살인자는 즉시로 도피성으로 달아나서, 그곳에서 적절히 그 살인 사건에 대해 재판을 받았고, 그는 그곳에 거주하도록 허용되었습니다. 그러나 대제사장의 죽음 전까지는 그에게는 그 어디도 안전하지 않았습니다. 이 모든 경우에 대한 일반적 법령은 다음과 같습니다.

> 너희는 너희가 거주하는 땅을 더럽히지 말라 피는 땅을 더럽히나니 피 흘림을 받은 땅은 그 피를 흘리게 한 자의 피가 아니면 속함을 받을 수 없느니라 너희는 너희가 거주하는 땅 곧 내가 거주하는 땅을 더럽히지 말라 나 여호와는 이스라엘 자손 중에 있음이니라(민 35:33-34).

그렇다면 하나님의 시각에는 피가 그토록 귀중하다는 것은 자명하며, 그분은 우리의 피에 대해서도 동일한 시각을 가지실 것입니다.

이제, 우리의 평범한 사례들 안에서, 생명의 피 흘림이 그토록 귀중하다면, 하나님께서 "그의 경건한 자들의 죽음은 여호와께서 보시기에 귀중한 것이로다"(시편 116;15)라고 말씀하실 때, 그 피의 의미를 하나님께서 얼마나 전심을 다해 말씀하시는지를 여러분은 상상할 수 있습니까?

반역자의 피가 귀중하다면, 어린 아이의 죽음은 어떠해야겠습니까?

하나님께서 복수를 선언함 없이 그분의 대적들의 피흘림과 그분을 저주한 이들의 피흘림을 계획치 않으신다면, 하나님 자신이 택한 이들, 즉 "그들의 피가 그의 눈 앞에서 존귀히 여김을 받으리로다"(시 72:15)라고 말씀하신 이들에 관하여 무엇을 생각합니까?

하나님은 비록 그들을 오래 참아주실지라도, 그들에게 원수를 갚지 않으시겠습니까?

로마라는 음녀가 성도들의 피로 가득 채운 잔이 원수 갚아짐 없이 오래 토록 있을 것 같습니까?

피드몬트 고원(Piedmont)과 알프스 산맥 출신의 순교자들, 우리 지역의 스미스필드(Smithfield), 그리고 스코틀랜드 언덕 출신의 순교자들이 그들이 고난받았던 모든 것, 그리고 그들이 하나님의 뜻을 변호하기 위해 쏟아 부었던 모든 피로 인해 하나님이 원수를 갚아주시지 않겠습니까?

여러분 보십시오!

저는 여러분에게 들짐승으로부터 사람에 이르기까지, 일반사람으로부터 하나님의 택하신 자들, 순교자들에 이르기까지 예를 들어 설명했습니다.

여러분에게 또 하나의 단계를 제시하려고 합니다. 그것은 훨씬 더 긴 내용이 될 것이며, 예수 그리스도의 피에 대한 것입니다. 여기에서 내 언어 능력이 그분의 피의 귀중함을 여러분에게 전달하는데 실패할 수 있습니다!

보십시오!

여기 그 내부적으로 어떤 오점도, 또 외면적으로 흠도 없는 무죄한 한 사람을 보십시오.

그 분은 율법의 의미를 확장시키고, 율법을 영화롭게 한 칭송받을 만한 분입니다. 그분은 하나님과 사람들 모두를 죽기까지 섬기셨습니다.

아니, 여기에 신성한 분이 계십니다. 너무 거룩하여(divine) 사도행전에서 바울이 그분의 피를 "하나님의 피"라고 부를 정도였습니다(참조. 행 28:20).

그분의 순전함, 장점, 위엄, 그리고 지위, 그리고 지고의 실재가 되심(Godhead itself)을 측정해보십시오.

그 후에 예수 그리스도께서 쏟아 부으신 피의 측량할 수 없는 가치가 어떠할지를 생각해보십시오.

천사들은 경이로움과 놀라움 가운데 견줄 데 없는 보혈의 흘림을 지켜보았을 것임에 틀림없고, 심지어 하나님 자신조차 창조시 혹은 피조세계를 섭리 속에 운행하시면서도 전에는 결코 보신 적이 없는 것을 보셨습니다. 그분은 전체 우주 안에서보다 더 영광스럽게 드러난 자신을 보셨습니다.

본문에 더 가까이 다가가 그리스도의 피의 고귀함을 공표하기로 하겠습니다. 우리는 이 고귀한 피에 의해 소유된 수많은 자산들 중 몇가지만을 나열하는 일에 한정하여 설명토록 하겠습니다.

저는 이 아침에 말씀을 연구하는 동안 여러 많은 분할된 구역을 갖고 있어 여러분 중 몇몇은 내 설교를 에스겔서의 환상에 나오는 뼈와 비교할 수 있겠다고 느꼈습니다. 그 뼈들은 매우 많고 매우 말라있습니다.

그러나 나는 하나님의 성령이 나의 설교 속의 뼈들 위에 임하셔서 그들 자체는 말라있을지라도, 그들이 깨어나고 생기로 가득 차게 되길 희망합니다. 그리하면 여러분은 그분의 사랑하는 아들의 희생 안에서, 그분의 백성들을 향하신 자애로우신 하나님의 생각의 주밀하심을 찬탄하게 될 것입니다.

그리스도의 보혈은 천 가지 방식으로 하나님의 백성에게 유익합니다. 우리는 그 중 열두 가지를 말하려고 합니다. 결국, 어떤 것의 실제적 소중함은 틀림없이 환난과 시련의 때에 그것의 유용함에 달려 있습니다. 이 아침에 우리에게는 진주가 담긴 가방이 빵이 담긴 가방보다 훨씬 더 귀할 것입니다.

그러나 여러분은 사막에 있던 어떤 사람의 이야기를 들었을 것입니다.

그는 거의 죽게 되었다가 어떤 가방 위에 쓰러졌습니다. 그는 어떤 행인의 주머니이기를 희망하면서, 그것을 열었을 때, 그가 발견한 것은 단지 진주들뿐이었습니다.

그 진주들이 빵부스러기였다면, 그것들이 얼마나 더 귀하게 다가왔을까요?

저는 감히 말합니다.

필요와 환난의 시기에, 어떤 것의 효용이야말로 진정 그것의 가치를 형성합니다. 이는 정치적 경제성에 따른 것은 아닐지라도, 상식에 의한 것입니다.

1. 그리스도의 귀중한 피는 속량하는 능력이 있습니다. 그 피는 우리를 율법으로부터 속량합니다

우리 모두는 "이것을 행하면, 살리라"고 말하는 율법 아래 있었습니다. 우리는 율법의 노예였습니다.

하지만 그리스도께서 몸값을 지불하셨고, 율법은 더 이상 우리의 독재자가 아닙니다. 우리는 전적으로 율법으로부터 자유합니다.

율법은 끔찍한 저주를 내렸습니다. 율법은 누구든지 그 계명 중 하나를 위반하는 자는 죽을 것으로 위협합니다.

> 그리스도께서 우리를 위하여 저주를 받은 바 되사 율법의 저주에서 우리를 속량하셨으니(갈 3:13).

이 저주에 대한 두려움을 통해, 율법은 율법 아래 있는 이들에게 계속적인 공포심을 안겨주었습니다. 그 사람들은 자신들이 율법에 불순종하였음을 알았고, 그들의 모든 일생은, 어느 순간에라도 그들에게 죽음과 파멸이 임하지 않길 두려워하면서, 속박되었습니다.

그러나 이제 우리는 율법 아래 있지 않고, 은혜 아래 있습니다. 결과적으로 우리는 이렇습니다.

> 우리는 무서워하는 종의 영을 받지 아니하고 양자의 영을 받았으므로 우리가 아바 아버지라고 부르짖느니라(참조. 롬 8:15).

우리는 이제는 율법을 두려워하지 않습니다. 율법의 최악의 위협들도 우리에게 영향을 미칠 수 없습니다. 왜냐하면 그것들은 우리에게 타격을 주지 못하기 때문입니다. 율법의 가장 끔찍한 번개도 우리를 만질 수 없습니다. 왜냐하면 우리는 그리스도의 십자가 아래 피난해 있기 때문입니다. 그곳에서 천둥은 자신의 공포심을 잃고, 번개 역시 자신의 분노를 잃어버리기 때문입니다.

이제 우리는 하나님의 법을 즐겁게 읽습니다. 우리는 율법을 속죄소(mercy seat)가 덮여있는 법궤 안에 있는 것으로 바라봅니다. 더이상 율법을 시내산의 맹렬한 불길에서 나온 폭풍우 속의 천둥 속에서 대하지 않습니다.

율법과 율법의 저주, 율법의 처벌, 그리고 그것의 현존하는 공포로부터의 자신이 온전히 속량되었음을 아는 그 사람은 복됩니다.

형제자매 여러분!

이교도들의 삶과 비교할 때 행복했던 유대인의 삶은 이제 여러분과 나의 삶과 비교할 때 완벽히 힘든 고역이었습니다. 그는 일천 개의 명령들과 금지 조항에 속박되어 있었고, 그의 형식과 의식(ceremonies)은 너무도 많았으며, 그들의 상세한 규례는 끊임없이 세밀하게 배열되었습니다.

그는 항상 스스로를 부정케 할 위험에 노출되어 있었습니다. 그가 침대 위나 의자 위에 앉아 있다면, 그는 더렵혀졌을 것입니다. 그가 흙으로 만든 주전자에서 나온 음료를 마시거나 심지어 그 사람 앞서 들어왔던 어떤 문둥병자가 손을 대었던 적이 있는 벽을 만지기만 해도 그는 부정하게 되었을 것입니다.

알지 못한 일천 가지의 죄는 그가 가는 길의 숨겨진 구덩이와 마찬가지였습니다. 그는 부단히 하나님의 백성에서 배제되지 않도록 두려워해야 했습니다. 그가 그 어떤 날에 최선을 다했을 때에도, 그는 완수하지 못했음을 알았습니다. 어떤 유대인도 완수된 사역에 대해 말할 수 없었습니다. 수송아지를 드렸을지라도, 그는 또 다른 수송아지를 가져와야 했습니다. 이 아침에 어린 양이 바쳐졌지만, 이 저녁에 또 다른 어린 양이 바쳐져야 했습니다.

내일을 위해서는 또 다른 양이, 그 다음날을 위해서는 또 다른 양이 바쳐져야 했습니다. 유월절은 거룩한 의식(rites)으로 기념되었습니다. 유월절은 다음 해에도 동일한 방식으로 지켜져야 합니다. 대제사장은 장막 안쪽으로 한 차례 들어갔을지라도, 그는 그곳에 다시 가야 합니다. 어떤 일도 결코 끝내질 수 없습니다. 그것은 항상 시작일 뿐입니다. 그는 결코 끝에 더 가까이 갈 수 없습니다.

율법은 나아오는 사람을 결코 온전하게 만들 수 없습니다.

그러나 우리의 위치를 보십시오.

우리는 율법으로부터 속량되었습니다. 우리의 율법은 성취되었습니다. 왜냐하면 그리스도께서 율법의 마침이시기 때문입니다. 우리의 유월절 어린 양은 죽임을 당했습니다. 예수께서 죽으셨기 때문입니다. 우리의 의는 마침이 되었습니다. 우리는 그분 안에서 온전하기 때문입니다. 우리의 희생양이 죽임을 당했고, 우리의 제사장은 휘장 안으로 사라지셨습니다. 그리고 피가 튀었습니다. 우리는 정결하게 되었고, 그 어떤 부정함에 대한 두려움을 초월하여 깨끗하게 되었습니다.

그가 거룩하게 된 자들을 영원히 온전하게 하셨느니라(히 10:14).

나의 형제들이여!

이 고귀한 피를 평가해 보십시오.

그 피는 율법이 자신의 열렬한 추종자들에게 부과했던 노예적 속박으로부터 여러분을 구속하였기 때문입니다.

2. 피의 가치는 주로 그것이 속죄하는 효능에 있습니다

우리는 레위기에서 "피가 죄를 속하니라"(레 17:11)고 듣습니다. 하나님은 율법 아래에서 결코 피와는 별도로 죄를 용서치 않으셨습니다.

여기에 대비할 만한 본문이 있지요.

> 피 흘림이 없은 즉 사함이 없느니라(히 9:22).

식사와 꿀, 달콤한 양념과 향은 피 흘림이 없으면 아무런 효용이 없을 것입니다. 피 흘림이 없이는 미래의 부지런함이나 깊은 회개에도 약속된 사함은 결코 없습니다. 피 흘림이 없이는 그 어떤 용서도 임하지 않습니다. 피, 그리고 그 피만이 죄를 제거하고, 사람들에게 하나님의 뜰로 예배하기 위해 나아오도록 허락합니다.

왜냐하면 피만이 그를 하나님과 하나 되게 하기 때문입니다. 그 피는 위대한 속죄입니다. 온전히 견뎌낸 그 피의 처벌을 통하지 않고서는, 그 어떤 사람의 죄에 대한 용서의 희망은 없습니다. 하나님은 죄를 처벌하셔야 합니다. 죄가 처벌받는 것은 멋대로의 합의가 아닙니다. 죄가 처벌받아야 하는 것은 도덕적인 정부의 실재적 헌법의 한 부분입니다. 하나님은 결코 그 바른 길을 벗어나신 적이 없으시고, 앞으로도 그러하실 것입니다.

> 형벌받을 자는 결코 사하지 아니하시고(민 14:18).

그러므로 그리스도께서 모든 그분의 백성들을 위해 대신하여 처벌받으셨습니다. 예수께서 피를 흘려주신 영혼들은 만명의 만 배에 이릅니다. 모든 택함 받은 자들의 죄악을 위하여, 그분은 완전한 속죄를 이루셨습니다. 아담에게서 난 모든 사람들, 믿었거나 혹은 믿게 될 사람, 혹은 믿을 능력이 주어지기 전에, 영광의 자리로 이끌린 사람들을 위하여, 그리스도께서는 온전한 속죄를 이루셨습니다. 그리고 그리스도의 보혈 외에는, 죄인들이 하나님과 하나 될 수 있는 다른 계획은 전혀 없습니다.

나는 희생 제물이 될 수 있습니다. 내 육신을 고행을 통해 정화시킬 수 있습니다. 나는 세례 받을 수 있습니다. 나는 성찬을 받을 수 있습니다. 나는 무릎이 두꺼워질 때까지 무릎 꿇고 기도할 수 있습니다. 나는 암기할 정도로 거룩한 말씀을 읽을 수 있습니다. 나는 예배를 수없이 드릴 수 있습니다. 나는 하나의 언어나 50개 언어로 예배할 수 있습니다.

그러나 나는 결코 그 피가 아니고서는 하나님과 하나가 될 수 없습니다. 바로 그 피, "그리스도의 보혈" 말입니다.

나의 사랑하는 친구들이여!

여러분 중 많은 이들이 그리스도의 속죄하는 피의 능력을 느꼈습니다. 여러분은 더 이상 율법 아래 있지 않습니다. 여러분은 이제 은혜 아래 있습니다. 여러분은 또한 속죄하는 피의 권능을 느꼈습니다. 여러분은 하나님의 아들의 죽음에 의하여 하나님과 화해하였음을 압니다. 여러분은 그분이 더 이상 여러분에게 진노하시는 하나님이 아니시고, 변함없는 사랑으로 여러분을 사랑하는 분이심을 느낍니다.

그러나 이것이 여러분 모두에게 적용되는 것은 아닙니다.

오, 그럴 수만 있다면!

아는 여러분이 바로 오늘 예수의 보혈의 속죄하는 능력을 알게 되길 기도합니다.

피조물들이여, 그대의 창조주와 하나 될 수 없습니까?

미천한 사람이여!

전능하신 하나님이 그대의 친구가 되게 할 수 없습니까?

속죄를 통하지 않고서는 그대는 하나님과 하나 될 수 없습니다. 하나님은 우리의 죄를 위한 속죄물이 되도록 그리스도를 내어주셨습니다.

오, 당신이 그분의 피에 대한 믿음을 통하여 속죄 받고, 하나님과 하나 되길 기원합니다.

3. 예수 그리스도의 보혈은 정화시키는 능력이 있습니다

요한은 우리에게 그의 첫 번째 서신 7절에서, "그 아들 예수의 피가 우리를 모든 죄에서 깨끗하게 하실 것이요"라고 말합니다. 죄는 직접적으로 더럽히는 효력을 갖기 때문에 정화할 필요가 있습니다.

거룩하신 하나님께서 거룩하지 않은 죄인과 완벽히 하나 되시길 원한다고 생각할 수 있습니까?

그것은 일어날 수 없는 일입니다. 지극히 높으신 하나님의 순전하신 눈이 눈감아주신다고 할지라도, 우리가 부정한 채로 있는 한, 우리는 결코 우리의 마음속에 기쁨과 안식과 평화와 같은 어떤 것도 누릴 수 없을 것입니다.

죄는 그것을 가진 사람에게 역병 같을 뿐 아니라, 죄를 미워하시는 하나님께도 역겨운 것입니다. 나는 깨끗해져야 합니다. 나의 죄악이 씻겨야 합니다. 그렇지 않다면 나는 결코 행복해질 수 없습니다. 첫 번째 긍휼을 시편 103편은 노래합니다.

>그가 네 모든 죄악을 사하시며…(시 103:3).

이제 우리는 죄가 보혈에 의해서만 정화됨을 압니다. 살인, 간음, 도적질, 어떤 죄악이든지, 단번에 그리고 영원히 죄악을 제거하는 것은 그리스도의 혈관 안에 있는 능력입니다. 우리의 죄악이 얼마나 그 수가 많음에 상관없이, 그리고 얼마나 그것들이 깊이 자리잡았든 상관없이, 그 피는 외칩니다.

> 너희 죄가 주홍 같을지라도 눈과 같이 희어질 것이요 진홍 같이 붉을지
> 라도 양털같이 희게 되리라(사 1:18).

이것은 하늘의 노래입니다.

> 어린 양의 피에 그 옷을 씻어 희게 하였느니라(계 7:14).

이것은 땅의 경험입니다. 왜냐하면 일찍이 어느 누구도 죄와 부정함으로 인해 다윗의 집을 위하여 열려진 이 샘에서 씻겨진 사람이 없었기 때문입니다.

여러분은 아마도 이것을 천사가 여러분에게 말했다면, 여러분은 경험적으로 부정함의 공포와 정화된 삶의 축복을 알게 된 경우가 아니라면, 그것에 많은 관심을 기울이지 않았을 것임을 자주 들어왔습니다.

사랑하는 여러분!

예수의 피를 통하여 신자에게는 그 어떤 흠도 구김도, 어떤 것도 남아있지 않다는 것은 우리 안에서 우리의 심장이 뛰어야하는 생각입니다.

오, 고귀한 피여!

엄청난 죄과로 인한 지옥의 얼룩을 제거하고, 내가 하나님께 반항하였던 모든 수많은 행보에도 불구하고, 나로 사랑 가운데 용납하는 자리에 서게 하셨습니다.

4. 그리스도의 피의 성격은 위험에서 구하시는 능력입니다

여러분이 애굽의 끔찍한 밤을 기억할 때, 파괴하는 천사가 하나님의 대적들을 처단하기 위해 돌아다녔던 그 밤을 기억한다면, 이 능력을 바르게 이해할 것입니다. 보좌에 있는 바로로부터 맷돌 뒤에 있던 여인 그리고 지하 감옥에 있던 노예 등, 애굽의 모든 사람들의 장자들이 한 순간에 쓰러져 죽었을 때, 찢어지는 고통의 울음이 애굽의 모든 집에서 터져나왔습니다.

그 천사는 애굽의 수많은 도시들의 모든 거리를 날개소리를 내지 않고 신속히 운행하였습니다. 그러나 그가 들어갈 수 없는 어떤 집들이 있었습니다. 그는 자신의 칼을 칼집에 넣었고, 아무런 저주의 말을 내뱉지 않았습니다.

그 집들을 보존한 것은 무엇이었겠습니까?

그 집에 거주하는 사람들은 다른 이들보다 더 나은 것이 없었습니다. 그들의 집은 다른 집들보다 더 우아하게 지어진 것도 아니었고, 인방에 그리고 문의 양쪽 기둥에 그 피의 흔적이 있는 것 외에는 아무 것도 없었습니다. 그리고 이렇게 기록됩니다.

내가 피를 볼 때에 너희를 넘어가리니(출 12:13).

이스라엘 백성들이 유월절을 얻게 된 것은 단지 피 뿌림 외에는 다른 어떤 이유가 없습니다. 각 집의 아버지는 어린 양을 취하여 죽인 다음, 대야에 피를 담아 그 집에 거하는 모든 사람이 먹을 수 있도록 어린 양이 구워지는 동안, 우슬초 꾸러미를 취하여 피가 담긴 대야 안에서 휘저은 후, 자녀들과 함께 바깥으로 나가 기둥과 문에 칠하였으며, 이 일이 행해지자마자, 그들은 모두 안전하게 되었습니다. 어떤 천사도 그들을 건드리지 않았습니다. 지옥의 악귀들 자체는 감히 그곳에 얼씬도 할 수 없었습니다.

사랑하는 여러분!

보십시오.

우리는 그리스도 예수 안에서 보존됩니다.

하나님께서는 여러분 앞에 있는 그 피를 보지 않으셨습니까?

나는 알았습니다.

열매 없는 무화과 같은 우리가 그분을 위해 아무런 열매를 내어놓지 못했을 때, 그 피가 하나님께서 우리의 버려져도 마땅한 생명을 구해주신 이유가 아니겠습니까?

우리가 그 피를 바라보았을 때, 우리가 그 피를 보고, 그 피를 구한 것이 아닌 것을 기억해야 합니다. 그 피를 한 번 바라봄이 우리에게 평화를 주었습니다. 그러나 우리를 구한 것은 하나님의 바라보심이었습니다.

내가 그 피를 볼 때 너희를 넘어가리니.

그리고 오늘, 내 믿음의 눈이 흐려지고, 그리하여 내가 그 피를 잘 볼 수 없을지라도, 내가 그 피에 씻긴 것을 기뻐할 수 있도록, 하나님이 그 피를 보실 수 있으며, 여호와의 흐려지지 않는 눈이 주 예수의 속죄하는 희생제사를 보시는 한에 있어서는, 그분은 진홍색 외벽으로 덮여진 사람의 영혼을 해할 수 없으십니다.

오, 이 보혈의 붉은 방패가 어찌 그리 고귀한지요?

나의 영혼아!

지옥의 화살이 날아다닐 때, 그 피 아래 너를 숙이라.
그것은 심홍색으로 뒤덮인 전차이다.
폭풍이 휘몰아치게 하라.
홍수가 일어나게 하라.
맹렬한 우박이 내리게 하라.
진홍색 대형 천막(pavilion) 아래 내 영혼은 틀림없이 안전할 것이다.
내가 그분의 보혈로 뒤덮여 있다면, 무엇이 감히 나를 만질 수 있겠는가?
여러분을 십자가의 피난처 아래로 이끄십시오.
이제 십자가의 그늘 아래 앉아서 느끼십시오.

> 나는 안전하다. 나는 안전하다.
> 오, 너희 지옥의 악귀들이여.
> 혹은 하나님의 천사들이이여.
> 나는 감히 너희 모두에게 도전하여 말할 수 있다.
> 누가 그리스도 예수 안에 있는 하나님의 사랑으로부터 나를 분리할 수 있으리요. 혹은 누가 누가 능히 그리스도께서 나를 위해 죽으신 것을 보고, 나를 고발하리요?

하늘이 번쩍일 때, 땅이 흔들리기 시작할 때 산맥들이 동요할 때, 하나님이 의인들과 악인들을 구별하실 때, 그 피 안에 피난처를 찾을 수 있는 자는 복이 있습니다.
그러나 그 피의 씻겨주시는 능력을 결코 믿지 않는다면, 여러분이 거기 있을 수 있겠습니까?
여러분은 여러분을 숨겨달라고 바위에게 요청할 것이며, 그리고 산맥들에게 여러분을 덮어달라고 요청할 것이나, 모든 것이 헛된 일이 될 것입니다.

하나님께서 지금 여러분을 돕게 하십시오.

그렇지 않다면 그 피가 그 때에 여러분을 돕지 않을 것입니다.

5. 그리스도의 피는 탄원하여 응답받는 능력(pleading prevalence)이기 때문에 고귀합니다

바울은 히브리서 12장 24절에서 말합니다.

> 아벨의 피보다 더 나은 것을 말하는 뿌린 피니라(히 12:24).

아벨의 피는 간청하여 응답되었습니다. 그 외침은 "복수해주십시오"였습니다. 그리고 가인은 처벌되었습니다. 예수님의 피도 피는 간청하여 응답받습니다. 그 외침은, "아버지, 저들을 용서하여 주옵소서"입니다. 그리고 죄인들은 그 간청을 통하여 용서받습니다.

내가 기도하고자 하나 할 수 없을 때, 그 피가 기도함을 기억하면 얼마나 즐거운 일인가!

내 혀에 아무런 소리가 없으나, 그 피 속에는 항상 음성이 있습니다. 내가 하나님 앞에 엎드려 "하나님 죄인인 나를 긍휼히 여기소서"라는 말 밖에는 할 수 없을 때, 나의 변호자는 나 때문에, 침묵하지 않으시고, 그 피에 대한 나의 믿음이 혹 약화될지라도, 그분의 간청은 그 능력을 잃지 않습니다.

그 피는 항상 하나님과 함께 있습니다. 예수의 상처는 죄인들을 위하여 하나님께 간청할 수많은 입이 됩니다.

그리고 예수의 상처들은 [수많은 이들을] 사랑의 포로를 만들 너무도 많은 수의 사슬이며, 모든 사랑하는 자녀들을 축복해야할 최고의 긍휼(sovereign mercy)이라고 말한다면 어떻겠습니까?

예수의 상처들이 악인들 중 가장 악한 자에게 하나님의 사랑이 뿜어나가는 은혜의 공여체(donor)가 되었고, 우리의 필요를 하나님께 가져가 그 분께 아뢰어 하나님이 우리의 필요를 기쁘게 공급하시는 통로가 되었다고 말한다면 어떠합니까?

기도할 수 없고, 다락방에서 울며 씨름하며 괴로워 신음소리를 내게 될 순간에, 영원한 보좌 앞에서 여러분을 중보할 그 보혈의 가치를 찬송하시기 바랍니다.

6. 그 피는 아마도 우리가 작동하리라 별로 기대하지 않는 곳에서, 인간의 마음을 녹이는 그 피의 능력이 작용하기 때문에 고귀합니다

> 그들이 그 찌른 바 그를 바라보고 그를 위하여 애통하기를 독자를 위하여 애통하듯 하며 그를 위하여 통곡하기를 장자를 위하여 통곡하듯 하리로다(슥 12:10).

죄인들이 깨달음이 적었을 때는 그들의 마음이 완고하여 그들 가운데 큰 불평이 있습니다. 그러나 그 피는 녹이는 큰 힘이 있습니다.

옛 시대의 연금술사는 만능의 용해제를 찾았습니다. 예수의 피가 바로 그것입니다. 은혜가 눈먼 자들로 그리스도를 보게 한다면, 그리스도 예수 안에 있는 하나님의 사랑과의 만남이 녹일 수 없을 만큼 완고한 것은 이 세상에 없습니다. 인간 마음속의 돌덩이는 그것이 거룩한 피 속에 풍덩 빠진다면 녹아 없어질 것입니다.

사랑하는 친구들이여!

토플레이디(Augustus Toplady, 1740-1778, 영국의 성직자이자 찬송가 작사가-역주)가 자신의 찬송에서 이렇게 말한 것을 옳지 않습니까?

> 율법과 공포는 단지 마음을 굳게 할 뿐입니다.
> 그것들만이 일하는 내내,
> 피로 사신 용서의 감각만이
> 곧장 돌같은 마음을 녹입니다.

죄인들이여!

하나님께 여러분을 구원하시기 위해 이 아침에 그리스도를 믿도록 이끄신다면, 여러분의 영혼이 구원받도록 그분의 손에 의탁한다면, 여러분의 돌 같은 마음은 즉시로 녹아버릴 것입니다.

나의 친구들이여!

그리스도께서 죄를 부끄럽게 여기심을 알았더면, 여러분은 죄에 대해 다르게 생각할 수 있었을 것입니다.

오, 무기력한 시선으로부터, 예수의 사랑스런 마음이 여러분에게 비쳐진 것을 알았더면, 여러분은 "나는 그분을 슬프게 하고 그분을 저주의 나무에 매달았던 죄를 증오합니라"라고 말했을 것임을 나는 잘 압니다.

나는 율법을 설교하는 일이 일반적으로 사람의 마음을 부드럽게 한다고 생각지 않습니다. 사람을 쇠망치로 때리는 일은 종종 완악한 마음의 입자들을 더욱 서로 밀착시키는데, 쇠로 더욱 단단히 만드는 것과 같습니다.

오, 그리스도의 사랑!

우리가 죄 가운데 죽었을 때조차도 우리를 사랑하셨던 그분의 사랑을 선포하는 일은 그리고 죄인들에게 십자가에 못 박히신 분을 바라봄 안에 생명이 있다고 말하는 것은 확실히 그리스도께서 죄에 대한 회개와 용서를 허락하시기 위해 높은 보좌에 올리셨음을 증명하게 될 것입니다.

여러분이 회개할 수 없을지라도, 회개를 위해 나아오십시오.

여러분이 찢긴 마음으로 나올 수 없을지라도, 찢겨진 마음을 위해 나아오십시오.

아직 녹지 않았을지라도, 녹아지기 위해 나아오십시오.

상처를 입지 않았을지라도, 상처받기 위해 나아오십시오.

7. 보혈의 특징은 이것입니다. 녹이는 동일한 피가 진정시키는 은혜의 능력을 갖고 있습니다

존 번연은 율법을 빗자루를 쥔 하녀처럼 방을 청소하기 위해 오는 존재로 묘사합니다. 그리고 그녀가 그곳을 청소하기 시작했을 때, 거의 사람들을 질식하게 하고 그들 눈 속에 들어갈 만큼의 엄청난 먼지가 나왔습니다. 그 때에 물방울을 흩뿌리며 복음이 와서 먼지를 잠재웠고, 그 다음에는 빗자루가 훨씬 더 좋은 용도로 사용되었습니다.

이제 하나님의 율법은 죄인들의 영혼 속에 그와 같은 먼지들을 만들어

낼 때가 있습니다. 예수 그리스도의 보혈만이 그 먼지들을 잠재울 수 있습니다. 죄인은 그를 위하여 예수가 죽으셨다는 것을 아는 것 외에는 그 어떤 것도 그에게 그 어떤 안식도 제공할 수 없을 만큼 평정이 어지럽혀져 있습니다.

내가 나의 죄의 무게를 느꼈을 때, 나는 내가 일찍이 들었던 모든 설교가 나에게 단 한 순간의 위로도 주지 않았음을 고백했습니다. 나는 이것을 행하고 저것을 행하라고 들었습니다. 내가 그 일 모두를 행했을 때, 나는 일 인치도 더 나아가지 않았습니다. 나는 어떤 것을 더해야 한다고 느꼈거나 좀 더 많은 양의 기도를 필요로 한다고 생각해야 했습니다. 내가 그것을 행했을 때, 그 무게는 여전히 무거웠습니다.

그러나 무엇이든 나를 위해 할 일이 없다는 것을 알게 된 순간, 그리고 예수께서 나의 죄악들을 오래 전에, 매우 오래 전에 그분의 등에 두셨고 그분이 내가 감당해야할 모든 고통을 감당하셨다는 것을 알게 된 순간, 나의 마음은 하나님이 주시는 평화를 누렸고, 그 평화는 믿음으로써, 그리고 보혈을 통해 주신 평화였습니다.

두 명의 군인이 지브롤터 요새에서 근무 중이었습니다. 그들 중 한 사람이 그리스도의 보혈을 통하여 평화를 얻게 되었고, 다른 한 사람은 큰 번뇌에 빠져 있었습니다. 두 사람 모두는 동일한 밤에 보초를 서게 되었는데, 바위에는 수많은 긴 구멍들(passages)이 있었고, 그 구멍들은 매우 먼 곳까지 소리를 전달하도록 개조되어 있었습니다.

번뇌에 빠져있던 그 군인은 비탄으로 자신의 가슴을 치려하였는데, 그는 자신이 하나님께 반역하는 삶을 살았다고 느꼈고, 어떻게 하나님과 화목할 수 있을까를 알지 못했습니다.

그때 갑자기 "그리스도의 보혈"이라고 말하는 하늘로부터 오는 신비한 음성처럼 느껴지는 한 소리가 공기를 타고 그에게 왔습니다. 한 순간 그는 모든 것을 알았습니다. 우리를 하나님과 화해시킨 것은 바로 그것이었습니다. 그리고 그는 말할 수 없는 기쁨과 영광으로 가득차서 크게 즐거워하였습니다.

그 말씀은 직접적으로 하나님에서 온 것이었을까요?

아닙니다.

효과에 관한 한 그러했겠지요.

그 말씀은 성령으로부터 온 것입니다.

그렇다면 그 말씀을 실제로 말한 이는 누구였을까요?

흥미롭게도, 다른 보초가 그 구멍의 맨 끝자락에 여전히 서 있으면서 묵상 중이었습니다. 장교가 그 초소를 방문하게 되면 그 날 밤의 암호를 말할 의무가 있었습니다. 군인다운 신속함으로 그는 암호를 대었지만, 정확하지 않았습니다. 적합한 암호를 대는 대신, 그가 장교에게 말한 것은 묵상 가운데 떠오른 내용이었습니다.

그리스도의 보혈!

그는 한 순간 암호를 바로잡았으나, 그러나 이미 그것을 말해버린 터였습니다. 그리고 "그리스도의 보혈"이란 말이 긴 구멍을 통과하여 하나님께서 의도하셨던 바로 그 귀로 전달되었습니다. 그 사람은 평강을 찾았고, 그의 일생을 하나님을 경외하며 살았습니다. 수년이 지난 후, 하나님의 말씀을 힌디어로 번역한 탁월한 번역들 중 하나를 완성한 도구로 쓰임 받았습니다.

사랑하는 친구 여러분!

단지 우리 구세주의 이야기를 말함으로써 여러분이 얼마나 많은 평강을 줄 수 있다고 누가 말할 수 있겠습니까?

나는 열두어 마디 말만을 말하고 죽어야 한다면, 다음의 말을 할 것입니다.

> 미쁘다 모든 사람이 받을 만한 이 말이여 그리스도 예수께서 죄인을 구원하시려고 세상에 임하셨도다(딤전 1:15).

대속 교리는 복음의 핵심이자 진수입니다. 그리고 여러분이 그것을 굳건히 붙들고 있으면, 여러분은 복음의 가치를 평강을 주는 능력으로 증명하게 될 것입니다.

8. 우리에게는 단지 보혈의 거룩하게 하는 힘을 묵상할 잠깐의 여유만 있습니다

그 사도는 9:14에서 우리에게 그리스도께서 그분의 백성을 그리스도 자신의 피로 깨끗하게 하셨다고 말합니다. 죄를 제거하심으로 의롭게 하신 동일한 피가 새로운 피조물에게 주어진 추가 조치로 죄를 제압하고 하나님의 명령에 따르도록 이끌고 계심은 확실합니다. 그리스도의 혈관으로부터 흘러나오는 보혈만큼 거룩함에 대한 큰 동기는 없습니다.

당신이 왜 하나님의 뜻에 순종해야하는지를 알기 원한다면!

나의 형제자매 여러분!

즉시 가서 피와 같은 땀을 흘리신 그분을 바라보십시오.

그러면 그리스도의 사랑이 당신을 강권하게 되실 것입니다. 왜냐하면 여러분은 바르게 판단하게 될 것이기 때문이지요.

> 한 사람이 모든 사람을 대신하여 죽었은즉 모든 사람이 죽은 것이라 그가 모든 사람을 대신하여 죽으심은 살아있는 자들로 하여금 다시는 그들 자신을 위하여 살지 않고 오직 그들을 대신하여 죽었다가 다시 살아나신 이를 위하여 살게 하려 함이라(고후 5:14-15).

9. 예수의 피가 가진 또 하나의 복된 특징은 입장시키는 능력입니다

우리는 대제사장이 피 없이는 휘장 안쪽으로 결코 들어가지 못했다는 것을 들었습니다. 그리고 우리는 확실히 예수의 보혈의 피 뿌림 없이는, 하나님의 마음속으로, 하나님을 경외하는 이들과 함께 하는, 주의 비밀 안으로 결코 들어갈 수 없습니다. 또 우리의 위대하신 아버지요 친구 되시는 분과의 친밀한 관계 속으로도 들어갈 수 없습니다.

> 우리가 [믿음으로] 서 있는 이 은혜에 들어감을 얻었으며(롬 5:2).

그러나 우리는 이 보혈의 피 뿌림을 받는 것 외에는, 감히 하나님께 한 발자국도 나아갈 수 없습니다. 나는 우리들 중 어떤 이들이 하나님께 가까이 나아가지 않는 것은, 그 피를 잊었기 때문이라고 주장하는 것에 동의합니다. 여러분이 자신의 장점, 자신의 경험, 자신의 믿음 안에서 하나님과 교제하려 시도한다면, 여러분은 실패할 것입니다.

그러나 여러분이 그리스도 예수 안에 서 있는 모습으로 하나님께 가까이 나아간다면, 여러분은 나아갈 용기를 갖게 될 것입니다. 그리고 다른 한편, 하나님은 자신에 의해 기름부음 받은 분 안에 있는 여러분을 보시게 될 때, 여러분을 영접하기 위해 달려 나오실 것입니다.

오, 하나님께 가까이 가게 하는 능력을 찬송하라!

우리가 십자가에 가까이 가는 것 외에는 하나님께 가까이 가게 하는 길은 없습니다.

그렇다면 보혈의 하나님께 가까이 가게 하는 능력에 대해 찬송하시기 바랍니다.

10. 여기서는 단지 암시만 되는데, 그 피는 그 확증하는 능력으로 인해 매우 고귀합니다

우리는 희생 제물이 죽임을 당하지 않고 피가 흩뿌려지지 않았다면, 일찍이 그 어떤 계약도 유효하지 않다는 것을 들었습니다. 그리고 새로운 계약을 인준케 한 것은 예수의 피입니다. 그리고 그 피가 모든 후손들에게 그 약속들을 확실케 해주었습니다.

따라서 그 피는 "영원한 언약의 피"로 불리게 됩니다(히 13;20).

사도는 그 그림을 변화시켜, 유훈은 그 유언을 남긴 자가 죽지 않는 한 효력이 없다고 말합니다. 그 피는 유언을 남긴 사람이 죽었다는 증거입니다. 그리고 이제 그 법은 모든 유산 수령자에게 유효합니다. 왜냐하면 예수 그리스도께서 자신의 피로 그 유언문에 서명하셨기 때문입니다.

사랑하는 성도 여러분!

다른 그 어떤 이유보다도, 그리스도 예수께서 죽었다가 다시 살아나셨기 때문에, 그 약속이 "예"요 "아멘"이 됨에 대해 기뻐하십시다. 그 나무 위에서 그분의 머리가 숙여지지 않았더라면, 그 무덤 안에서 머물지 않으셨더라면, 무덤에서 다시 일어서지 않으셨더라면, 그 약속은 "하나님이 거짓말 하실 수 없는 이 변하지 못할 사실"이 아니라(히 6:18), 불확실한 변질되기 쉬운 약속에 불과했을 것입니다.

그리고 결과적으로 그 약속들은 결코 그리스도 예수를 피난처 삼아 피한 이들에게 결코 강한 위안함을 제공하지 못했을 것입니다.

그렇다면 예수의 피의 확증해주는 본성을 보고 그 본성을 매우 고귀한 것으로 여기십시오.

11. 나는 거의 막바지에 왔습니다만, 하나가 더 남아있는데요. 그것은 기운나게 격려하는 보혈의 능력입니다

여러분이 알기 원한다면, 여러분은 우리가 종종 흰 천으로 식탁을 덮고 그 위에 빵과 포도주를 놓을 때 우리가 행하는 것으로 그 능력을 이해할 수 있습니다.

이 성찬 예식이 우리에게 무엇을 의미할까요?

우리는 그것으로, 그리스도께서 우리를 위하여 고난받으셨고, 우리가 그분의 고귀한 피 안에서 이미 씻김 받았으며, 그리하여 정결하게 되었음을 의미합니다.

그리하여 그 식탁에 와서 포도주를 마시는 것은 우리가 그분의 몸과 그분의 피를 먹고 마심으로 살아가는 방식을 상징하게 되는 것입니다. 그분

은 우리에게 "인자의 살을 먹지 아니하고 인자의 피를 마시지 아니하면 너희 속에 생명이 없느니라"고 말씀하십니다(요 6:53).

그러므로 우리는 어떤 영적인 의미 안에서 그분의 피를 마십니다. 그리고 그분은 "내 피는 참된 음료로다"라고 말씀하십니다.

최상의 음료!

초월적 음료!

힘을 북돋는 음료!

비록 천사들이 영원한 보좌 앞에서 마실지라도 그들은 결코 맛본 적이 없는 음료입니다.

오, 사랑하는 여러분!

여러분의 영혼이 무기력해질 때면 언제든지, 이 포도주가 여러분에게 위안을 줄 것입니다.

여러분은 번민이 많을 때, 마시고 여러분의 비참함을 잊으십시오.

여러분의 고통을 더 이상 기억하지 말기 바랍니다.

여러분이 너무 약하고 무기력할 때, 여러분의 영혼을 위하여 이 잔의 조금만을 마시지 말고, 숙성되고 잘 정제된 이 포도주 가득 한 잔을 마시십시오.

그 포도주는 군인의 대못으로 병마개에 구멍을 뚫은 그리고 그리스도의 심장으로부터 흘러나온 것입니다. 그리스도는 동료(spouse)에게 말씀합니다.

"만취하도록 마시라!

그래 풍족히 마시라!

오, 사랑하는 이들이여!"

그리고 그분이 초대하실 때 당신은 머뭇거리지 말기 바랍니다. 당신은 그 피가 외적으로는 정화시키는 능력이 있고, 그 피가 내적으로는 격려하는 능력이 있음을 보게 될 것입니다.

오, 고귀한 피여!

그대의 용도가 얼마나 많은지요!

내가 그 용도 모두를 증명할 수 있게 되길 바랍니다!

12. 마지막으로 열둘은 완전수입니다. 그리고 우리는 보혈의 용도의 완전수를 내어 놓습니다. 보혈은 극복하는 능력이 있습니다

계시록에 다음과 같이 기록되어 있습니다.

그들이 어린 양의 피로 이겼으니(참조. 계 12:11).

그들은 다른 어떤 방도로 이길 수 있었겠습니까?

예수의 보혈로 싸우는 이는 혼과 영과 관절과 골수를 쪼갤 무기로 싸우는 것이며, 지옥을 전율시킬, 그리고 하늘로 종속시키는 무기로 싸우는 것입니다. 그리고 땅은 그 무기를 사용하는 사람들의 의지에 복종케 될 것입니다.

예수의 피여!

죄는 그 피의 존재 앞에서 사라지고, 죽음은 더 이상 죽음이 아닙니다. 지옥 자체는 그 피가 그곳에서 작동한다면, 말라 없어질 것입니다.

예수의 피여!

하늘의 문들이 열리고, 쇠 지렛대는 뒤로 물러섭니다.

예수의 피여!

나의 의심들과 두려움이 달아나고, 나의 환난과 재난들이 사라집니다.

예수의 피여!

예수의 피여!

내가 간청할 수 있는 한 계속하여 승리할 것이고 또 승리하지 않겠습니까?

하늘에서 이는 그리스도의 머리 위에서 반짝이게 될 보석(choice jewel)이 될 것이며, 그분이 자신의 백성에게 주시는 보석입니다.

"승리!

승리!

어린 양의 피를 통하여!"

그리고 이제, 우리는 이 피를 소유해야 하지 않겠습니까?

어떻게 우리가 가질 수 있을까요?

그렇습니다.

그 피는 공짜입니다. 또한 온갖 덕으로 가득 차 있습니다. 믿는 모든 자에게 거저 주시는 바입니다. 누구든지 예수께 나아오길 원하고 믿는 자는 바로 이 아침에 그 피의 덕을 발견하게 될 것입니다.

여러분 자신의 노력으로부터 멀어지십시오.

여러분의 시선을 성취된 온전한 속죄이자 지불된 최상의 몸값으로 돌리십시오.

그리고 불쌍한 이들이여!

하나님께서 여러분에게 이 아침에 "내가 그 보배로운 피로 나의 유일한 소망이 되게 하겠습니다"라고 말할 수 있게 하신다면, 여러분은 구원받은 것입니다. 그리고 여러분은 우리와 함께 노래할 수 있습니다.

이제 죄에서 자유케 되었도다.

나는 자유롭게 걷노라.

구원자의 피가 나로 온전히 해방시키셨도다

당신의 고귀한 발 아래 내가 나의 영혼을 눕힙니다.

죄인은 구원받았고, 경의를 표합니다.

하나님께서 당신의 이름을 위하여 그렇게 이루어주시길. 아멘.

Sermons on the Passion of Christ

제4장
십자가에 못 박히신
광경을 슬퍼함

> 이를 구경하러 모인 무리도 그 된 일을 보고 다 가슴을 치며 돌아가고
> (눅 23:48).

그 무리 가운데 많은 사람들이 집행 중인 예수의 십자가 처형을 보기 위해 가장 격분한 적개심을 표출하면서 모여 들었습니다. 그들은 수사슴을 추적하는 개들 마냥 구세주를 추적하였습니다.

그리고 마침내 모든 분노를 터뜨리며, 죽음을 겪게 될 그분 주위를 둘러 쌌습니다. 다른 이들은, 기꺼이 빈둥거리는 시간을 보내고, 그리고 자극적인 광경을 구경하려 했고, 그리하여 군중들은 세 개의 십자가가 세워진 작은 언덕 주위로, 커다란 무리가 될 때까지 계속 모여 들었습니다.

악의에 의한 것이든 방종함 때문이든 중심 십자가에 달린 그 희생자를 조롱하는 일에 그들은 만장일치로 합류하였습니다. 어떤 이들은 혀를 내밀었고, 어떤 이들은 머리를 흔들었으며, 다른 이들은 조롱하고, 야유하였으며, 어떤 이들은 악담을 퍼부었습니다.

그리고 다른 이들은 손짓으로 조롱했습니다. 그러나 모두는 그들 이빨 사이의 먹잇감으로 주어진 것처럼 보호막이 없는 그 사람으로 인해 크게 기뻐하였습니다.

땅은 그토록 한 목소리로 그리고 그토록 오랫동안 한 사람 위에 쏟아진 통제되지 않은 조롱과 표출된 경멸의 장면을 본 적이 없었습니다. 수많은 멸시하는 웃음을 띤 얼굴들과 조롱하는 눈들을 바라보는 것, 그리고 그토록 잔인한 악담과 조롱하는 외침을 들어야 하는 것은 극도로 끔찍스러운 일이었음에 틀림없었습니다.

그 광경은 하늘이 오래 견디기에는 너무도 혐오스러웠습니다. 그 장면에 충격을 받은 하늘이 갑자기 얼굴을 가렸고, 세 시간 동안 야비한 말을 쏟아내던 패거리들은 한 밤중 같은 대낮에 몸서리치며 앉아있었습니다.

한동안 땅은 그들의 발아래서 크게 흔들렸고, 바위들이 찢겨졌으며, 의로운 분을 살해한 이들이 그들의 영원을 지켜줄 것이라고 미신처럼 여겼던 성전의 거룩한 휘장이, 마치 보이지 않는 강한 손에 의한 것처럼 찢겨져 나갔습니다.

이에 대한 소식들과 흑암과 땅의 전율적인 진동에 의하여 생성된 공포의 감정은 극도의 불편한 불안감을 야기하였습니다. 더 이상의 조롱이나 농담은 없었고, 혀를 내미는 행위나 잔인한 비웃음도 없었습니다. 그들은 외로이 각자의 길을 갔는데, 홀로 혹은 침묵하는 작은 무리들 틈에서, 자기 집으로 돌아갔습니다.

갑작스러운 두려움이 엄습할 때 동양 지역의 방식을 따라 각 사람은 자신들의 가슴을 쳤습니다. 예루살렘 문들로 빠져나가는 행렬은 원래 그곳에서 시작되었던 광란의 행진과는 달라도 너무 달랐습니다.

하나님께서 인간의 마음들에 안긴 능력을 보십시오!

그분께서 가장 야만적인 자들을 어떻게 길들이실 수 있고, 하나님께서 자신을 자연의 경이를 통해 드러내실 때, 가장 사악하고 교만한 자들로 그분의 발 아래 어떻게 움츠러들게 하실 수 있는지를 보십시오.

그분이 팔을 노출시켜 그들의 공적에 따라 진노의 심판 안에서 그들을 처리하시기 위해 나아오신다면, 얼마나 더 그들은 위축되고 공포에 휩싸이겠습니까?

이 엄청난 군중 안에서의 갑작스럽고 기억될만한 변화가 두 개의 다른 주목할 만한 정신적 변화를 솜씨있게 묘사합니다.

십자가의 광경이 사람들의 마음속에 가장 축복되게 역사하는 은혜로운 변화는 무엇과 같을까요?

조롱하기로 작심하고 왔던 많은 사람들이 복음의 소리 아래서, 기도하기 위해 돌아갔습니다. 가장 게으르고 심지어 가장 천박한 동기들이 사람들을 설교 아래 두었을지라도, 예수께서 들려올려 지셨을 때, 그들은 구원을 위해 그분에게로 이끌렸습니다. 그리고 그 결과로 그들은 회개하며 자신들의 가슴을 두드리고, 그들이 한때 신성모독을 저질렀던 구세주를 섬기기 위해 자신들의 길을 떠났습니다.

오, 그 능력!

녹이고, 정복하며, 변화시키는 존귀한 그리스도의 십자가의 능력이여!

나의 형제자매 여러분!

우리는 그리스도의 십자가의 능력을 전하기만 하면 되고, 우리는 계속적으로 그 견줄 데 없는 이야기를 널리 전하기만 하면 됩니다. 그리고 우리는 가장 놀라운 영적 결과들을 보게 되길 기대할 수 있습니다. 우리는 예수께서 죄인들을 위하여 죽으신 이상, 그 어떤 사람에 대해서도 절망할 필요가 없습니다.

십자가의 교리라는 그러한 쇠망치로, 가장 완고한 마음이 깨어질 수 있습니다. 그리고 그리스도의 쇠하지 않는 사랑으로 가장 거대한 빙산도 녹일 수 있습니다. 우리는 결코 사람들 가운데 이교적이거나 미신적인 족속들에 대해 절망할 필요가 없습니다.

우리가 십자가에 달리신 그리스도의 교리를 그들의 본성에 접촉시킬 기회를 가질 수만 있다면, 그 교리가 그들을 변화시킬 것이며, 그리스도께서 그들의 왕이 되실 것입니다.

우리는 이제 본문에 더 가까이 가길 원합니다.

첫째, 십자가 주위에 있는 사람들의 애도를 분석하겠습니다.

둘째, 하나님께서 도와주신다면, 우리도 그 슬픔의 합창에 동참하도록 노력하겠습니다.

셋째, 결론을 내리기전, 여러분에게 십자가의 발 아래서, 우리의 슬픔이 기쁨과 어울리게 될 것을 상기시켜 드리겠습니다.

1. 이 본문이 묘사하는 일반적 애도를 분석해보도록 하지요

　　이를 구경하러 모인 무리도 그 된 일을 보고 다 가슴을 치며 돌아가고.

그들 모두는 자신의 가슴을 두드렸습니다. 그러나 모든 사람이 동일한 이유로 그렇게 한 것은 아니었습니다. 그들은 모두 두려워하였는데, 동일한 이유 때문에 두려워한 것은 아니었습니다. 전체 무리 안에서 외적인 표현은 유사하였으나, 감정에 있어 차이의 등급은 그들의 통제하는 마음

의 수만큼이나 많았습니다.

　의심할 바 없이, 단지 일시적인 감정에 휩싸인 사람도 많았습니다. 그들은 그 죽음을 훌륭한 인물로서의 그분의 고통으로 보았고, 수반된 기적들은 그들로 그분이 평범한 인간 이상의 존재였다고 설득하였습니다.

　따라서 그들은 두려워하였습니다. 매우 지성적인 추론이 아닌, 일종의 막연한 공포로, 그들은 깜짝 놀랐는데, 하나님께서 진노하셨고, 그날에 그들을 바라보시는 시선을 거두셨으며, 바위들로 찢어지게 하셨기 때문입니다. 그리고 이 막연한 공포에 짓눌려, 그들은 떨면서 길을 떠났고 겸손히 자신들의 집으로 돌아갔습니다.

　그러나 우연히 다음날 아침 여명이 밝아오기 전에, 그들은 그 모든 것을 잊어버렸고, 다음날 또 하나의 피가 튀는 광경을 갈망하는 자신들을 발견하게 되었습니다. 그들은 그 땅에서 발견될 또 하나의 대상이 있다면, 또 하나의 그리스도를 십자가에 못 박을 준비가 기꺼이 되어 있었습니다.

　그들의 가슴을 치는 행동은 마음을 찢는 일이 아니었습니다. 그것은 잠시 오다가 금세 그치는 비(April shower)였고, 아침이슬방울이었으며, 해가 떠오르자마자 녹아 없어질 서리에 불과했습니다. 그림자처럼 한 감정이 그들의 마음을 스쳐지나갔고, 그림자처럼 그것은 흔적을 남기지 않았습니다.

　수천 수만 번 행해지는 십자가의 설교 안에서 이 일은 얼마나 자주 벌어지는 결과인지요?

　수많은 영혼들이 회심한 이 집 안에서 눈물을 많이 흘렸으나, 그들이 눈물을 흘린 이유들은 잊혀졌습니다.

　아아! 아아! 아아!

　십자가의 이야기로 눈물을 흘리도록 감동을 주기는 어려울 수 있으나,

그 감정들이 영속되게 하기는 더 어렵습니다.

"이 아침에 나는 아주 놀라운 일을 목격했습니다."

"나는 전체 회중이 눈물 흘리는 것을 보았습니다"라고 신실하고 열정적인 설교가의 설교를 들은 한 사람이 말했습니다.

그러자 설교자는 오호라, "더 놀라운 일이 있습니다. 그들 중 대다수는 그들이 한 방울의 눈물을 흘렸다는 사실도 잊어버린 채 각자의 집으로 돌아갈 것입니다"라고 말했습니다.

아, 나의 청중 여러분!

그런 일이 항상 일어나야겠습니까?

항상 그래야 합니까?

오, 완고한 당신들이여!

영원히 뚝뚝 떨어질 눈물이 여러분의 눈에서 흐르게 될 것입니다. 그 어떤 자비도 씻어내지 않을 통렬한 눈물이 될 것입니다. 결코 감해지지 않는 목마름, 결코 죽지 않을 벌레, 그리고 결코 꺼지지 않을 불이 있게 될 것입니다.

여러분의 영혼을 향한 사랑으로, 나는 여러분이 다가오는 진노로부터 피하게 되길 기도합니다!

큰 무리 가운데 있던 다른 이들은 보다 신중한 반성에 기초한 감정을 보여주었습니다. 그들은 자신들이 무죄한 사람의 살해에 동참했음을 알게 되었습니다. 그들은 말합니다.

어찌할꼬!

이제 모든 것을 알게 되었소.

그 사람은 범죄자가 아니었소. 우리가 일찍이 그에 대해 들었거나 보았던 모든 것 안에서 그는 선한 이였소.
오직 선한 일을 했을 뿐이오.
그는 항상 병자들을 치유하였고, 배고픈 자들을 먹였으며, 죽은 자를 일으켰소. 그의 모든 가르침 안에는 하나님의 율법에 반하는 그 어떤 말씀이 하나도 없었소.
그는 순수했고 거룩한 사람이었소.
우리 모두는 속았소.
제사장들은 우리가 즉시로 다시 그분을 소생시킬 수만 있다면, 그 일은 일천 가지 긍휼이 되게 할 수 있는 분을 죽이도록 우리를 꼬드겼소.
우리 족속은 우리에게 은혜를 베풀어주시는 주체가 되시는 분을 살해하였소.

"그렇습니다."
한 사람이 말합니다.

나는 내 혀를 내밀었습니다. 그분의 고통에 대해 모든 사람이 비웃고 조롱할 때, 나 스스로를 억제시키는 일은 거의 불가능에 가까웠습니다. 그러나 나는 무죄한 분을 조롱한 일이 두려웠습니다.
그리고 나는 하나님께서 보내신 흑암이 무죄한 분을 학대한 나의 사악함에 대한 그분의 처벌이 아닐까 두려워 떨었습니다.

그러한 감정이 있었을지라도, 나는 그 감정들은 사람들을 진정한 회개로 이끌지는 않았다고 생각할 수 있습니다. 그들이 무죄한 분을 학대했다는 사실을 유감스럽게 생각하는 한편, 그들은 예수 안에서 학대받은 덕성과 고난받은 인성 그 이상을 감지하지 못했고, 자연스러운 감정은 곧 사라져버렸으며 도덕적이고 영적으로 의미있는 귀중한 결과를 내놓지 못했습니다.

우리는 우리의 마음 안에서 얼마나 자주 감정의 동일한 표현을 목격하는지요!

그들은 그리스도가 죽임 당한 것에 대해 후회했지만, 그들은 프랑스의 옛 왕이 "나는 일만 명의 내 군사들과 함께 거기[골고다에-역주] 함께 있기를 원했었는데, 그들이 그분의 몸에 손을 대자마자, 나는 그 녀석들의 목을 베어 버렸을거야!"라고 말한 것 같이 느꼈습니다.

그러나 그러한 감정들은 그들은 자신들 역시 범했었을 죄악에 참여한 것이라고 느끼게 하지 않았고, 그들에게는 예수의 십자가가 평범한 순교자의 죽음과 비슷한 구경거리에 불과했음에 대한 증거가 되고 있습니다.

사랑하는 청중 여러분!

십자가가 여러분에게 평범한 장소가 되지 않도록 주의하십시오.

예수의 무죄한 인성이 받은 고난이라는 시각 너머를 바라보십시오.

그리고 그 나무 위에서 벌어진 그리스도의 대속하는 희생 제사를 바라보십시오.

그렇지 않다면 당신은 십자가를 헛되이 보는 것이 됩니다.

자신의 가슴을 치며 집으로 돌아갔던 온갖 사람들이 뒤섞인 무리들 가운데서, "확실히 이 사람은 하나님의 아들이었도다!"라고 말하였고, 그분이 자신들의 죄악 때문에 고난받은 것에 대해 비통해하면서 그들의 패역에 대해 크게 슬퍼했었을 어떤 사람들이 있었을 것이라고 희망을 가져봅시다.

그 지점에 도달한 사람들은 구원받았습니다. 그러한 방식으로 죽임을 당하신 어린 양을 바라보는 이들의 눈은 복됩니다. 그분이 그들 때문에 상처 입으시고, 비통해하셨기 때문에, 곧장 찢겨진 마음은 복됩니다.

　사랑하는 여러분!

　이것을 갈망하십시오.

　하나님의 은혜가 예수 그리스도 안에서, 하나님께서 죽게 하기 위해 육체를 입게 하셨고, 고통 속에 십자가 위에 매어 달리게 하신 분 이상의 것을 우리로 보게 하셔서, 구원받게 하시길 빕니다.

　오, 여러분!

　나아와 여러분의 믿음을 그분께 위탁하십시오.

　그리고 여러분의 대속을 위하여 그러한 희생자가 필요했다는 생각에 여러분의 가슴을 치십시오.

　그러면 여러분은 자신의 가슴치는 일을 그만 두게 될 것이며, 큰 기쁨으로 박수를 치게 될 것입니다. 구세주에 대해 몹시 슬퍼하는 이들은 그분 안에서 기뻐할 터인데, 그분이 그들의 것이고 그들은 그분의 것이기 때문입니다.

2. 우리는 이제 여러분에게 각 사람이 자신의 마음의 진정성에 따라, 십자가를 바라보며, 그리고 자신의 가슴을 치는 가운데 이 슬픔에 동참하길 요청할 것입니다

　우리는 믿음으로 갈보리의 작은 언덕의 기슭에 우리 스스로를 둘 것입니다. 그곳에서 우리는 두 강도 사이의 중심에 계신 육신을 입으시고, 손과 발에 못 박히셨으며, 말로 형언할 수 없는 고통 속에 죽어가고 있는

하나님의 아들을 바라봅니다.

　잘 보십시오!

　사랑하는 성도 여러분!

　저는 기도합니다.

　눈물을 통해 응시하면서, 초점을 흐리지 말고 경건하게 바라보십시오.

　천사들의 경배를 받았던 이가 바로 이분이었습니다. 그분은 이제 사람들의 아들들로 인해 죽어가고 있습니다.

　앞서서 죽음의 파괴자의 죽음을 보십시오.

　나는 여러분이 그분 안에서 여러분 자신의 죄악을 보게 되었던 것을 기억할 때, 우선 여러분에게 가슴을 칠 것을 요구합니다.

　그분은 얼마나 위대하신지요!

　가시관을 쓰신 머리는 과거에 하늘과 땅의 모든 왕적인 위엄으로 관을 쓰셨던 머리입니다. 그곳에서 죽으신 분은 평범한 사람이 아니셨습니다. 거기 십자가에 달리신 분이 바로 만왕의 왕이시오 만주의 주님(Lord of lords)이십니다.

　그 다음에는 여러분의 죄악이 얼마나 큰가를 보십시오.

　그 죄는 엄청난 희생 제사를 필요로 하였습니다. 그 죄악들은, 그 죄를 제거하기 위해서 무한하신 분으로 자신의 생명을 내려놓도록 요구할 만큼 무한한 것임에 틀림없습니다. 당신은 결코 그분의 본질적인 성격과 위엄 속에 계신 당신의 주님의 위대성을 충분히 이해할 수 없습니다. 당신은 또한 대속물로 그분의 생명을 요구하였던 죄악의 암흑과 극악무도함을 온전히 이해할 수 없을 것입니다.

　형제들이여!

　그대들의 가슴을 치며, 다음과 같이 말하십시오.

"하나님 죄인 중의 괴수인 제게 긍휼을 베풀어주소서. 저는 정말 죄인입니다."

예수님의 얼굴을 잘 살펴보십시오.

그들이 그분을 얼마나 수치스럽게 만들었는지를 보십시오.

그들은 그분의 뺨에 침을 뱉었으며, 그분의 어깨를 중죄인을 치는 채찍으로 내려쳤고, 그들은 로마에서 가장 비천한 노예에게나 어울릴 법한 죽음을 그분이 맞이하게 하였습니다.

그들은 그분을, 마치 그분이 어느 쪽에도 어울리지 않는 것처럼, 하늘과 땅 사이에 매달았습니다. 그들은 그분을 발가벗겼고, 그분을 덮을 누더기 하나 남겨놓지 않았습니다!

오, 믿음의 사람들이여!

이제 당신의 죄악의 수치를 보십시오.

분명코 당신의 죄악은 얼마나 수치스러운 것입니까?

그리스도께서 당신을 위해서 그러한 수치 자체가 되셨음이 분명하다면, 당신의 죄악은 얼마나 불명예스럽고 혐오스러운 것이겠습니까!

당신의 주님께서 당신 때문에 경멸을 받으셔야 했고, 아무 것도 아닌 존재가 되셨던 것을 생각한다면!

오, 여러분 자신을 부끄럽게 여기십시오.

당신의 죄악들이 얼마나 그분의 슬픔을 증폭시켰는지를 보십시오.

그분을 십자가에 못 박는 것으로 충분치 않았습니다. 그것들은 그분을 모욕했습니다. 그것도 모자라, 그들은 신포도주를 마시게 하는 동안, 그분의 기도를 조롱하였고 돌아가시면서 내신 그분의 외침을 농담거리로 삼았습니다.

사랑하는 사람들이여!

여러분의 죄악과 나의 죄악이 얼마나 극심한 지를 보십시오.
내 형제들이여!
와서 우리 함께 우리의 가슴을 치며 말합시다.

오, 우리의 죄악은 어떻게 그 죄악을 쌓고 그 위에 또 쌓는다는 말인가!

우리는 단순히 율법을 어긴 것이 아니라, 우리는 빛과 지식에 대해서 범죄하였습니다. 우리는 꾸짖음과 경고에 대해서도 범죄하였습니다. 그분의 슬픔이 가중되었을 때, 우리의 죄악은 더욱 그러하였습니다!

그분의 고귀한 얼굴을 이제 살펴보십시오.

그리고 단순한 신체적 고통을 훨씬 초월하는 보다 깊은 그분의 내적인 슬픔을 나타내는 그분의 얼굴에 있는 고통의 주름을 바라보십시오.

그분의 아버지이신 하나님은 그분을 버리셨습니다. 하나님은 그분으로 우리를 위한 저주가 되게 하셨습니다!

하나님의 저주는 우리에게 임하여야 했던 것이 아닙니까?

우리 죄악이 받았어야만 했던 저주는 무엇이었습니까?

죄가 단지 그리스도에게만 돌려질 때, 한동안 죄악이 그분 위에 놓일 때, 그분의 아버지는 머리를 돌리셨고 그분의 아들로 외치게 만드셨습니다.

라마 사박다니!(Lama Sabachthani).

오, 우리의 죄악이 감당해야했던 죄악은 무엇이었겠습니까?

우리에게 임해야 했던 죄악은 무엇이었겠습니까?

어떤 천둥번개가, 어떤 숯불더미가, 어떤 분노가 임해야 했겠습니까?

그리고 예수께서 막아서지 않으셨다면, 지극히 높으신 분에게서 발한 진노가 우리의 몫이 되었을 것임에 틀림없지 않습니까!

여호와께서 그분의 아들을 살려두지 않으셨다면, 그분이 우리의 죄악을 따라 처치하신다면, 그리고 우리의 패역을 따라 상응하여 대우하신다면, 그분은 범죄하고 무가치한 인간들 중 소수 만을 살려주시지 않았겠습니까!

우리가 여전히 자리에 앉아 예수님을 바라볼 때, 우리는 그분의 죽음이 자발적이었음을 기억합니다. 그분은 원하지 않았으면 죽으실 필요가 없었습니다.

그런데 여기에 우리 죄악의 또 하나의 놀라운 특징이 있습니다. 왜냐하면 우리 죄 역시도 자발적이었다는 것입니다. 우리를 강요에 의해 죄를 짓지 않았습니다. 우리는 의도적으로 악한 길을 선택했습니다.

오, 죄인들이여!

우리 함께 자리에 앉아 주님께 우리에게 정당화할 변명이나 정상 참작, 혹은, 제기할 구실이 없음을 말하도록 합시다.

우리는 빛과 지식, 그리고 사랑과 긍휼에 반대하여 의지적으로 범죄하였습니다.

그리고 고의적으로 지극히 선하고 은혜로우신 하나님의 공정하고 의로운 법을 어겼음을 고백합시다.

나는 기꺼이 여러분이 그 다섯 개의 상처들을 살피게 하고 상처난 얼굴을 유심히 들여다보게 하며, 손과 발 그리고 옆구리에서 흘러나오는 자줏빛 모든 방울들을 세어보게 할 수 있습니다. 그러나 시간이 허락할지 모르겠습니다.

단지 한 가지 상처만이 여러분 곁에 있게 하십시오.

여러분이 그리스도 안에 있는 여러분의 죄로 인해 여러분의 가슴을 치십시오.

나시 바라보면서, 말하자면 우리의 관점을 변화시키면서, 그러나 여전히 우리의 시선을 동일한 존귀한 십자가에 달리신 분에게 유지하면서, 우리의 죄악을 치료한, 하지만 소홀히 다루어지고 경멸당했던 상처를 바라보십시오.

우선적으로 반항적인 죄 자체가 우리의 눈에서 아무런 눈물을 가져오지 못한다면, 그것은 확실히 배은망덕의 확증이 될 것입니다.

반항의 죄는 혐오될 만한 것이지만, 구세주를 경멸하는 죄는 훨씬 더 혐오스러운 것입니다. 나무 위에서 말로 형언할 수 없는 신음과 슬픔 속에서 매달리신 분은 여러분 중 몇몇은 결코 그분에 대해 생각해본 적이 없고, 사랑하지 않았으며, 결코 그분에게 기도해본 적이 없고, 그분께 믿음을 가져본 적도 없으며, 결코 섬긴 적이 없는 분입니다.

나는 여러분을 비난하지 않습니다. 나는 그 소중한 상처들에게 부드럽고 상냥하게 여러분을 책망하도록 요청할 것입니다.

나는 오히려 나 자신을 비난할 것입니다. 나는 막힌 귀로도 그분에 대해 들었던 적이 있습니다. 내가 그분에 대해 듣게 되었을 때, 그리고 그가 죄인들을 위해 스스로에게 감당하신 사랑을 이해하게 되었을 때, 하지만 나의 마음은 내 안에서 감동하지 않을 것처럼 돌과 같이 되었습니다.

나는 귀를 막았고, 예수님의 사욕이 없으신 사랑이라는 그토록 매력적인 내용에도 매혹되지 않으려고 했습니다.

나는 내가 경건치 않은 사람의 삶을 30년, 40년, 혹은 50년 동안 살아왔고, 그리고 마침내 마지막에 회심했을지라도, 내가 그 모든 시간 동안 예수님을 거부한 일에 대해 나 자신을 아무리 비난할지라도 충분할 수 없을 것입니다.

왜냐하면 우리들 중 아무리 젊은 시절, 특히 거의 어린 시절에 회심했던 이들조차도 그토록 소중한 친구되신 분을 생각할 때, 죄를 범한 자신을 비난하지 않을 수 없기 때문입니다.

그분은 우리를 위하여 너무도 많은 일을 행하셨고, 우리에 의해 그토록 오래 멸시받으셨습니다.

그분은 우리를 위해 당신 자신을 주셨는데, 어떤 사람이 예수님보다 우리를 위해 더 많은 일을 할 수 있었겠습니까?

우리가 우리의 마음을 그분에게 주기를 보류하고 있는 동안에, 우리는 얼마나 그분을 잘못 대우했습니까?

오, 죄인들이여!

당신은 죄인들의 친구이신 분을 향하여 여러분의 마음의 문을 어찌 닫고 있을 수 있습니까?

우리는 어찌 "내 머리는 이슬로 젖어있고, 내 머리타래는 간밤의 밤이슬로 젖어있구나. 나의 사랑하는 이여 문을 열어다오, 내게 문을 열어다오!"라고 외치시는 그분께 문을 걸어 잠글 수 있습니까?

나는 거기에서 설득되었고 하나님의 택하신 자들 중 어떤 이들은 여기에서 설득됩니다. 여러분은 그분에 의하여 세상의 초석이 놓아지기 전부터 택함 받았습니다. 그리고 여러분은 하늘에서 그분의 찬송을 부르며 어느 날 그분과 함께 있게 될 것입니다.

하지만 이 순간에는, 여러분은 그분의 이름을 들을지라도, 그분을 사랑하지 않고, 여러분이 그분이 하신 일에 대해 들을지라도, 여러분은 그분을 신뢰하지 않습니다.

도대체 무엇입니까?

무엇이 여러분의 마음을 문을 항상 견고히 걸어잠그는 쇠문이 되고 있습니까?

그 문은 여전히 항상 빗장이 걸려 있습니까?

오, 살아계신 하나님의 성령이시여!

이 아침에 복되신 그리스도를 위하여 입구를 만들어주시옵소서!

어떤 것이 그 일을 행할 수 있다면, 그것은 확실히 십자가에 달리신 그리스도를 바라보는 일임에 틀림없습니다. 견줄 데 없는 그 광경이 돌 같은 마음을 누그러뜨려 녹일 것이고, 예수의 사랑으로 복종시킬 것입니다. 이 은혜로운 녹임에 성령이여 역사하여 주옵소서. 그분이 모든 영광을 받으실 것입니다.

사랑하는 친구 여러분!

여전히 여러분이 십자가 아래 자리한 가운데, 여기 있는 모든 신자가 십자가 위에서 그토록 고통 받으신 분이 누구인지를 생각할 때, 이 아침에 자신의 가슴을 치게 되길 바랍니다.

그분은 누구셨습니까?

세상이 만들어지기도 전부터 우리를 사랑하신 분이 바로 이 분이셨습니다. 그분은 바로 오늘 우리의 영혼의 신랑이시며, 우리를 최고로 사랑하시는 분이십니다. 그분은 우리를 연회가 열리는 집으로 이끄셨고 우리 위에 그분의 사랑의 깃발을 흔들어 주셨습니다.

그분은 우리를 자신과 하나가 되게 하셨고, 우리를 한점 흠 없으신 그분의 아버지께 보이시겠다고 약속하셨습니다. 우리의 남편이자, 우리의 이쉬(Ishi)이신 분이 그분이며, 그분의 영혼이 우리를 기뻐하시기 때문에, 우리를 그분의 헵시바(Hephzibah)로 불러주신 분도 그분이십니다. 그리하여 우리를 위하여 고난당하시는 분이 그분이십니다.

고난은 항상 동일한 정도의 연민을 일으키는 것은 아닙니다. 여러분은 개인의 어떤 면이 영혼의 가장 깊은 심연 앞에서, 자극되는지를 알아야 합니다. 그리고 인품이 고매할수록 우리는 고난을 더 잘 이해할 수 있고, 관계가 친밀할수록, 우리는 애정을 갖고 그 사랑에 더 잘 보답할 수 있으며, 고난이 영혼을 더 깊이 때릴 수 있는 상황이 우리 안에 전개됩니다.

오늘 여러분 중 몇몇은 그분의 식탁에 다가오고 있습니다. 그리고 여러분은 그 떡에 참여하게 될 것입니다. 나는 여러분이 그 떡이 갈보리에서 고통으로 가득 찬 떨고 있던 육신을 나타냄을 기억하게 되길 기도합니다.

여러분은 그 잔을 마실 것입니다. 그 때 여러분은 여러분이 어머니에 의해, 혹은 남편에 의해, 혹은 친구에 의해 사랑받을 수 있는 것보다 여러분을 더 사랑하시는 분의 피를 나타내는 것임을 분명히 기억하길 기도하겠습니다.

그분이 비탄해 마지 않으셨고, 하늘의 태양이 빛을 잃었으며, 하늘의 백합이 피로 얼룩졌고, 하늘의 장미가 치명적인 창백한 빛을 띠며 시들었던 것을 기억하여 자리에 앉아 여러분의 가슴을 치길 바랍니다.

온전함이 비난받았고, 무죄한 분이 매를 맞았으며, 그리고 사랑의 대명사가 살해당한 것을 슬퍼하십시오.

그리고 복되시고 거룩하며, 존귀하게 여김을 받으셔야할 분으로 영원토록 천사들의 기쁨이셨던 그리스도는 이제 비탄에 잠기시고, 슬픔과 너무 친숙하게 되셨고, 피를 흘리시며, 죽어가고 계십니다.

신자들이여!

여러분의 가슴을 치고 갈 길을 가십시오!

주 안에서 사랑하는 사람들이여!

이와 같은 슬픔이 여러분의 안에서 불일듯 일어나거든, 여러분은 그 주제를 숙고하고 우리가 그분을 알게 된 날 이후로 예수님께 우리가 얼마나 불신앙적이고 잔인했었는지를 숙고함이 좋습니다.

그분은 나를 위해 피를 흘리셨는데, 나는 그분을 의심하였습니다.

이게 무슨 상황입니까?

그분은 하나님의 아들이 아니십니까?

그런데 나는 그분의 충실함(fidelity)을 의심했던 것입니까?

나는 십자가 아래서 전혀 감동받지 않고 서 있는 것입니까?

나는 지금 냉담하고 냉정한 마음 상태로, 죽어가고 있는 주님에 대해 말하고 있는 것입니까?

내가 일찍이 건조한 눈과 감동받지 않은 마음으로, 십자가에 달리신 그리스도를 선포한 적이 있습니까?

나는 개인기도 가운데 내 무릎을 꿇으며, 내 생각들은 존귀하신 피 흘리시는 그분께 손과 발이 매여 있어야 함에도 이리저리 방황하고 있습니까?

나는 나의 주님의 경이로운 희생을 기록하고 있는 복음서의 페이지를 넘겨버리는데 익숙합니까?

그리고 나는 그러한 페이지들을 나의 눈물로 적셔본 적이 있습니까?

나는 이 기적들 중의 기적을, 그리고 경이들 중의 경이를 기록한 성스러운 문장 앞에 넋을 잃고 멈춰선 적이 있습니까?

오! 얼어붙은 마음을 가진 그대들은 부끄러워해야 할 것입니다!

내가 여러분을 때린다 해도 무리는 아닐 것입니다. 하나님께서 성령의 망치로 여러분을 때리시고 여러분을 산산조각내시길 기도합니다.

오, 돌 같은 마음을 지닌 그대들이여!

그대 완고한 영혼들이여!

피도 눈물도 없는 영혼들이여!

그토록 놀랍고 신적인 사랑의 존재 앞에서 내가 바보 같다고 생각하는 그대를 품고 있는 그 가슴을 내가 때리는 것은 당연하지 않겠습니까?

형제자매 여러분!

여러분은 바로 그 십자가를 바라볼 때, 여러분의 가슴을 칠 수 있고, 여러분이 주님을 위해 행한 것이 거의 없다는 사실을 슬퍼할 수 있습니다. 나는 누군가가 나의 회심의 날에 내 미래의 삶을 그려주고, 그리고 "당신은 영적인 일에 대해 정말 우둔하고 아무런 관심이 없을 것입니다. 그리고 당신은 정말 적은 열정과 감사만을 보여주겠군요!"라고 말해주었더라면, 나는 하사엘처럼 "당신의 개 같은 종이 무엇이관대 이런 큰 일을 행하오리이가?"(역주: 왕하 8:13)라고 말했을 것이라고 생각합니다.

나는 여러분이 자신에 대한 지나치게 부풀려진 예언과 비교할 때, 여러분 중 대다수는 자신이 행동에 대해 실망하고 있다고 말할 때, 나는 여러분의 마음을 읽고 있다고 생각합니다.

나는 진정 무엇을 용서받는 것일까요?

나는 예수의 찢긴 몸에서 분출하는 따뜻한 흐르는 피에 의해 씻겨지는 것일까요?

그리고 나는 전적으로 그리스도께 바쳐진 것이 아닙니까?

내가 내 몸 안에 예수의 흔적을 가졌다는 것은 무엇이며, 나는 그분을 거의 생각지 않고 살아갈 수 있습니까?

나는 재난에서 구해진 존재처럼 잡아채진 것이 아닙니까?

나는 다가오는 진노로부터 다른 사람들을 구하는 일에 소극적입니까?

예수님은 나를 구하기 위해 허리를 구부리지 않으셨습니까?

그리고 나는 그분을 위해 다른 이를 얻고자 하는 수고를 행하지 않습니까?

나에게 전심으로 대해주신 분이 그분 아니셨습니까?

그리고 나는 그분께 대해 절반만 진심을 보이고 있지 않습니까?

내가 감히 1분을 낭비합니까?

내가 감히 한 시간을 하찮은 일에 허비합니까?

나는 오후 시간을 헛되이 가십거리나 게으르고 천박한 일을 하며 보낸 적이 있습니까?

오, 나의 심장이여!

내가 그대를 치는 것은 당연합니다.

나의 영혼이 가장 사랑하는 연인의 죽음을 보는 자리에 있을 때, 가장 뜨거운 열정에 의해서, 그리고 나의 본성의 모든 힘, 나의 영혼의 모든 애정, 나의 모든 장기(whole man)의 기능을 온전히 봉헌하려는 가장 열정적인 사랑에 의한 추진력으로 나의 영혼에 불이 붙어야 하지 않습니까?

이 슬픔에 찬 긴장의 끈은 가장 팽팽할 때까지 추구되어야 합니다.

우리는 계속 가슴을 치면서, 계속 자신을 나무라면서, 계속 후회하면서, 계속 울부짖으면서 우리의 고백을 끝까지 추구할 수 있어야 합니다. 우리는 계속하여 그 기조를 유지할 수 있다하더라도, 우리가 우리의 거룩한(blessed) 친구를 대우했던 그 수치스러운 태도에 대하여 충분한 통회를 표현할 수는 없을 것입니다. 우리는 찬송가 작사가 중의 한 사람과 함께 다음과 같이 말할 수 있습니다.

주여!

나로 아무 것도 아닌 일로 울지 말고 죄로 인해 울게 하소서,

그리고 아무도 쫓지 말고, 당신만을 쫓게 하소서.

그리고 그 때에 나는,

오! 나는 항상 눈물을 흘리는 자가 될 것입니다.

3. 갈보리는 슬픈 곡조만이 어울리는 음악이 아님을 기억하도록 여러분을 초대하려고 합니다

우리는 우리가 막 불렀던 찬송 안에서 우리의 시인이 골고다에서 가장 어울리는 멜로디가 무엇인지를 스스로에게 질문하는 것처럼 보일 때, 그 시인을 칭찬하게 됩니다.

> 다 이루었다!
> 우리는 슬픔의 노래만을 올려드려야 할까요?
> 혹은 찬송을 불러야 할까요?
> 구세주가 죽는 것을 보고 슬퍼만 해야 할까요?
> 혹은 그분의 승리를 선포해야 할까요?
>
> 우리가 갈보리에 대해 말할 때,
> 어떻게 승리의 노랫소리가 높아질까요?
> 화(woe)로부터 구속받은 이에 대하여 말한다면,
> 어찌 애도의 노래만이 흐를 수 있을까요?

그는 우리의 죄가 예수님의 몸을 찔렀기 때문에, 한없는 애도의 명분이 있으나, 그 상처로부터 흘렀던 피가 우리의 죄를 깨끗케 하였기에, 무한한 감사의 이유도 있음을 보여줍니다. 여러 행들 가운데서 그 사안에 대한 균형을 맞춘 후 그 시인은 이렇게 끝을 맺습니다.

다 이루었다!

감사와 찬미의 노래를 부르자.

결국 여러분과 나는 갈보리를 에워쌌던 군중들과 동일한 상황에 있지는 않습니다. 왜냐하면 그 때에 우리의 주님은 아직 죽으신 상태였고, 지금은 그분은 진정 부활하셨기 때문입니다. 그날은 목요일 저녁(왜냐하면 우리 주님이 금요일에 십자가에 못 박히지 않으셨다고 믿을 많은 이유들이 있기 때문입니다)으로부터 삼 일째 되는 날이었습니다.

그 때에는 예수님은 죽은 자들의 세계에 머물러야 했습니다. 그러므로 우리 주님은 아직까지는 인간의 눈으로 그분을 볼 수 있었고, 연민과 애도의 합당한 대상이셨으며, 감사의 대상은 아니셨습니다.

그러나 이제는 사랑하는 이들이여!

그분은 살아계시며 영광스럽게 통치하고 계십니다. 그 어떤 무덤도 신성한 그분의 몸을 가둬둘 수 없었습니다. 그분은 부패를 보지 못하셨습니다. 세 번째 날이 동터오는 그 순간, 그분은 더 이상 죽음의 끈에 매여 있을 수 없었고, 그분의 제자들에게 자신이 살아 있음을 확증하셨기 때문입니다.

그분은 이 세상에 40일 동안 머무셨습니다. 그분의 시간의 얼마는 육신 가운데 계신 그분을 알았던 이들과 함께 보내는데 사용되었고, 아마도 그 시간의 대부분은 그분의 부활 이후에 무덤에서 나온 성도들과 함께 보내어졌을 것입니다.

그러나 죽은 자들 가운데서 첫 열매로서 그분이 올려졌다는 것은 확실합니다. 그분은 아버지이신 하나님의 우편에까지 영광스럽게 올려졌습니다.

이제 더 이상 그분의 상처들을 슬퍼마십시오.
그 상처들은 하늘의 장엄함과 함께 광채를 발하고 있습니다.
더 이상 그분의 죽음을 애통해 하지 마십시오.
그분은 더 이상 죽지 않으시고 영원히 사십니다.
더 이상 그 수치와 침 뱉음을 애도해 하지 마십시오.

한 때 가시관을 쓰셨던 그 머리는
이제 영광으로 면류관이 씌어져 있습니다.

죽음이 더 이상 그분을 지배할 수 없었던 일에 대하여 하늘을 우러러 하나님께 감사하십시오.
그분은 우리를 중보하시기 위해 살아나셨습니다.
그리고 그분은 살아 있는 자들과 죽은 자들을 심판하시기 위해서 그분 주위를 호위하는 천사들의 무리와 함께 곧 오실 것입니다.
기쁨의 이유가 슬픔의 이유를 희미하게 만듭니다. 아이가 태어날 때, 더 이상 그녀의 산통을 기억하지 않는 여인처럼, 자신의 왕관을 취하신 부활하신 주님의 사고 속에 있는 세상 속에 태어난 사람의 기쁨으로, 우리는 십자가상의 비탄의 소리를 잊게 될 것이며, 갈보리의 찢어진 상한 마음의 슬픔들을 잊게 될 것입니다.
더욱이, 고음을 내는 심벌즈의 날카로운 소리를 들으십시오.
그리고 여러분의 마음이 여러분 안에서 기뻐하게 하십시오.
왜냐하면 그분의 죽음 안에서 우리의 구속자는 지옥의 모든 군대를 정복하셨기 때문입니다. 그들은 그분을 대항하여 격렬하게 나아왔으나, 그렇습니다.

그들은 그분의 육체를 먹어치우기 위해 대항하여 나아왔습니다. 그러나 그들은 넘어졌고 나락으로 떨어졌습니다. 그들은 그분 주위를 포위하였습니다.

그렇습니다!

그들은 벌들처럼 그분 주위를 포위했습니다.

그러나 주님의 이름으로 우리의 챔피언은 그들을 궤멸시켰습니다. 이루 셀 수 없는 전체 죄악과 갱에서 나온 큰 군대에 대항하여, 우리의 구세주는, 무수한 무리를 대항하여 싸우는 외로운 군인처럼, 홀로 섰습니다. 그러나 그분은 그들 모두를 도륙하셨습니다.

용의 머리를 상하게 하셨도다.

예수님은 그 포로를 사로잡았고, 그를 나락으로 떨어뜨리므로 승리하셨습니다. 그리고 예수님은 승리의 곡조로 슬픔의 외침을 영원히 삼키게 만드셨습니다.

더욱이, 형제들이여!

인류가 구원받았음을 기억하십시오.

이 아침에 여러분의 기쁨에 찬 눈앞에 셀 수 없는 수많은 선택받은 자의 무리들이 쉼 없이 움직이게 하십시오.

흰색 옷을 입은 그들은 긴 행렬로 나아옵니다. 그들은 머나 먼 땅들로부터 왔고, 모든 나라에서 왔으며, 한 때 죄악으로 진홍빛을 띠고 사악함으로 검은색을 띠던 그들은 모두 희어졌고, 순수해졌으며, 그 보좌 앞에서 영원토록 흠 없이 되었습니다. 유혹을 초월하여 아름답게 되었으며 예수를 향해 살게 되었습니다.

그리고 그 일은 어떻게 된 것일까요?

그 일은 전적으로 갈보리를 통해 이루어진 것입니다. 그곳에서 그들의 죄악은 제거되었습니다. 그곳에서 그들의 영원한 의가 들어왔고 완성되었습니다.

보좌 앞에서 있는 무리들로, 그들이 종려나무를 흔들고 황금 하프를 켤 때, 여러분으로 그들 자신의 기쁨처럼 크게 기뻐하게 하십시오.

그리고 천상의 음악으로 비통에 잠겨 외치는 부드러운 소리를 잠재우게 하십시오.

> 아아! 그리고 나의 구세주가 피를 흘리셨는가?
> 그리고 나의 주권자께서 돌아가셨는가?
> 그분은 벌레 같은 나를 위해
> 그 신성한 머리를 떨구셨는가?

그것만이 전부가 아닙니다.

여러분 모두가 구원받았습니다.

오, 형제들이여!

이것이 항상 여러분의 가장 큰 기쁨들 중의 하나가 될 것입니다. 다른 사람들이 여러분이 도구가 되어 회심하게 된 것은 훨씬 큰 기쁨의 이유가 됩니다.

그러나 여러분을 향한 여러분의 구세주의 충고는 "그러나 귀신들이 너희에게 항복하는 것으로 기뻐하지 말고 너희 이름이 하늘에 기록된 것으로 기뻐하라 하시니라"입니다.

쫓겨나기에 합당한 영이었고, 여러분의 분깃이 귀신들과 함께 있었던 것임에 틀림없던 여러분은 이제 이날에 용서받았고, 양자가 되었으며, 구원받았으며, 하늘을 향해 가는 길목에 있습니다.

오, 여러분이 지옥으로부터 구원받았고 영광에 이르도록 올려졌다고 생각하는 한편, 여러분은 여러분의 죄가 여러분의 주님이신 예수 그리스도의 죽음을 통하여 여러분에게 제거되었음에 대해 기뻐하지 않고는 견딜 수 없을 것입니다.

마지막으로, 우리가 항상 기쁨으로 그리스도의 죽음을 기억해야할 한 가지 이유가 있습니다. 즉, 비록 예수님의 십자가 처형이 우리 하나님의 영예와 영광에 충격파가 되도록 의도되었을지라도, 그리스도의 죽음 안에서 세상이, 할 수만 있다면 하나님 자신을 죽음에 처하게 했을지라도, 그리고 세상 자체가 가증스러운 타이틀, "신을 죽이는 세상"(a decidal[deity killing] world))을 획득했을지라도, 하나님은 예수님의 고난을 통하여 그러한 영예와 영광을 취하지 않으셨습니다.

오, 그들은 그분을 모욕했다고 생각했으나, 그들은 그분의 이름을 높인 셈입니다. 그들은 하나님께서 가장 영화롭게 되셨을 때 명예를 빼앗겼다고 생각했습니다.

보이지 않는 분의 이미지를 그들은 훼손시키지 않았습니까?

그들은 아버지의 성품에 대한 명확한 이미지를 더럽히지 않았습니까?

아! 그들은 그렇게 말했습니다. 그러나 하늘 안에 앉아계신 그분은 비웃으시고 그들을 조롱하심이 합당합니다.

그들이 무엇을 행했기 때문일까요?

그들은 단지 매끄럽고 흰 석고로 만든 상자를 깨뜨렸고, 무한하신 자비의 거룩한 모든 방울들이 온 세상에 향기를 퍼뜨리도록 흘러가게 하였던 것입니다. 그들은 단지 휘장을 찢었고, 천사들 사이에 숨겨진 영광이 온

땅위에 비치도록 만들었습니다.

오, 자연이여!

그대의 오랜 그리고 거룩한 산들과 함께 하나님을 경배하고, 그대의 나무들로 하나님을 찬송하도다.

그들은 손뼉 치며 그대의 바다들과 함께 예배하며, 충만함 속에 포효하며 여호와를 찬양하도다.

그대의 모든 폭풍우와 불의 화염으로도, 그대의 용들(dragons)과 깊은 곳들로도, 그대의 눈과 우박으로도, 예수께서 죽기까지 순종하셨을 때, 예수께서 하나님을 영화롭게 하신 것처럼 그대는 하나님을 영화롭게 할 수 없도다!

오, 하늘이여!

그대의 모든 기쁨에 찬 천사들과 영원히 찬송하는 스랍들과 함께, 그대의 금으로 만든 길들과 끝없는 하모니를 가지고도, 그대는 예수 그리스도께서 십자가상에서 밝히신 절대자(Deity)를 온전히 계시할 수 없도다.

오, 지옥이여!

그대의 모든 무한한 공포와 꺼지지 않는 화염으로, 그리고 고문 받는 귀신들의 고통과 비애 그리고 비명으로도, 그대는 그리스도께서 피가 선연히 흐르는 나무 위에서 그분의 찢겨진 심장 안에서 하나님의 공의를 계하신 것처럼, 그것을 드러낼 수 없도다.

오, 땅과 하늘과 지옥이여!

오, 시간과 영원이여!

현재와 미래의 만유여!

그리고 보이는 것들과 보이지 않는 것들이여!

그대들은 피흘리신 어린 양과 비교할 때, 지고의 실재이신 하나님의 희미한 거울에 불과하도다.

오, 하나님의 마음이여!

나는 말씀이 육신이 되신 골고다에서 하나의 영광의 불꽃 속에 하나님의 공의와 사랑, 거룩함과 부드러움이 계시되었던 것처럼 그러한 계시를 보여준 어떤 장소도 알지 못합니다. 어떤 피조물이 기꺼이 하나님의 영광을 보려 한다면, 그는 별이 많은 하늘을 응시할 필요도, 하늘의 하늘 속으로 솟아오를 필요도 없습니다. 그는 단지 십자가 아래 엎드려 임마누엘 하나님의 상처로부터 분출하는 선홍색 핏줄기를 바라보기만 하면 됩니다.

만일 여러분이 하나님의 영광을 보려 한다면, 여러분은 진주 문들 사이를 응시할 필요가 없습니다. 여러분은 단지 예루살렘 문들 너머를 바라보고 숨을 거두신 평화의 왕을 바라보기만 하면 됩니다.

여러분이 사랑에 근거한 친절함과 긍휼, 하지만 하나님의 공의와 엄중함 그리고 진노로 사람의 마음을 채웠던 가장 고귀한 생각을 얻고자 한다면, 여러분은 여러분의 눈을 높일 필요도, 그 눈들을 내리깔 필요도, 낙원을 바라볼 필요도, 지옥을 응시할 필요도 없습니다.

여러분은 단지 완전히 으깨어지고, 쪼개졌으며 상처 입은 그리스도의 심장 안으로 바라보기만 하면 됩니다. 그리고 여러분은 이미 그것을 보았습니다.

오, 하나님께서 결국 승리하셨다는 사실로부터 솟아나오는 기쁨이여!

죽음은 승리자가 아닙니다.

악은 주인이 아닙니다.

결코 선하신 신에 의해 다스려지는 한 왕국과 악한 신에 의해 다스려지는 다른 왕국과 같은, 두 개의 경쟁적 왕국은 존재하지 않습니다.

그럴 수 없습니다.

악은 묶여있으며, 쇠사슬에 매여 있고, 포로가 되었습니다. 악의 힘줄은 끊겼으며, 악의 머리는 깨어졌습니다. 악의 왕은 여호와 예수님의 경외감을 안겨주는 전차(chariot)에 매여 있습니다.

그리고 승리의 하얀 말들이 장엄한 영광 속에 정복자이신 주님을 모신 전차를 영원한 언덕으로 끌고 올라갈 때, 구덩이 괴물은 그분의 전차의 바퀴 아래 부끄러워하고 두려워하며 움츠리고 있습니다.

그러므로 사랑하는 이들이여!

우리는 이 설교를 겸허히 하지만 기쁨의 예배 속에 마치려 합니다.

아버지께 영광

그리고 아들과 성령께 영광을!

태초에도 그리하였고 지금과 영원히 영광이 있을지어다.

영원한 세상이여, 아멘.

C. H. Spurgeon

Sermons on the Passion of Christ

제5장
그리스도께서 우리를 위하여 저주를 받은 바 되셨다

그리스도께서 우리를 위하여 저주를 받은 바 되사 율법의 저주에서 우리를 속량하셨으니 기록된 바 나무에 달린 자마다 저주 아래에 있는 자라 하였음이라(갈 3:13).

사도바울은 갈라디아 교인들에게 구원은 결코 행위를 통해 이루어지는 것이 아님을 보여주고 있었습니다. 그는 이 모든 중요한 진리를 현재 본문보다 앞선 구절들에서 이중의 추론(double reasoning)을 통해 결론을 내리는 방식으로 증명하였습니다.

첫째, 그는 율법은 구원의 축복을 제공할 수 없음을 보여주었습니다.
왜냐하면 모든 사람이 율법을 어겼기 때문에, 율법이 행할 수 있는 모든 것은 저주하는 일뿐인 까닭입니다. 그는 신명기 27장으로부터 그 내용을 인용합니다.

> 그들이 행하도록 율법 책에 기록된 모든 율법을 행하지 않는 모든 사람
> 은 저주를 받을 것이요.

그리고 율법에 있는 모든 것을 지켜 행했다고 주장할 수 있는 사람은 아무도 없기 때문에, 바울은 율법 아래 있는 모든 사람이 저주를 초래했다는 명확한 추론을 제시하였습니다.

둘째, 사도바울은 갈라디아 교인들에게 옛 시대에 축복을 받았던 이들이 있었을지라도, 축복은 율법을 통해 온 것이 아니라, 그들의 믿음을 통해서 온 것임을 상기시킵니다.

이것을 증명하기 위해서, 그는 하박국 2:4로부터의 한 단락을 인용하는데, 그곳에는 의인은 믿음으로 말미암아 살리라고 명시적으로 진술되어 있습니다.

그리하여 의롭게 된 사람들은 하나님 앞에서 율법에 대한 그들의 성실성이 아니라 칭의가 근거가 되었으며, 그것에 따라 살게 된 것입니다.

여러분!

보십시오!

율법이 불가피하게 우리 모두를 저주한다면, 그리고 은혜로운 생명 안에 보존되었다고 여겨지는 바로 그 사람들이 행위가 아닌 믿음으로 말미암아 의롭게 되었다면, 죄인의 구원과 칭의(justification)는 율법의 행위가 아니라 전적으로 그리스도 예수 안에 있는 믿음을 통한 하나님의 은혜로 말미암는다는 것은 의심을 넘어 무엇보다도 확실합니다.

그러나 이제 의심할 바 없이 스스로가 교리를 선포하고 있으며, 그 교리의 근거와 뿌리를 선언하는 것이 낫다고 느낀 그 사도는, 우리 앞에 놓인

본문 안에서 왜 사람들이 자신의 개인적 의에 의하여 구원받지 않고, 믿음에 의하여 구원받는 한 가지 이유를 드러냅니다.

그는 우리에게 그 이유가 다음과 같다고 말합니다. 사람은 이제 그 어떤 개인적인 공로로 구원받는 것이 아니며, 그들의 구원은 다른 것에 근거하는데, 즉 사실상 인간의 대표자이신 그리스도 예수께 구원이 있는 것입니다.

주님 홀로 율법이 부과한 저주로부터 우리를 구원하실 수 있는데, 왜냐하면 행위는 우리를 그리스도와 연결시킬 수 없으며, 단지 믿음만이 우리를 그리스도와 묶을 수 있는 연결고리이고, 믿음만이 구원의 길이 되기 때문입니다.

믿음은 그리스도의 완성된 사역을 붙잡는 손으로, 그 사역은 [인간의] 행위는 결코 완성시킬 수 없는 일입니다. 왜냐하면 행위는 우리로 자랑하게 하고 그리스도를 잊게 만들기 때문입니다. 믿음은 칭의와 영생을 얻게 하는 참되고 유일한 길입니다.

그러한 믿음이 우리 안에서 자라나게 하기 위해서, 성령 하나님께서 이 아침에 우리에게 그리스도의 위대한 사역의 깊이 속으로 이끌어주시기를 기원합니다. 우리가 그분의 대속 사역과 그 사역이 예수님께 부과했던 고난의 본질을 보다 명확하게 이해하게 되길 기도합니다.

참으로 예수 그리스도라는 음악이 막 서서히 사그려져간 진리의 연(聯)을 들여다봅시다.

> 그분은 우리가 결코 질 수 없는 것을 감당하셨네.
> 그분의 아버지의 의로우신 진노를.

1. 이 아침의 우리의 첫 번째 묵상은 이 질문으로 시작됩니다. 여기에서 의도된 율법의 저주는 무엇입니까?

그것은 하나님의 저주입니다. 율법을 제정하신 하나님은 그 율법을 위반한 것에 대한 형사상의 결과를 책임지도록 부가하셨습니다. 그리고 율법의 어긴 사람은 즉시로 율법을 주신 분(Lawgiver), 곧 하나님의 진노의 대상이 됩니다.

그것은 단순히 율법 자체의 저주가 아닙니다. 자신이 정한 법령들을 지켜내실 만큼 강한 팔을 가지신 위대하신 율법수여자로부터 오는 저주입니다.

첫째, 우리의 숙고의 맨 처음부터 우리는 율법의 저주는 최고로 공의롭고, 도덕적으로 불가피한 것임에 틀림없다는 것을 확신하도록 합시다.

우리를 축복하시기를 기뻐하시는 우리의 하나님에게는 최고의 의(the highest right)가 요구하지 않는 한, 그분의 피조물 중 어떠한 존재에게도 지극히 작은 저주도 부과하시는 일은 가능치 않습니다. 그리고 거룩함과 정결함이 저주 없이 유지될 수 있는 그 어떤 방법이 있다면, 사랑의 하나님께서 그분의 피조물들에게 슬픔을 저주로 임하게 하시지는 않을 것이라고 확신할 수 있을 것입니다.

그렇다면 저주는 임하게 될지라도 반드시 필요한 존재입니다. 저주는 우주의 질서 유지를 위해서도 본질적으로 필요합니다. 그리고 우주적 통치자의 거룩성의 현시를 위해서도 필요합니다. 하나님께서 저주하실 때, 장담컨대 그것은 가장 무거운 종류의 저주입니다. 원인 없는 저주는 임하지 않을 것입니다.

그러나 하나님의 저주들은 결코 원인이 없지 않습니다. 그리고 그 저주들은 율법의 위반자들에게는 압도하는 위력으로 절실히 느껴질 것입니다. 죄는 처벌 받아야 하며, 죄악 속에 있는 오랜 지속성과 완고함에 의하여, 하나님께서 저주를 발하시도록 촉발된다면, 나는 그분이 저주하시는 그 사람은 참으로 저주받는다는 사실을 압니다.

전능하신 하나님께서 죄인에게 저주를 선포하신다는 바로 그 사고 속에는 나의 피로 얼어붙게 만들고 나 스스로를 매우 선명하게 혹은 심지어 일관되게 표현할 수 없게 할 만큼의 끔찍한 어떤 것이 있습니다.

사람인 어떤 아버지의 저주는 얼마나 끔찍합니까!

그러나 영들의 위대하신 아버지의 저주는 얼마나 더 끔찍할까요?

사람에게 저주를 받는 것은 단지 비열한 악일 수 있으나, 하나님께 저주를 받는 것은 공포이자 재앙입니다.

> 슬픔과 고통이 그 저주 안에 있다. 죽음은 저주, 곧 두 번째 사람과 결부되어 있는데, 그 두 번째 죽음은 요한이 밧모섬에서 예견하였고, 불못에 던져지는 것으로 묘사된다(계 20:14).

여러분은 주님께서 그의 종 나훔을 통해 주신 말씀을 들으면서 그분의 저주가 어떠할지를 상고해야 합니다.

> 여호와는 질투하시며 보복하시는 하나님이시니라 여호와는 보복하시며 진노하시되 자기를 거스르는 자에게 여호와는 보복하시며 자기를 대적하는 자에게 진노를 품으시며… 그는 바다를 꾸짖어 그것을 말리시며 모든 강을 말리시나니 바산과 갈멜이 쇠하며 레바논의 꽃이 시드는도다 그

로 말미암아 산들이 진동하며 작은 산들이 녹고 그 앞에서는 땅 곧 세계와 그 가운데에 있는 모든 것들이 솟아오르는도다 누가 능히 그의 분노 앞에 서며 누가 능히 그의 진노를 감당하랴 그의 진노가 불처럼 쏟아지니 그로 말미암아 바위들이 깨지는도다(역주: 나훔 1:2-6).

또한 말라기의 예언을 기억하십시오.

만군의 여호와가 이르노라 보라 용광로 불 같은 날이 이르리니 교만한 자와 악을 행하는 자는 다 지푸라기 같을 것이라 그 이르는 날에 그들을 살라 그 뿌리와 가지를 남기지 아니할 것이로되(말 4:2).

여러분이 이 공의롭고 거룩하신 주님 앞에서 두려워하고 떨 수 있도록 그러한 말씀들과 그와 유사한 말씀들이 여러분의 마음에 잠기게 하십시오.

둘째, 우리가 율법의 위반으로 촉발된 그 저주의 의미를 추가적으로 고찰하려 한다면, 우리는 저주는 무엇보다도 불쾌함의 표식임을 기억해야 합니다.

이제, 우리는 성경으로부터 하나님이 매일 사악한 자들에게 진노하고 계심을 알게 되었습니다. 비록 죄인들 개인들을 향해서는 하나님은 크신 참을성을 보여주시지만, 죄는 몹시도 그분의 거룩하신 마음을 분노케 합니다.

죄는 전적으로 지극히 높으신 하나님의 정결함에 비하여 혐오스러운 것이며 싫어하신 바 됩니다. 악한 생각도, 악한 말도 그 어떤 불의한 행동도 그분께는 용납될 수 없는 까닭입니다. 그분은 모든 죄를 지켜보시며 그리고 그분의 거룩한 영은 그것에 의하여 진노로 동요되십니다. 그분의 눈은 부정함을 보시기에는 훨씬 더 정결합니다. 그분은 그것을 견딜 수 없습니다. 그분은 모든 악한 행위에 확실하게 징벌을 가하실 하나님이십니다.

저주는 단순한 화 이상의 어떤 것입니다. 저주는 불타는 분노로 시사됩니다. 그리고 진정 우리 하나님은 죄인들에 대하여 다소간 분개하시지만, 그분의 진노는 더욱 죄를 향합니다. 죄가 존재하는 어느 곳이든지, 하나님의 진노의 가득 찬 힘이 그곳을 향합니다.

그리고 그 진노의 결과가 풍부한 참으심으로 인해 한 동안 억제될지라도, 하나님은 인류의 사악함에 대해 크게 분노하십니다. 우리는 죄에게 눈짓을 합니다.

그렇지요.

그리고 심지어 우리가 죄에 대해 웃고 죄 안에서 즐거워할 때까지 우리의 마음을 무감각하게 만듭니다.

오, 하나님도 우리처럼 그러하실 것이라고 생각지 마십시오!

죄가 하나님께 보여질 수 있으나 그분이 아무런 분노의 마음을 품지 않으실 것이라고 추정하지 마십시오.

오, 아닙니다!

가장 거룩하신 하나님은 똑똑히 보이도록 우리에게 그분이 얼마나 끔찍하게 사악함에 의해 분노하시는지를 알려주는 그분의 말씀에서 경고들을 기록하셨습니다.

예를 들면 그분이 다음과 같이 말씀하실 때처럼 말입니다.

하나님을 잊어버린 너희여 이제 이를 생각하라 그렇지 아니하면 내가 너희를 찢으리니 건질 자 없으리라(시 50:22).

그러므로 주 만군의 여호와 이스라엘의 전능자가 말씀하시되 슬프다 내가 장차 내 대적에게 보응하여 내 마음을 편하게 하겠고 내 원수에게 보복하리라(사 1:24).

원수 갚는 것이 내게 있으니 내가 갚으리라 하시고 또 다시 주께서 그의 백성을 심판하리라 말씀하신 것을 우리가 아노니 살아 계신 하나님의 손에 빠져 들어가는 것이 무서울진저(히 10:30-31).

셋째, 더욱이 저주는 악을 비는 것으로, 저주가 하나님에게서 올 때, 위협의 성격을 갖습니다.

그것은 하나님께서 "머지않아 나는 이 범죄로 말미암아 너를 방문하게 될 것이다. 너는 의롭고 거룩한 법을 어겼다. 따라서 불가피한 처벌이 확실하게 너에게 임하게 될 것이다"라고 말씀하시는 것과 같습니다.

하나님은 이와 같은 그분의 말씀을 통하여 많은 저주를 발하십니다. 그분은 반복하여 사람들에게 위협적인 말씀을 하십니다.

사람이 회개하지 아니하면 그가 그의 칼을 가심이여 그의 활을 이미 당기어 예비하셨도다(시 7:12).

때때로 그 위협은 호소하는 듯한 애가 속에 포장되어 있습니다.

돌이키고 돌이키라 너희 악한 길에서 떠나라 어찌 죽고자 하느냐
(겔 33:11).

그러나 여전히 하나님께서 죄를 처벌하지 않으시지는 않을 것이며 때가 찼을 때 오셔서 아낌없이 모든 조처를 충분히 취하실 것이고, 죄악의 무게는 온전히 재어져서, 추수할 시기가 무르익으면 악의 외침이 주되시는 전능하신 하나님에 귀에 들려질 것이며, 그 때에 그분이 복수의 옷을 입고 나아오시고 그분의 대적자들을 제압하실 것은 너무도 자명합니다.

넷째, 그러나 하나님의 저주는 위협하는 것 이상입니다. 그분은 마침내 일격을 가하시기 위해 오십니다.
하나님은 처음에는 경고의 말씀들을 사용하시지만, 조만간 그분은 처형하기 위해 칼을 빼어 드실 것입니다. 하나님의 저주는, 그 저주의 실제적 처벌에 관해서는, 지상에서 보여졌던 여러 저주의 사례들을 통해 유추해볼 수 있습니다.

땅의 표면만을 떠돌던 방랑자요 떠돌이였던 가인을 보십시오!

예레미야가 하나님의 명령으로 바스훌에게 발했던 저주를 읽어보십시오.

보라 내가 너로 너와 네 모든 친구에게 두려움이 되게 하리니 그들이 그들의 원수들의 칼에 엎드러질 것이요 네 눈은 그것을 볼 것이며
(렘 20:4).

혹은 여러분이 대규모로 발해진 저주를 보고자 한다면, 땅의 가장 깊은 샘들의 엄청난 수문이 개방되었고 물이, 먹이를 잡고자 뛰어오르는 사자처럼, 원래 있던 곳에서 높이 솟아오르던 그 날을 기억하십시오.

하늘의 창들이 열렸고, 궁창 위의 큰 구덩이가 궁창 아래에 있는 구덩이와 섞이게 되었을 때, 모든 살아 있던 육체가 휩쓸려갔고, 하나님이 언약으로 말미암아 긍휼 가운데 준비하셨던 방주 안에 피신한 소수의 사람만이 생명을 건진 그 보복의 날을 기억하십시오.

그 때에는 바다 괴물들이 고대 왕들의 궁전에서 새끼를 치고 살았으며, 수백만 명의 죄인들이 수장되어 더 이상 일어나지 못했고, 죽음의 입에 토해진 우주적인 폐허가 끝없는 바다 위를 헤매고 다니던 때였습니다.

여러분은 다시 과거 시점으로 돌아갈 필요가 있습니다.

자신의 장막 문 앞에 있는 아브라함과 같이 서십시오.

그리고 태양으로부터 나오지 않은 섬광이 비치는 이른 아침의 붉은 동쪽 하늘을 바라보십시오.

바다처럼 넓게 펼쳐진 불꽃들이 하늘을 향해 올라가고, 보다 선명한 화염의 소나기와 만나게 됩니다. 그 화염 소나기들은 하늘로부터 초자연적으로 내려온 것들입니다. 소돔과 고모라가 스스로를 죄악된 육적인 삶으로 던져 넣었을 때, 하나님의 저주를 받았고, 그들이 완전히 불타 없어질 때까지 지옥이 하늘로부터 그들에게 비처럼 임했습니다.

여러분이 하나님의 저주의 또 다른 형태를 보고자 한다면, 한 때 하늘에서 종복으로 섬겼던 광명의 영으로 아침의 아들(son of morning)이요 하나님의 천사들의 우두머리들 중 하나였던 존재를 기억하십시오.

죄가 그의 속으로 들어갔을 때, 그가 자신의 고귀한 수위권(首位權, principality)을 어떻게 상실했는가를 생각하십시오.

천사장이 어떻게 악마들의 우두머리가 되었고, 아볼리온(Apollyon)이라고 불리는 사탄이 그의 높은 보좌에서 떨어지고, 평화와 행복으로부터 영원히 추방되었으며, 건조한 땅들을 유리방황하게 되었고, 안식을 찾고자 하나 아무데서도 찾을 수 없을뿐더러 마지막 큰 날인 심판 때까지 흑암에 결박되는 운명에 처한 현실을 보십시오.

그러한 저주는 하나의 천사로 퇴락하여 악마가 되게 하였고, 그러한 저주는 광야에 있던 그 도시들을 불살라버렸으며, 지상에 있던 사람들을 쓸어버렸습니다.

여러분은 아직 충분한 이해를 갖고 있지 못합니다. 비탄과 공포의 한 장소, 흑암 자체와 같은 흑암의 땅이 있으며, 그 어떤 질서도 갖지 못한 죽음의 그림자가 드리워진 땅이 있습니다.

그곳에서의 빛은 어두움일 뿐입니다. 그곳에서 회개를 거부하였고 지극히 높으신 하나님을 대항하여 스스로의 마음을 강퍅케 한 이들은 영원히 그들의 하나님으로부터 그리고 평화와 부활에 대한 모든 소망으로부터 영원히 추방된 것입니다.

다섯째, 하나님의 저주는 하나님의 호의를 잃어버린 것입니다.

결과적으로 그 호의가 임하는 축복을 상실하는 것이고, 마음의 평정을 잃는 것이며, 소망을 잃어 궁극적으로 생명 자체를 잃는 것입니다. 왜냐하면 "범죄하는 그 영혼은 죽으리라"고 말씀하시기 때문입니다(겔 18:4).

그리고 그 생명의 상실과 영원한 죽음으로 내던져지는 것은 모든 것 중에서 가장 끔찍한 일로, 존재로 진정한 생명이 되게 하는 하나님과 모든 것으로부터의 영원한 분리에 따른 것입니다.

여섯째, 성경의 묘사에 따르면, 영원히 지속되는 파괴는 율법의 저주의 열매입니다.

오, 이 아침에 여러분 중 몇몇에게 이 밀물 같은 메시지를 전하여야 하다니요!

여러분에게 이처럼 율법의 가공할 정의를 증언해야 하는 내 과업은 얼마나 무거운지요.

그러나 여러분이 하나님께서 그분의 백성들에게 전달하신 율법의 저주를 듣지 않는다면, 여러분은 그리스도의 넘치는 사랑을 이해하거나 귀중히 여길 수 없을 것입니다.

그러므로 내 말을 끈기 있게 들어주십시오.

오늘 하나님의 저주 아래 있는 불행한 이들이여!

오, 불행한 이들이여!

여러분은 진홍색 옷과 고운 마(fine linen)로 만든 옷으로 치장할 수 있습니다. 여러분은 여러분의 연회에 참석할 수도 있습니다. 그리고 한 대접의 포도주를 쭉 들이킬 수 있습니다.

여러분은 기포가 흘러넘치는 잔을 높이 들 수 있습니다. 그리고 빙글빙글 즐거운 춤을 출수도 있겠지요.

그러나 하나님의 저주가 여러분에 임해 있다면, 그게 제 정신입니까?

오, 경애하는 여러분!

여러분이 그것을 볼 수 있고 이해할 수만 있다면, 이 저주는 여러분의 환희의 모든 창문을 흑암으로 만들어버릴 것입니다.

이제 그리스도의 고귀한 십자가로 날아갑시다.

그것에서 그 저주는 제거되었고, 우리는 그 저주가 의도했던 저주의 가득 찬 공포를 결코 알 수 없게 되었습니다.

2. 이 아침에게 우리에게 대단히 중요한 질문은 이것입니다. 누가 이 저주 아래 있습니까?

오, 사람의 아들들이여!
두려운 경외심을 갖고 들으십시오.

첫째, 특히 그리고 최우선적으로 유대 나라가 이 저주 아래 있습니다.
왜냐하면 나는 그러한 것들을 그 연결고리에서 모았기 때문입니다. 하나님의 율법은 매우 특별하게 모든 다른 민족들을 넘어선 호의 속에 그들에게 주어졌습니다. 그들은 율법을 시내산에서 듣게 되었고, 그 율법은 의례상의 상징이라는 절호의 환경으로 둘러싸이고 엄중한 국가적 계약으로 시행된 것이었습니다. 더욱이 어떤 의미에서 율법은 특히 이스라엘에게만 속했다는 것을 보여주는 율법의 시작을 알리는 하나의 말씀이 있습니다.

나는 너를 애굽 땅, 종 되었던 집에서 인도하여 낸 네 하나님 여호와라
(신 5:6).

바울은 우리에게 율법 없이 범죄한 이들은 율법 없이 처벌받을 것이라고 말합니다. 그러나 유대 민족은 율법을 받았기에, 그들이 그것을 위반하였다면, 특히 그러한 위반에 적시된 저주를 받게 될 것이라고 말합니다.
하지만 추가적으로, 지상에 살고 있는 모든 민족들은 또한 이 저주 아래 있습니다. 바로 이 이유 때문입니다. 율법이 시내산으로부터 모든 민족에

게 주어지지 않았을지라도, 율법은 하나님의 손가락으로 다소간에 모든 인류의 양심 위에 명료하게 기록되었기 때문입니다.

인도 사람, 라플란드 사람(Laplander), 남양제도 사람들(South Sea Islander)에게 그 어떤 선지자들도 그가 훔치지 말아야 한다고 말할 필요가 없습니다. 그 사람 자신의 판단이 그를 가르치기 때문입니다. 모든 사람 안에는 우상숭배는 어리석은 것이며, 간음과 부정은 비열한 짓이고, 도적질과 살인과 탐욕은 모든 악한 것이라고 확신시키는 어떤 것이 있습니다.

이제 모든 사람들이 어느 정도 내면에 율법을 가지고 있다면, 그 정도까지 그들은 율법 아래 있는 것입니다. 더욱이, 이 아침 이 건물 안에는 특히 저주 아래 있는 사람들이 있습니다. 그 사도는 말합니다.

무릇 율법 행위에 속한 자들은 저주 아래에 있나니(갈 3:10).

이제 여러분들 중 어떤 이들은 저주 아래 있기를 선택한 사람들입니다. 여러분은 고의적으로 율법에 의하여 심판받기를 선택합니다.

어떻게 그런 일이 있을까요?

왜 여러분은 여러분 자신의 선한 행실로 하늘에 있는 그곳에 다다르려고 할까요?

여러분은 자신이 할 수 있는 어떤 것이 여러분을 구원할 수 있다는 생각에 매달려 있습니다. 여러분은 그러므로 율법 아래 있기를 선택하였습니다. 그리고 그렇게 함으로써 여러분은 저주를 선택하였습니다.

왜냐하면 행위의 율법이 여러분을 위해 할 수 있는 모든 것은 여러분을 여전히 저주받은 상태로 두는 것뿐이며, 여러분은 율법의 모든 명령을 성취하지 못했기 때문입니다.

오, 사랑하는 여러분!

그러한 어리석은 선택을 회개하십시오.

그리고 그것으로 말미암아 여러분은 결코 율법의 행함으로가 아닌, 기꺼이 은혜로 구원받기를 원한다고 선언하십시오.

여러분은 지금처럼 남아 있다면 저주 아래 있습니다. 그러나 나는 여러분에게 우리 주 예수 그리스도를 통하여 그 저주가 제거되었다고 말해야 하는 이 사실을 기뻐합니다.

오, 주님께서 여러분이 대속(substitution)의 계획과 그 대속 안에 있는 기쁨을 보도록 인도하시길 기원합니다.

3. 이 아침에 전하는 우리의 가장 중요한 요점은 그리스도께서 어떻게 우리를 위한 저주가 되셨는가라는 질문에 답하는 것입니다

기독교라는 종교의 정수는 "대속"이라는 교리에 있으며, 나는 그리스도인들의 대다수는 전혀 그리스도인들이 아닌데, 그들은 기독교적 신조의 근본적 교리를 이해하지 못하는 까닭이라고 감히 확언할 수 있습니다.

그리고 오! 이 가장 근원적인 진리를 설교하지 아니하고, 심지어 믿지도 않는 설교자들이 있습니다.

그들은 명확하지 않은 방식으로 예수의 피를 말하며, 시적인 흐릿한 스타일로 그리스도의 죽음에 관하여 장황히 늘어놓습니다. 그러나 그들은 정곡을 찌르지 않으며, 구원의 길은 죄인을 위하여 예수께서 대속물이 되심으로 이루어진다는 것을 내려놓습니다.

이는 나로 하여금 보다 꾸밈이 없고 명시하여 구체적으로 말하게 합

니다. 죄는 저주 받은 것입니다. 하나님은 그분의 거룩함의 필요성으로부터 죄를 저주하셔야 합니다. 그분은 죄를 범하는 이를 처벌하셔야만 합니다.

그러나 주님의 그리스도이신 영원하신 아버지의 영광스러운 아들이 사람이 되셨고, 그분의 본성 안에서 인간의 아들들이 감당해야 했던 그 저주를 감내하셨습니다.

그리하여 이는 바로 대속적인 희생 제물(vicarious offering)이 되신 것입니다. 죄를 처벌함에 있어 의로우신 하나님은 그분의 풍성한 긍휼을 그 대속적 희생 제물이 되신 분(the Substitute)을 믿는 사람들에게까지 확대시키실 수 있었습니다. 이제 이 순간을 위해서입니다.

그러나 여러분은 예수 그리스도께서 어떻게 저주가 되셨는가 물을 것입니다. 우리는 여러분에게 "[저주] 받은 바 되셨다"(made)라는 어휘를 주목하길 요청합니다.

그리스도께서 우리를 위하여 저주를 받은 바 되셨다.

그리스도는 그분 안에는 전혀 저주받을 요소가 없으셨습니다. 그분의 인격(Person) 안에서 주님은 흠 없이 무죄이셨으며 죄의 어떤 면도 개인적으로 그분에게 속할 수 없었습니다. 그분 안에는 죄가 없었습니다.

"하나님께서 우리를 대신하여 그분을 죄로 삼으셨다."

그 사도는 명확하게 덧붙입니다.

죄를 알지도 못하시는 이에게(참조. 고후 5:21).

그리스도의 개인에 관한 한, 그분의 인격 혹은 성품 가운데 그 어떤 비난이나 엄한 책망을 받기에 합당한 요소가 있었다고 생각해서는 안 됩니다. 그분은 그 관점에서는 점도 흠도 혹은 그와 유사한 어떤 것도 없으신 하나님의 순결하신 유월절 어린 양입니다. 그리스도께서 저주 받아야 할 아무런 필요 요건이 없었습니다.

그분 안에는 그리스도께서 저주를 감당해야할 아무런 필요가 없었습니다. 그분 자신의 사랑의 보증관계(loving suretyship)가 만들어낸 의무 외에는 아무런 필요가 없었습니다. 그분 자신의 본질적이고 내재적인 거룩성이 죄를 짓지 못하도록 막았습니다.

그분은 우리를 대신하여 죄가 되셨고, 이는 그 자신의 책임으로 인한 것이 아니었습니다. 그 일은 그분 자신에 관해서는 아무런 연관이 없고, 전적으로 그분이 우리를 사랑하셨고, 자신을 우리가 들어가야만 했던 그 [저주의] 자리에 위치시키기로 선택하셨기 때문입니다.

다시 말하지만, 그분이 우리를 대신하여 저주가 되신 것은 그 어떤 개인적인 응분의 대가나 개인적인 필요에 의한 것이 아니며, 그분이 자발적으로 그분의 백성의 계약상의 우두머리 (covenant head), 그리고 그들의 대표자의 역할을 감당하기로 하셨고, 그들에게 부과되어야 할 저주를 감당하는 대표자가 되셨습니다.

이 진리를 좀 더 살펴봅시다.

그리스도께서 어떻게 저주가 되셨을까요?

우선, 그분은 그분의 백성의 모든 죄악들을 실제적으로 자신 위에 얹으심으로 저주가 되셨습니다.

여러분에게 영향을 미치는 그 사도의 말씀을 기억하십시오.

그것은 내가 만든 교리가 아닙니다. 그것은 영감된 선언이며, 하나님의 교리입니다.

> 하나님이 [죄를 알지도 못하신 이를] 우리를 대신하여 죄로 삼으셨다.

그리고 선지자 이사야로부터 또 하나의 단락을 인용해봅시다.

> 주께서 우리 모두의 불법을 그에게 담당시키셨도다(사 53:6).

그리고 동일한 선지자로부터의 또 하나의 단락을 인용합니다.

> 그가 그들의 죄악을 친히 감당하리로다(사 53:11).

하나님의 백성들의 죄악들이 그들에게서 들어 올려져서 그리스도께 전가되었습니다. 그리고 그들의 죄악은 그리스도께 범하신 것처럼 간주되었습니다. 그분 자신이 죄인이었던 것처럼 여겨졌습니다. 그분은 실제적으로 그리고 죄인들의 바로 그 자리에 서셨습니다.

죄의 전가와 나란히 죄의 저주가 왔습니다. 죄의 처벌을 추구하는 율법은 재빨리 그리스도 위에 놓인 죄를 감지하였습니다. 그리고 율법은 죄가 발견되는 어디에서나 죄를 저주해야했기에, 율법은 그리스도 위에 놓인 죄를 저주하였습니다.

그리하여 그리스도는 저주가 되셨습니다. 놀랍고도 끔찍한 어휘로서, 그러나 그것들은 성경적인 용어들이기에, 우리는 그 어휘들을 받아들여야 합니다.

그리스도 위에 있는 죄에 대하여, 저주가 그리스도 위에 임했고, 결과적으로 우리 주님은 영혼의 형언할 수 없는 공포를 느끼셨습니다. 확실히 그것은 그분이 하나님께서 그분을 죄인인 것처럼 다루기 시작하셨음을 보고 느꼈을 때, 땀을 핏덩이처럼 흘리게 만든 바로 그 공포였습니다.

그리스도의 거룩한 영혼은 죄와의 접촉으로부터 오는 가장 깊은 고뇌로 움츠려들었습니다. 어떤 악한 생각도 그분의 마음을 스쳐 지나간 적도 없고, 그분의 영혼은 어떤 악을 쳐다봄으로 더럽혀진 적도 없으실 만큼 우리의 주님은 순전하고 완전하셨습니다.

하지만 그분의 하나님이 보시기에 죄인으로 서셨으며, 따라서 엄중한 공포가 그분의 영혼 위에 떨어졌고, 그 심장은 건강에 좋은 활동을 거부하였으며, 피와 같은 땀이 그분의 얼굴을 적셨습니다. 그리하여 그분은 우리를 대신한 저주가 되기 시작하셨고, 그분은 우리에게 부과되어야만 했던 모든 징벌을 온전히 감당하시기 전까지 멈추지 않으셨습니다.

우리는 신성 안에서 그 징벌을 두 부분으로 구분하는데 익숙해 있습니다.

죽음의 징벌과 실제적 고난의 징벌!

그리스도는 이 둘 모두를 감내하셨습니다. 그분이 하나님의 호의와 임재를 상실하였던 것은 바로 죄인들 때문이었습니다. 그리하여 예수께서는 외치셨습니다.

나의 하나님, 나의 하나님, 어찌하여 나를 버리셨나이까?

그분이 모든 개인적인 위로를 잃어야 했던 것은 죄인들 때문이었습니다. 그리스도는 모든 위로를 빼앗겼습니다. 그리고 심지어 입고 계신 옷의 마지막 천 조각마저도 그분에게서 찢겨 벗어졌습니다. 그리고 그분은 아담처럼 옷이 벗겨진 채 외로이 남겨졌습니다.

그 영혼을 자신을 지탱시킬 수 있었던 모든 것을 상실할 필요가 있었고, 그리하여 그리스도께서는 모든 위로가 될 만한 것들을 잃어버리셨습니다. 그분은 긍휼을 베풀거나 도울만한 사람이 아무도 없음을 보셨습니다. 그분은 외칠 수밖에 없었습니다.

> 나는 벌레요 사람이 아니라 사람의 비방 거리요 백성의 조롱거리니이다
> (시 22:6).

처벌의 두 번째 부분, 즉 실제적인 형벌의 부과에 대해서는, 우리의 주님은, 모든 복음서 기자들이 보여주듯이, 이 또한 극한 상황까지도 견뎌내셨습니다. 여러분은 그분의 신체적 고난에 대해 충분히 자주 읽었습니다.

여러분은 그것들을 평가절하하지 않도록 주의해야 합니다. 우리의 주님은 그분의 성부와의 합일에 의하여 유지되고 강화되지 않았더라면, 그분의 육체가 결코 감당할 수 없었을 것으로 생각되는 엄청난 양의 신체적 고통을 견뎌내셨습니다.

하지만 그분의 영혼의 고난은 그분의 고난의 영혼이었습니다(the soul of His sufferings). 그분의 영혼은 지옥 자체에 비견될 만한 고통을 견뎌내셨습니다. 사악한 자들에 의한 처벌은 지옥의 처벌이었고 비록 그리스도께서 지옥으로 고통당하지 않으셨을지라도, 그분은 그것에 상응하는 고통을 겪으셨습니다.

그리고 이제 그 고통이 어떠한 것이었겠는가를 상상할 수 있겠습니까?

그것은 결코 측정될 수 없고, 일찍이 이해된 적이 없는 고통이었습니다. 그분의 비통함은 오직 하나님, 하나님에게만 온전히 알려졌습니다. 그리스 정교회 예식서(Greek liturgy)는 그것에 대해 잘 표현하고 있습니다.

"당신의 알려지지 않은 고통들"(Thine unknown sufferings).

왜냐하면 그 고통들은 일찍이 인간의 상상력의 범위를 넘어선 것임에 틀림없기 때문입니다.

형제들이여, 보십시오!

그리스도는 그 정도까지 나아가셨습니다. 그분은 그 죄를 취하셨고, 저주를 받아들이셨으며, 모든 형벌을 감내하셨습니다. 죄의 마지막 형벌은 죽음이었습니다. 그리고 따라서 대속주(the Redeemer)는 돌아가셨습니다.

보십시오!

강력한 정복자께서 그분의 목숨을 십자가에게 양도하셨습니다. 그분의 옆구리는 관통되었습니다. 피와 물이 쏟아졌습니다. 그리고 그분의 제자들은 그분의 시신을 무덤 안에다 두었습니다. 그분이 처음에는 범죄자들과 함께 계수되었지만, 나중에는 죽은 자들의 수에 포함되었습니다.

보십시오!

사랑하는 사람들이여!

여기에 그분의 백성들을 대신하여 저주를 감당하신 그리스도가 계십니다. 여기에 그분께서 그들의 죄악의 짐을 진 채로 오고 계십니다. 그리고 하나님은 그분의 목숨을 구하시지 않으셨고, 그분을 때리셨는데, 그것은 우리를 타격하셔야 했던 것입니다.

결국 하나님은 자신의 온전한 복수를 주님에게 퍼부으셨고, 하나님의 벼락과 같은 파괴적 힘을 예수님께 발하셨으며, 저주가 그분 위에 쏟아지도록 명하셨고, 그리스도께서는 모든 것을 감내하셨고, 견뎌내셨습니다.

4. 이제 그리스도께서 우리를 대신하여 저주가 되신 축복된 결과가 무엇인지를 상고하면서 결론을 맺도록 합시다

그 결과들은 그분께서 우리를 율법의 저주로부터 대속하셨다는 것입니다. 그리스도께서 대신하여 죽어서 살리신 많은 이들은 영원토록 율법의 저주로부터 영원히 자유롭게 되었습니다. 왜냐하면 율법이 그리스도를 믿는 사람에게 저주를 내리기 위해 다가올 때, 그 사람은 다음과 같이 말할 것이기 때문입니다.

> 오 율법이여!
> 그대와 내가 무슨 상관이 있는가?"
> 그대는 말할 것이다.
> 나는 너를 저주하려고 한다.
> 그러나 나는 응답할 것이다.
> 그대는 나 대신에 그리스도를 저주하였다.
> 그대는 하나의 범죄에 대하여 두 번 저주할 수 있는가?

오, 여러분 보십시오!
율법이 어떻게 침묵하는가를!
자신이 요구할 수 있는 모든 바를 충족시킨 하나님의 율법은 추가적인 어떤 것을 요구할만큼 불의한 것이 아닙니다. 하나님께서 신자인 죄인에게 요구하실 수 있는 모든 것을 그리스도께서 이미 갚으셨고, 따라서 예수를 믿는 영혼을 고소할 땅이나 하늘의 그 어떤 목소리도 존재하지 않습니다.

여러분은 빚을 진 상태였습니다. 그러나 한 친구가 여러분의 빚을 갚아주었습니다. 어떤 종류의 영장도 여러분에게 부과될 수 없습니다. 여러분이 갚지 않았을지라도, 이미 빚이 다 갚아졌고 여러분은 채무가 해소되었다는 영수증을 갖고 있기에 아무런 문제가 되지 않습니다. 그것으로 그 어떤 형평법 법원(court of equity)에서도 충분합니다.

그리하여 우리에게 부과되었던 모든 징벌에 대하여, 그리스도께서 그것을 책임지셨습니다.

내가 그 징벌을 감당하지 않은 것은 사실입니다. 나는 지옥에 간적이 없으며, 하나님의 진노를 온전히 겪은 것도 아닙니다. 그러나 그리스도께서 나를 위하여 그 진노를 감당하셨으며, 나는 하나님께 대한 바로 그 채무를 나 자신이 갚은 것처럼 그리고 나 자신이 그분의 진노를 감내한 것처럼 나는 깨끗합니다.

여기에 기댈 수 있는 영광스러운 기초(bottom)가 있습니다!

여기에 영원한 위로의 토대를 놓은 바위가 있습니다.

어떤 한 사람이 이렇게 말하는 것을 생각해보십시오.

우리 주님은 그 도시의 성문 밖에서 나의 보증으로서 나를 위하여 피를 흘리셨습니다. 그리고 십자가 위에서 나의 빚을 청산하셨습니다.

바로 그것이 위대하신 하나님을, 나아가 내가 더 이상 하나님의 천둥을 두려워하지 않는 이유입니다.

이제 하나님이 어떻게 나를 치실 수 있겠습니까?

하나님은 치를 떠는 하나님의 진노를 다 소진하셨습니다. 모든 화살은 나의 주님의 인격을 향하여 이미 다 쏘아졌습니다. 그리고 나는 주님 안에서 정결하고 깨끗합니다. 나는 결코 죄지은 일이 없는 것처럼 사면 받았고, 구원받았습니다.

그 본문은 "그가 우리를 속량하셨다"라고 말합니다.

얼마나 자주 나는 속죄(atonement)를 조롱하는 현대의 신학학파 패거리들에 대해 듣게 되는지요.

그들은 우리가 일종의 사업상의 계약 개념, 혹은 그들이 "속죄에 대한 상업상의 견해"(mercantile view)라고 부르기로 선택한 것을 만들어냈다고 비난하는 까닭입니다. 나는 감히 상업상의 은유가 속량에 대한 하나님의 견해를 올바르게 표현한다고 주장합니다.

왜냐하면 우리는 그것을 성경에서 발견할 수 있기 때문입니다. 속죄는 배상금 혹은 속전(ransom), 즉 지불된 가격이 있어야 합니다. 그리고 현재의 경우, 그 원래적 어휘는 보통 표현되는 어감보다 더 많은 것을 시사합니다. 그것은 지불된 가격이며, 대신 지불한 가격입니다.

예수께서는 그분의 고난 안에서 속전으로 합당한 가격이라고 강제적으로 그리고 적합하게 제시된 것을 행하셨고, 그것은 우리의 죄악으로 인해 부과된 빚을 대신하여 갚아주심(quid pro quo: 보수 혹은 대신 갚아줌—역주)으로 공의에 자신을 내어준 바 되셨습니다.

그분의 인격 안에서, 예수님은 우리의 인격 안에서 우리가 고난받아 마땅했던 것을 감내하셨습니다. 우리의 죄악이 그분의 죄악이 되었습니다. 그분은 하나님 앞에 죄인으로 서셨습니다. 그분은 결코 죄인이 아니셨음에도, 주님은 죄인으로 처벌받으셨고, 저주의 나무 위에서 죄인으로 죽으셨습니다.

모든 형벌을 온전히 지심으로 그분에게 전가된 모든 죄악을 남김없이 처리하신 후, 그분은 죄를 종결시켰고 그분은 영원한 의를 가져오시기 위해 죽은 자 가운데서 부활하셨습니다. 그 의는 이 순간 그분의 모든 택한 자들의 인격을 포괄합니다. 그리하여 그들은 크게 기뻐하며 외칠 수 있습니다.

> 누가 능히 하나님께서 택하신 자들을 고발하리요 의롭다 하신 이는 하나님이시니 누가 정죄하리요 죽으실 뿐 아니라 다시 살아나신 이는 그리스도 예수시니 그는 하나님 우편에 계신 자요 우리를 위하여 간구하시는 자시니라(롬 8:33-34).

이 충족된 대속으로부터 또 하나의 축복이 흘러나옵니다. 지금까지는 저주에 의해 사로잡혔던 하나님의 축복이 완벽히 자유롭게 흐르게 된 이 축복 말입니다.

그 본문에 이어 나오는 구절을 읽어 보십시오.

> 이는 그리스도 예수 안에서 아브라함의 복이 이방인에게 미치게 하고 또 우리로 하여금 믿음으로 말미암아 성령의 약속을 받게 하려 함이라 (갈 3:14).

아브라함의 복은 그의 후손 안에서 지상의 모든 민족이 축복받게 될 것이라는 내용이었습니다. 우리 주 예수 그리스도께서 죄로 말미암은 저주를 제거하셨기 때문에, 하나님의 긍휼의 강바닥에서 커다란 바위가 들어올려진 셈입니다.

그리고 투명한 조수(tide) 위로 활기있는 강물의 흐름이 물결치며, 구르고, 솟아올라, 그 앞에 있는 인간의 모든 죄악과 슬픔을 모두 쓸어버리면서, 그곳에서 물을 마시기 허리를 굽히고 있는 목마른 이들을 즐겁게 합니다.

오, 나의 형제 자매들이여!

하나님의 은혜의 복은 이 아침에 충만하고 거저 주어집니다. 그 복들은 여러분의 필요만큼이나 충만합니다.

큰 죄인들이여!

여러분을 위한 커다란 긍휼이 있습니다. 그 복들은 여러분이 호흡하는 공기만큼이나 거저이며, 혹은 수로를 따라 흐르는 차가운 시냇물만큼이나 여러분의 결핍을 충족시키기에 충분할 정도로 거저 주어집니다.

여러분은 단지 그리스도를 믿기만 하면 됩니다. 그러면 여러분은 살게 될 것입니다. 여러분이 누구이든지, 무엇을 하든지, 혹은 어디에 있든지, 비록 여러분이 절망하여 죽게 될 형편으로 지옥의 암흑의 문 앞에 누워있을지라도, 다음의 메시지가 여러분에게 다가올 것입니다. 하나님은 그리스도로 죄에 대한 화목 제물(propitiation)이 되게 하셨습니다.

> 하나님이 죄를 알지도 못하신 이를 우리를 대신하여 죄로 삼으신 것은 우리로 하여금 그 안에서 하나님의 의가 되게 하려 하심이라(고후 5:21).

그리스도는, 우리를 대신하여 율법의 저주가 되셔서, 우리를 율법의 저주로부터 구원하셨습니다. 이를 믿는 사람에게는 그 어떤 저주도 임하지 않습니다. 그는 간음을 행한 자, 욕을 잘하는 사람, 주정뱅이, 살인자 일 수도 있습니다.

그러나 그가 믿게 된 순간, 하나님은 그 안에서 이 죄악들 중 어느 것도 찾지 않으십니다. 그분은 그 안에서 무죄한 사람을 보시며, 그의 죄악들이 구세주(Redeemer) 위에 놓인 것으로 간주하시고, 그분이 십자가 상에서 죽으셨을 때 그 죄악들이 예수님에서 처벌된 것으로 여기십니다.

나는 여러분에게 말합니다.

여러분이 이 아침에 그리스도를 믿는다면, 나의 청중들이여, 비록 여러분이 일찍이 지상을 오염시켰던 철면피들 중 가장 가증스러운 인물일지라도, 여러분은 믿게 된 후에는 여러분에게 아무런 죄가 남아 있지 않게 될 것입니다.

하나님께서는 여러분을 순수하다고 여기실 것입니다. 심지어 전지하신 하나님(Omniscience)까지도 여러분 안에서 어떤 죄도 감지하지 못하실 것입니다. 왜냐하면 여러분의 죄는 희생양이신 예수님 위에 입혀질 것이며, 망각 속으로 가져가질 것이기 때문입니다. 그리하여 여러분의 범죄를 찾고자 할지라도, 찾을 수 없을 것입니다.

그 질문이 있었지요.

당신이 믿는다면 당신은 깨끗하고, 당신이 성육신하신 하나님을 믿는다면, 당신은 구원받은 것입니다. 믿는 자는 모든 것으로부터 의롭게 됩니다.

주 예수를 믿으라, 그리하면 네가 구원을 얻으리라(행 16:31).

왜냐하면 "믿고 세례를 받는 사람은 구원을 얻을 것이요 믿지 않는 사람은 정죄를 받으리라"라고 말씀하시기 때문입니다(막 16:16).

나는 여러분에게 복음을 선포했습니다. 하나님은 내 영혼 위에 어떤 중압감이 있음에도 불구하고, 어떤 거룩한 기쁨이 있는지를 아십니다. 이는 결코 번지르르한 웅변 혹은 고공비행하는 과장된 표현으로 수사학적 시도의 문제가 아닙니다.

이는 여러분에게 명확하고 단순하게 다가가는 사안입니다. 여러분은 하나님의 저주의 대상이 됨에 틀림없는 죄인으로 남거나 혹은 여러분 대신에 저주를 감당하시는 그리스도를 받아들여야 하거나 둘 중 하나여야 합니다.

여러분의 영혼을 사랑하는 여러분에게 나는 간곡히 부탁합니다.

여러분이 조금이라도 맑은 정신을 갖고 있다면, 이 축복된 그리고 하나님에 의하여 제정된 구원의 방식을 받아들이십시오.

이것이 사도들이 선포한 진리이고, 지키기 위해 고난받고 기꺼이 목숨을 내놓았던 바로 그 진리입니다. 이것이 종교개혁자들이 투쟁했던 바로 그 진리입니다. 이것이 순교자들로 스미스필드(Smithfield)에서 화형 당하게 했던 바로 그 진리입니다. 이것이 종교개혁의 숭고한 기본적 교리이며, 이것이 바로 하나님의 바로 그 진리입니다.

여러분의 십자가와 제의(rituals)를 내려놓으십시오.

여러분의 선한 행실에 대한 뽐냄을 내려놓으십시오.

그리고 사제들에게서 그들의 사면을 청하기 위해서 그들의 발 아래 굽실대는 것을 그만두십시오.

여러분 자신에 대한 저주받을 우상숭배적 의존을 제거하십시오.

그리스도께서 구원 사역을 끝내셨습니다.

완전히 완성하셨습니다.

주님의 깨끗한 하얀 옷과 경쟁하기 위해서 여러분의 누더기를 들어 올리지 말길 바랍니다.

그리스도께서 그 저주를 친히 지셨습니다.

그리스도의 보혈과 함께 흘러나오는 고귀한 샘과 섞기 위해서 여러분의 가여운 참회와 모든 더러움으로 가득 찬 눈물을 가져오지 마십시오. 여러분 자신의 것을 내려놓고, 와서 그리스도의 소유를 가지십시오.

하나님께 받아들여지는 방편으로, 여러분이 어떤 존재가 되어야 하거나 무엇을 해야 한다고 생각하는 모든 것을 치워버리십시오.

스스로를 낮추십시오.

그리고 예수 그리스도로 하여금 알파와 오메가요, 처음과 나중이, 그리고 여러분의 구원의 시작과 끝이 되게 하십시오.

여러분이 이것을 행한다면, 여러분은 구원받게 될 뿐 아니라, 이미 구원받은 것입니다.

안식을 취하십시오.

오, 지친 영혼들이여!

왜냐하면 당신의 죄는 용서받았기 때문입니다.

일어나십시오.

발을 저는 자들이여.

믿음이 없어 발을 저는 이들이여.

일어나십시오.

왜냐하면 당신의 죄악이 덮어졌기 때문입니다.

일어나십시오!

죽은 자들이여!

그대들 부패한 자들이여.

무덤에서 나온 나사로처럼 일어나십시오.

왜냐하면 예수께서 그대를 부르시기 때문입니다.

믿고 생명을 얻으십시오.

성령이 주신 말씀들은 영혼을 각성시킵니다.

그대가 그리스도께 나아갔던 시점으로, 여러분의 회개의 눈물과 선한 행실에 대한 서약을 끝내십시오.

그 후에 여러분이 원하는 시점에 그것을 시작하십시오.

첫 번째 교훈은 다음과 같습니다.

오직 예수!

오직 예수!
오직 예수입니다.
그대여, 오십시오.
예수께 나아오십시오.
보십시오.
그분이 십자가에 매달려 계십니다. 그분은 팔을 벌린 채로 계십니다. 그분은 여러분에게 가까이 갈 수 없습니다. 못들이 그분을 단단히 십자가에 붙들어 매고 있기 때문입니다.
그분은 여러분을 기다리십니다.
마치 그분이 계속 여러분을 기다리기로 의도하신 것처럼, 그분의 발은 나무에 단단히 고정되어 있습니다.
오, 그대여!
그분께로 나아가십시오.
그분의 심장 속에는 여러분을 위한 공간이 있습니다. 그분의 심장에는 피와 물이 흐릅니다. 그 심장은 그대를 위해서 관통당했습니다. 심장 속에 뒤섞인 흐름은 죄에 대한 이중의 치료입니다. 죄악에 대한 죄책감과 죄의 세력으로부터 그대를 깨끗게 하기 위함입니다.
믿음의 행위는 그대를 예수께로 데리고 갈 것입니다.
"주여, 내가 믿나이다. 나의 믿음 없는 것을 도와주소서"(막 9:24)라고 말하십시오.
그리고 만일 그대가 그렇게 행하면, 그분은 당신을 내치실 수 없습니다. 왜냐하면 그분의 말씀은 "내게 오는 자는 내가 결코 내쫓지 아니하리라"(요 6:37)이기 때문입니다.
나는 여러분에게 사람들의 귀가 일찍이 들었거나, 일찍이 어떤 입술이 말했던 것들 중에서 가장 중대한 진리를 전달했습니다.

그 진리를 여러분에게서 빼내지 마십시오.

우리 각자가 가공할 마지막 날에 서로 만나게 될 때, 하늘과 땅이 하나의 섬광 위에 있을 때, 그리고 나팔이 크게 울리고 죽은 자들이 부활할 때, 우리가 다시 만나게 될 그 때, 나는 여러분에게 그 진리를 여러분에게 빼내도록 도전합니다.

만일 당신이 그렇게 행한다면, 그것은 여러분의 책임이 될 것이며, 여러분의 피가 여러분의 머리에서 흐를 것입니다.

그러나 내가 여러분에게 전달한 복음을 받아들이십시오.

그것은 여호와의 복음입니다.

하늘 자체가 여러분이 오늘 듣는 말씀 안에서 말씀하십니다.

예수 그리스도를 여러분의 대속주로 받아들이십시오.

오! 그것을 지금, 이 아침에 행하십시오.

그리고 하나님은 영광을 받으실 것이고, 여러분은 구원을 얻게 될 것입니다.

아멘!

Sermons on the Passion of Christ

제6장
"값으로 산 것이 되었으니"

> 너희 몸은 너희가 하나님께로부터 받은 바 너희 가운데 계신 성령의 전인 줄을 알지 못하느냐 너희는 너희 자신의 것이 아니라 값으로 산 것이 되었으니 그런즉 너희 몸으로 하나님께 영광을 돌리라(고전 6:19-20).

여러분은 이번 장에서 사도 바울이 우상숭배와 간음을 포함하는 육신의 죄를 다루고 있음을 알게 될 것입니다. 지금은 설교자가 이 주제에 대하여 말하거나 글을 쓰는 일이 항상 극도로 어려운 일이 되었습니다. 그 용어를 사용하기 위해서는 가장 엄격한 주의를 요구됩니다.

그리하여 우리는 어떤 혐오스러운 악에 대해서는 비난을 쏟으면서도, 더 정숙하고 순결해야한다는 단일 표현으로는 그 일을 장려하지는 않습니다.

사도 바울이 얼마나 잘 성공하는지를 살펴보십시오.

왜냐하면 그는 죄를 숨기지 않을지라도, 죄로부터 가림막을 찢어버리고, 우리로 하여금 그가 목표로 삼고 있는 것이 무엇인지를 잘 알게 하기 때문입니다. 하지만 우리 입장에서는 바꾸고 싶은 문장은 없습니다. 이점에서 그는 모든 성실하면서 신중한 모든 목사들을 위한 모델이 됩니다.

또한 그 사도가 죄를 노출시키고 있을 때, 그는 죄를 가벼이 다루지 않았으며, 주님 앞에서 힘센 사냥꾼 마냥, 자신의 모든 힘을 동원하여 죄를 추적한 것을 반드시 주목하십시오.

죄에 대한 그의 증오는 강렬했습니다. 그는 죄를 빛에게로 끌고 갔습니다. 그는 우리로 하여금 죄의 가증스러운 추함을 유의하게 합니다. 그는 말하자면 죄의 모든 변두리 불씨까지도 추적합니다.

그는 결코 죄가 숨 쉬도록 남겨두지 않습니다. 논박과 연거푸 논박을 하면서 그는 죄를 향하여 창들을 던지는 것 같습니다. 그는 결코 조금의 더러움도 남겨놓으려 하지 않습니다.

다른 모든 이들보다 은혜에 의한 구원을 가장 적극적으로 말하는 그는 구원은 율법의 행위로 말미암지 않는 사실을 가장 명확히 하며, 동시에 그리스도인들의 거룩성에 대한 가장 강렬한 열망을 갖고 있습니다. 그리고 그는 "악을 행합시다. 그러면 좋은 것이 올 것입니다"라고 말하는 이들을 가장 열정적으로 비난합니다.

본문의 특별한 사례에서 그는 성령의 빛 안에 음란의 죄를 놓습니다. 말하자면 그는 음란의 죄 앞에서 일곱 촛대를 세웁니다. 그리고 우리로 얼마나 그것이 더러운 지를 보게 합니다.

그는 우리에게 몸은 성령의 전이며, 따라서 그 전은 더럽혀져서는 안 된다고 말합니다. 그는 육체적 부정함은 우리 인간됨의 신성모독이며, 성령께서 거처로 삼으신 성전의 유린입니다.

그리고 그 사도는 이것으로 충분하지 않은 것처럼, 그는 죄를 사로잡아 십자가 아래로 끌고 갑니다. 그리고 거기에서 죄악이 범죄자처럼 죽도록 죄악의 손과 발에 못을 박습니다. 왜냐하면 이것이 그분의 말씀이기 때문입니다.

> 너희는 너희 자신의 것이 아니라 값으로 산 것이 되었으니(고전 6:19-20).

그 값은 예수님의 피입니다. 그분은 이것보다 더 날카로운 무기를 찾지 못하시며, 분쇄시키기 위한 더 예리한 도구를 찾지 못하십니다. 예수님의 죽음에 의하여 갈보리에서 이루어진 속량(redemption)은 이 죄와 다른 모든 죄들의 죽음임에 틀림없고, 성령은 어디에서든지 예수님의 피를 처형하는 그분의 무기로 사용하십니다.

형제자매 여러분!

거룩해지는 것은 결코 간단한 일이 아닙니다. 우리는 "나는 믿음이 있습니다"고 말하고는 곧바로 불신자의 죄에 빠져서는 안 됩니다. 왜냐하면 결국 우리의 외적인 삶은 우리 내면의 생명의 시금석이기 때문입니다.

그리고 우리는 마음이 변화되지 않았음을 확인할 수 있는 시금석은 우리의 외적인 삶이 정화되지 않은 모습입니다. 거룩함의 열매를 내놓지 못하는 믿음은 귀신들의 믿음일 뿐입니다. 귀신들도 믿고 떱니다.

지옥에서 살게끔 하는 믿음에 만족하지 말고, 우리를 구원하는 믿음에게로 일어섭시다.

그것이 하나님의 택하신 자들의 믿음입니다. 그 믿음은 영혼을 정화시키며, 악의 세력을 무력화시키고, 예수 그리스도의 보좌, 성령 안에 있는 거룩함의 보좌를 설치합니다.

이것이 이번 장에서 흐르는 내용을 염두에 두면서, 이제 본문 자체를 살펴봅시다.

이것을 본문에서 논의하려면, 나는 세 가지 요점을 매우 선명히 찾아볼 수 있다고 생각합니다.

> **첫째,** 축복된 사실로, "너희는 값을 주고 산"(ye are) 혹은 더 정확히 번역되려면 [현재형이 아닌 과거형의]"너희는 값을 주고 사신 바 되었다"(ye were bought with a price)**입니다.**
>
> **둘째,** 그 사실로부터 선명한 결과가 뒤따릅니다.
> "너희는 너희 자신의 것이 아니다."
> "너의 몸과 너의 영은 하나님의 것이다."
>
> **셋째,** 필연적으로 다음의 자연스러운 결론이 도출됩니다.
> "그러므로 너희 몸과 영으로 하나님께 영광을 돌리라."

1. 그렇다면 무엇보다도 이 축복된 사실로부터 시작하십시다 –"우리는 값을 주고 산 것이 되었으니"

바울 자신의 목적이 우리가 우리 자신의 것이 아님을 증명하는 것이었다면, 그는 이렇게 말했을 것입니다.
"너희가 너희 자신을 만들지 않았다."
창조는 위대하신 율법의 수여자(Lawgiver)에게 복종하기 위한 동기들을 잘 제공함은 당연합니다.
그는 또한 말했을 것입니다.

"너희는 스스로를 보존하지 않는다. 너희를 생명으로 지키시는 분은 하나님이시다. 하나님이 그분의 능력을 거두어들이신다면, 너희는 죽고 말 것이다."

하나님의 섭리 속의 보존은 거룩함에 대한 풍부한 논거를 제공합니다. 확실히 우리의 생명을 먹이시고, 영양분을 공급하시며, 그리고 지탱해주시는 그 분은 우리의 예배를 받으셔야 합니다.

그러나 하나님은 자신에게 알려진 이유들로 인해, 그리고 추측하기 어렵지 않은 이유들로 인해, 보다 부드러운 주제인, 속량을 주장하시기를 선호하십니다. 그분은 전능자의 여섯 날의 수고를 표시하였던 힘으로 충돌로 야기된 굉음보다는, 그 안에 부드럽고 꿰뚫으며 복종시키는 톤의 소리를 내시는데, 그 소리는 마치 엘리야가 들었던 것과 같은 더욱 작은 것으로, 그 소리 안에서 하나님이 계십니다.

거룩한 삶에 대한 가장 강력한 호소는 "네가 만들어졌다"(Ye were made), 혹은 "네가 영양분을 공급받고 있다"가 아닌, "네가 값으로 산 것이 되었다"라는 말씀입니다. 그 사도가 이 어휘를 선택한 이유는, 이 어휘가 우리의 사명에 대한 설득력 있는 증거이자, 그 의무로 우리의 기쁨이 되게 하는 수단이기 때문입니다.

그리고 진실로 사랑하는 이들이여!

그렇습니다.

우리가 참으로 속량의 힘을 경험하였다면, 우리는 그러함을 온전히 인정하는 것입니다.

여러분이 사신 바 된 그날을 회상하십시오.

그 때에는 여러분은 죄의 노예였고, 여러분은 하나님의 공의의 의로운 선고 아래 있었으며, 하나님께서 여러분의 범죄를 처벌하시는 일을 피할 수 없는 때였습니다.

하나님의 아들께서 어떻게 여러분의 대속물이 되셨으며, 그분이 여러분에게 내리쳐져야 했던 채찍질에 자신의 등을 노출시키셨고, 여러분의 핏속에 흐르는 진노를 해소시켜야 했던 칼날 아래 그분의 영혼을 내려놓으셨던가를 기억하십시오.

그 때에 여러분은 구속받았고, 여러분에게 당연히 임해야 했던 처벌로부터 놓임 받았으며, 하나님의 진노로부터 구해졌고, 영원히 그리스도의 소유가 되도록 그리스도께로 구속받았습니다.

여러분은 "너희는 값으로 산 것이 되었으니"라고 본문이 말하는 것을 인지할 것입니다. 그것은 그러한 구매가 값이 비쌈을 의미하는 전통적인 표현입니다. 물론 바로 그 표현 "너희를 샀다" 자체도 가격을 암시하지만, 덧붙여진 "값으로"라는 어휘는, 여러분을 산 그 일이 결코 무료가 아니었음을 보여주려는 의도 같습니다.

우리를 위해 지불된 것은 값으로 헤아릴 수 없는 소중한 어떤 것이었습니다. 그리고 나는 여러분에게 "대속함을 받은 것은 은이나 금 같이 없어질 것으로 된 것이 아니요 오직 흠 없고 점 없는 어린 양 같은 그리스도의 보배로운 피로 된 것"(벧전 1:18-19)임을 다시 상기시킬 필요는 없습니다.

오, 여러분!

그 말들은 매우 매끄럽게 우리 혀 위를 서둘러 지나갑니다.

그러나 우리는 눈물 한 방울 없이 구원에 대해 말할 수 있다는 사실에 대해 우리 스스로를 꾸짖는 것이 너무도 당연합니다. 그리스도의 피가 죽음과 지옥으로부터 우리의 영혼을 사기 위해 뿌려졌다는 사실은 천사들로 경이로움으로 가득 차게 했던 긍휼의 경이(wonder)이고, 우리가 구원에 대해 생각할 때, 구원이 기록된 페이지를 스칠 때마다, 혹은 "구원"(redemption)이라는 어휘를 읊조릴 때마다, 찬양받기에 합당한 사랑으로 우리가 압도당하는 것이 마땅합니다.

우리를 피로 사셨다는 것은 무엇을 의미할까요?

그것은 고통을 의미합니다.

여러분 중 어느 누구가 최근 고통으로 괴로워했습니까?

여러분은 극심한 고통에 시달린 적이 있습니까?

오, 그 때에 여러분은 어느 정도 구세주께서 지불한 가격에 대해 때때로 알게 되었습니까?

그분의 신체적 고통은 너무나 컸고, 손과 발이 나무에 못 박혔으며, 쇠가 그분의 가장 부드러운 신경을 뚫고 들어갔습니다. 그분의 영혼의 고통은 더욱 커서, 그분의 심장은 촛농처럼 녹아내렸습니다. 그분은 매우 힘들어했고, 그분의 심장은 치욕으로 깨어졌습니다.

그분은 하나님께 버림받았고, 흑암의 폭풍우를 머금은 하나님의 진노의 구름 아래 놓였습니다. 그분의 영혼은 극도로 슬픔에 빠졌고, 심지어 죽음에 이르렀습니다. 그것이 여러분을 위해 지불된 고통이었습니다.

우리는 핏방울을 말하지만, 우리는 우리의 생각을 구세주의 정맥으로부터 방울져 떨어지는 생명을 담은 진홍색 물줄기에 국한해서는 안 됩니다. 우리는 그분이 견뎌야 했던 격통을 생각해야 합니다. 그것은 우리가 처벌받을 때 감당해야 했던 것에 상응하는 고통이었으며, 우리가 지옥의 화염 속에서 영원토록 우리의 죄악에 대한 처벌로 견뎌야 했던 바로 그 고통이었습니다.

그러나 그 고통만이 우리를 구속한 것은 아니었습니다. 구속은 구세주가 몸값을 지불하신 죽음에 의하여 이루어졌습니다. 죽음은 믿지 않는 자들에게는 공포의 어휘입니다. 의인들은 그분의 죽음 안에서 소망을 갖습니다.

그러나 그리스도의 죽음이 신실하지 않은 자들의 죽음을 대속했기 때문에, 그분은 우리를 위한 저주가 되셨습니다. 그리고 하나님의 현존은 그분을 부인했습니다. 그분의 죽음은 범상치 않은 흑암이 수반되었습니다. 그분의 "나의 하나님, 나의 하나님, 어찌하여 나를 버리셨나이까?"라고 외치셨습니다.

오, 여러분!

이것에 대해 간절히 생각해보십시오.

영원한 존재이신 분이 우리를 구속하기 위해 죽으셨습니다. 유일한 독생자께서 그분의 머리를 고통 속에 떨구시고, 우리가 구원받도록 무덤 안에 누이셨습니다. 따라서 여러분은 값을 지불하여 사신 바 되었습니다. 그 값은 가치를 환산할 수 없으며, 경탄할만하며, 무한합니다.

이것이 우리가 "주께 대해 성결"이 되도록 촉구하기 위해 그 사도가 사용한 탄원입니다. 그러므로 거룩은 모든 구속받은 자들에게 요청되는 것입니다. 여러분이 거룩해져야 하는 여러분의 책임을 던져버린다면, 여러분은 동시에 구속의 유익을 던져버리는 셈이 됩니다.

여러분은 이걸 행하기 원합니까?

여러분이 자신의 구원을 포기하여 유일한 소망을 내던질 수 없음을 저는 확신합니다. 그러므로 저는 살아계신 하나님의 이름으로 여러분이 "나는 구속받았습니다. 그러므로 나는 내 마음대로 선택한 대로 살겠습니다"라고 말하지 않기를 명합니다.

구속받은 사람들로서, 우리가 그 사실로부터 필연적인 결과가 뒤따른다는 인정하면서, 주 예수의 종으로 확실하게 살아갑시다.

또한 이 사실이 여러분이 살아 온 모든 역사 가운데 가장 중요한 것임을 기억하십시오.

여러분이 "값을 지불하여" 구속받았다는 것은 여러분의 일생 중 가장 커다란 사건입니다.

오! 만일 그러하다면 여러분이 그것을 확실히 증명하길 간청합니다.

그리고 여러분이 자신의 소유가 아니라, 하나님께 봉헌된 존재임을 기억하십시오.

여러분에게 "값으로 사신 바 되었다"라는 것이 세상에서 가장 중요하다면, 그것으로 여러분의 전체 삶의 경력 위에 가장 탁월한 영향을 끼치도록 하십시오.

사람이 되십시오.

영국 사람이 되십시오.

그러나 무엇보다 그리스도의 사람이 되십시오.

시민, 친구, 박애주의자, 애국자 여러분은 이 모든 사람이 될 수 있습니다.

그러나 무엇보다도 그리스도의 보혈로 속량받은 성도가 되십시오.

다시 여러분이 "값으로 사신 바 되었다"라는 것이 여러분의 모든 미래의 실존 안에서 가장 중요한 사실임을 회상하십시오.

사람들은 하늘에서 노래할 때 무엇을 말할까요?

그들은 자연스럽게 가장 고귀한 주제를 택할 것이며, 그들의 마음을 가득 채운 주제를 택할 것입니다. 하지만 그들의 기억의 전체 범위 안에서 그들은 다음과 같이 그들을 몰두시키는 주제를 찾지 못할 것입니다.

죽임을 당하사 우리들을 피로 사서 하나님께 드리시고(참조. 계 5:9).

대속하는 사랑은 하늘의 주제입니다. 여러분이 최상의 영역에 다다를 때, 여러분의 가장 중요한 기억은 이생에서 여러분이 부유할 때나 가난할 때가 아닐 것이며, 여러분이 아팠거나 죽었다는 사실도 아닐 것이며, 여러분이 "값으로 사신 바 되었다"는 것이 여러분의 가장 중요한 기억이 될 것입니다.

우리는 지상의 역사가 종결될 때 이 세상에서 발생할 모든 사건들에 대해 알지 못합니다.

그러나 확실히 이 세상은 화염으로 다 타버릴 것이며, 그리스도와 함께 저쪽 구름 속에서 여러분은 그 끔찍한 화염을 목격하게 될 것입니다. 여러분은 그 장면을 결코 잊지 않게 될 것입니다. 새 하늘과 새 땅이 존재하게 될 것이며 그리스도와 함께 여러분은 새로이 태어난 하늘과 땅을 보며 하나님의 선하신 즐거움이 발하는 밝은 태양 빛 안에서 크게 웃을 것입니다.

여러분은 결코 그 즐거운 날을 잊지 못할 것입니다. 그리고 여러분은 예수님과 함께 영원히 살도록 들어 올려질 것이며, 예수님께서 그 나라를 하나님께 인도하시는(deliver up) 때가 올 것이며, 그 때에는 아버지이신 하나님께서 무엇보다도 가장 소중한 존재가 되실 것입니다. 여러분은 시인이 노래한 그 때를 결코 잊지 못할 것입니다.

> 그 때, 마지막 때에, 그분의 지팡이 아래서
> 인류의 마지막 원수가 멸망할 것입니다.
> 할렐루야, 하나님 안에 계신 그리스도,
> 그리스도 안에 계신 하나님께서 전부가 될 것입니다.

이 모든 신적인 영광스러운 사건들은 여러분에게 깊은 감명을 안길 것입니다. 그러나 그 사건들 중 어느 것도 이것, 곧 여러분이 "값을 치루어 사신 바 된" 이 사건보다 그토록 오래 지속되고, 그토록 선명하며, 그토록 깊은 감명을 주지는 못할 것입니다.

인간이 측정할 때는 작은 산에 불과했던 갈보리는 모든 산들의 정상보다도 훨씬 더 높이 올라설 것입니다. 역사 속의 사건들이 별처럼 반짝일 것입니다.

그러나 모든 다른 별들이 작아지는 그들의 머리를 숨기는 바로 그 순간에도 그들의 존재 앞에서 이 사건은 태양이 될 것입니다. "죽임을 당하사"라는 하늘의 전체 합창이 감사로 가득찬 열정을 가지고 우레와 같은 곡조로 크게 울려 퍼지게 될 것입니다.

죽임을 당하사 우리들을 피로 사서 하나님께 드리시고.

성도들은 으뜸이자 가장 중요한 이 사실을 기억하게 될 것입니다. 그리고 영원의 주기들(cycles) 가운데서 이것이 모든 영광스러운 기억 가운데서 정상의 자리를 차지할 것입니다.

그렇다면 사랑하는 이들이여 무엇을 해야 할까요?
그 사실이 여러분 안에서 으뜸의 자리를 차지하고 있습니까?
그것이 지금까지 여러분의 삶의 중심이었습니까?
그것이 여러분의 전체 영원한 실존의 중심입니까?
그 사실이 여러분의 영혼을 흠뻑 적시게 하십시오.
그 사실이 여러분의 영혼을 관통하게 하십시오.
그 사실에게 여러분의 모든 능력으로 복종케 하십시오.

그 사실이 여러분의 모든 힘을 통솔하게 하십시오.

그리고 그 사실이 어디를 향하든지 여러분을 안내하게 하십시오.

여러분을 위해 그 손이 찢긴 바 되셨던 구세주로 여러분의 영혼의 홀의 방향을 가리키게 하고 이 날에 여러분을 그리고 영원히 세상을 다스리게 하십시오.

내가 그럴 능력이 있다면, 내가 어찌 여러분이 "값으로 사신 바 되었다"라는 이 사실에 대한 의식을 여러분의 영혼 안에서 새롭게 하려고 시도하겠습니다.

한밤중에 겟세마네의 감람나무 아래서 하나님의 아들이신 임마누엘께서 무릎을 꿇으십니다. 그분은 신음하십니다.

그분은 기도 속에 간청하십니다.

그분은 씨름하십니다.

그분의 이마에서 흐르는 작고 둥글게 빛나는 땀방울을 보십시오.

사람이 육신의 양식을 얻고자 할 때는 사람에게는 그와 같은 땀방울이 흘려지지 않습니다.

그것은 우리에게 생명을 얻게 하시고자 흘리시는 바로 그분의 땀입니다.

그것은 피였습니다.

그것은 진홍색 피였습니다.

커다란 핏덩어리들이 땅바닥에 떨어집니다.

오 영혼들이여!

그대에게 이 시간에 겟세마네에서 그대의 구세주께서 그대에게 말씀하십니다.

"여기에서 내가 너를 값을 주고 샀노라."

오십시오.

그리고 서서 겟세마네 동산에서 고통 가운데 계신 그분을 보십시오.

그리고 여러분의 구원을 얻기 위해 그분이 무슨 대가를 지불하셨는지를 이해하십시오.

이것으로 모든 것을 끝내지 마십시오

나아가 여러분이 그 길(Pavement)에 서신 그분을 뵐 때까지 수치와 슬픔의 길을 가시는 그분의 모든 발자취를 쫓으십시오.

그들이 그분의 손을 어떻게 묶고 그분을 매질을 위한 기둥에 어떻게 단단히 고정시켰는지를 주목하십시오.

보십시오.

그들이 잔혹한 로마식 채찍을 가져옵니다. 그들은 그분의 육체를 찢습니다. 쟁기질하는 이들이 그분의 거룩한 몸에 도랑을 내는 것 같습니다. 그리고 피가 시냇물처럼 세차게 흘러나옵니다. 그분의 성전들로부터 피가 시내가 되어 흐를 때, 그곳에서 가시관이 그분의 성전들을 찌르며, 자줏빛 시내가 불어나도록 합류합니다.

그 채찍질 아래서 그분은 여러분에게 부드럽고 낮은 음성으로 말씀하십니다.

"내 아들과 딸아, 여기에서 너를 내가 값을 주고 샀노라."

그러나 모든 것의 정점이 도래할 때 십자가 위에 계신 그분을 보십시오.

그분의 손과 발이 피가 솟아나오는 샘이 되었습니다. 그분의 영혼은 고통으로 가득 찼고 심지어 심장이 찢어졌습니다. 그리고 그곳에서 병사가 창으로 그분의 옆구리를 찌르는 동안, 그분은 그대와 나에게 "바로 여기다. 내가 너를 값을 주고 산 것은…"이라고 속삭이시며 고개를 떨구셨습니다.

오, 겟세마네, 골고다, 그리고 우리 주님의 수난과 연관된 모든 거룩한 이름으로, 해면과 식초로, 못과 창으로, 그리고 그분의 고통을 돕고 그분의 죽음의 고통을 증가시킨 모든 것을 걸고, 나의 사랑하는 이들이여!

나는 여러분에게 여러분이 "값을 주고 사신 바 되었으며," "여러분이 여러분 자신의 것이 아님"을 상기시키려 합니다.

나는 여러분에게 이것을 압박하려 합니다. 여러분이 어떤 존재였던지 간에, 여러분은 사신 바 되었습니다. 만일 그러하다면, 그것은 여러분의 일생의 엄청난 사실입니다. 그러하다면, 여러분의 일생에 발생할 모든 것 중 가장 위대한 사실입니다.

그 사실이 여러분의 일생을 움직이도록 하십시오.

그 사실이 여러분의 전체 본성을 지배하게 하십시오.

그 사실이 여러분의 신체, 여러분의 혼과 여러분의 영을 다스리게 하십시오.

그리고 오늘 이날로부터 여러분에 대해 여러분은 사람이면서 훌륭한 도덕 의식과 존중받을 만한 행실을 보여주는 사람일 뿐 아니라, 무엇보다도 이와 같은 사람, 즉 여러분은 여러분을 사신 그분께 대한 사랑으로 충만한 사람, 그리고 그리스도를 위하여 사는 사람, [예수님의 수난 외에] 다른 어떤 수난에 대해서는 알지 못하는 사람이라고 말해지게 하십시오.

하나님께서 속량이 최고의 영향, 우리 영혼의 주인, 그리고 우리 존재의 주권자가 되게 하시길!

그러할 때 우리는 참으로 우리의 의무에 대해 충실할 수 있으며, 그 의식이 결여될 때, 우리는 사랑과 공의 모두가 요구하는 존재가 될 수 없습니다.

2. 이제, 두 번째 요점으로 넘어갑시다. 그 축복된 사실로부터 발생하는 분명한 결론이 있습니다. 여러분은 "값으로 사신 바 되었습니다." 그렇다면, 첫째, 소극적으로는 "여러분은 여러분 자신의 것이 아니다"는 것이 분명해졌고, 둘째, 적극적으로 "여러분의 몸과 영혼은 하나님의 것"임이 분명해졌습니다.

첫째, 우선 소극적인 내용부터 다루어봅시다.

여러분이 사신 바 되었다면, 여러분은 여러분의 것이 아닙니다. 이것에 대해서는 아무런 논쟁이 필요없을 것입니다. 그리고 참으로 우리들 중 어느 누구도 그것에 대해 반대할만한 것을 우리 마음속에서 찾아볼 수 없음은 참으로 그리고 그 자체로서 커다란 은혜입니다.

다른 이의 소유가 되지 않는 것은 위대한 특권입니다.

배 한 척이 대서양 위로 사방팔방으로 표류하고 있습니다. 그리고 그 결말을 아무도 모릅니다. 그 배는 타고 있던 모든 선원들에 의해 유기되고 버려진 것입니다. 그 배는 이제 어떤 사람의 소유도 아닙니다. 그 배는 모든 폭풍의 먹잇감이고 모든 바람의 노리개입니다. 암초들과 흐르는 모래들, 그리고 모래톱이 그 배를 파괴하기 위해 기다리고 있습니다. 대양은 그 배를 삼키기 위해 혈안입니다. 그 배는 무인도를 향해 표류하여 흘러갑니다. 그리고 어느 누구도 그 배의 난파에 대해 슬퍼하지 않을 것입니다.

그러나 템즈 강 저쪽에 있는 돛단배를 주의하여 살펴보십시오.

그 배의 주인은 즐거움으로 배를 이리저리 살피고 있습니다. 그 돛단배는 바다에 도달하려는 시도 속에, 좌초하거나 다른 배들과 우연히 충돌할 수도 있습니다. 혹은 그 배는 천 가지도 넘는 이유로 해를 입을 수도 있습니다.

그러나 두려움은 없습니다. 그 배는 그 웅덩이(the Pool)의 곳곳에 흘러 떠다니는 부유물들을 통과할 것입니다. 그 배는 바람이 몰아치는 해협을 유유히 뚫고 지나갈 것입니다. 노어(Nore-템즈 강 입구의 사구[砂丘]-역주)에 무리 없이 도달할 수 있는데, 이는 그 배의 주인이 그 항해 길을 숙련되고 솜씨 있게 운용하여 그 배를 안전하게 운전할 것이기 때문입니다.

우리가 오늘날 버림받지 않았다는 것은 얼마나 감사하고 감사해야할 일인지요!

우리는 우리 자신의 것이 아니며, 우발적인 상황 속에서 이리저리로 내던져지는 우연의 쓰레기 더미 속에 남겨져 있지 않습니다. 그러나 우리의 조타장치 위에는 하나의 손이 얹어져 있습니다. 우리에게는 우리를 소유하신 승선하신 선장이 있습니다. 그리고 그 손은 확실히 영원한 안식이 있는 천국(Fair Haven)으로 우리를 조종하여 가실 것입니다.

양이 산기슭에 있습니다. 겨울이 다가옵니다. 양은 눈 속에 파묻힐 수 있습니다. 아마도 늑대가 사로잡아 먹을 수도 있겠지요. 혹은 가까운 장래에 여름 곡식을 다 먹어버렸을 때, 양을 위한 꼴이 얼마 남지 않을 수도 있습니다.

양은 굶주리게 될 것이고, 그러나 양이 생각할 수 있는 한, 양의 위안은 이것입니다. 양이 홀로 있는 양이 아니라, 양이 목자에게 속했다는 사실일 것입니다. 그는 기꺼이 자신의 소유를 잃는 일을 즐거워하지 않을 것입니다. 양은 소유주의 표식을 갖고 있고, 그 소유주의 돌봄의 대상입니다.

하나님의 목초지에 살고 있는 양은 얼마나 행복하겠습니까?

여러분이 여러분 자신의 것이 아니라는 사실은 여러분에게 얼마나 큰 축복인지요!

여기에 있는 사람 중 여러분이 여러분 자신의 것임을 즐거워할 사람이 있습니까?

나는 당신에게 자기 자신만큼 독재적인 통치자가 없음을 확신시키겠습니다.

그 자신이 주인인 사람은 스스로의 주권자가 되는 바보이자 독재자에 불과합니다. 일찍이 점차적으로 육신의 소욕을 따라 행하는 멍에가 무겁고 그 짐이 스스로를 눌러 부수는 것을 알고 나서, 스스로를 통치했던 사람은 없습니다.

자아는 맹렬한 독재자요, 끔찍한 압제자요, 고압적인 정욕은 잔인한 노예 몰이꾼입니다.

그러나 우리가 우리 자신의 것이 아니라고 말씀하시는 그리스도께서는 우리로 사랑스러운 아내가 바라보는 눈빛 안에서 그 진리를 보게 하실 것입니다.

그녀는 더 이상 그녀 자신의 것이 아닙니다. 그녀가 자신의 손가락에 황금 증표를 끼게 된 바로 그 기념될만한 날에 그녀 자신을 남편에게 내주었기 때문입니다. 그녀가 자신을 남편에게 복종시킬 때 그리고 남편의 소유로 살 때 결코 울지 않습니다.

결혼식날, 그녀는 축하의 종소리가 울려퍼지지 않도록 막지 않았으며, 오르간으로 "장송행진곡"(Dead March in Saul)을 연주하라고 하지도 않았습니다. 그날은 그녀를 위한 행복한 날이었습니다.

그녀는 붉게 상기된 기쁨으로 이 순간에도 그 모든 것을 기억합니다. 그녀는 더이상 그녀 자신의 것이 아니지만, 오히려 그녀는 그녀 자신을 내주는 것에 대해 후회하지 않습니다. 필요하다면 그녀는 언제든 사랑하는 그녀의 남편에게 동일하게 복종할 것입니다.

그녀가 그녀의 남편의 소유라는 것은 그녀가 노예가 됨을 말하는 것이 아닙니다. 그가 남편됨은 오히려 그녀의 행복을 말하는 것입니다. 그녀는 그녀의 남편의 집에서 안식을 발견합니다.

오늘, 어떤 그리스도인 그가 자신의 것이 아님을 고백할 때, 그는 그가 이전의 존재가 더 이상 아닙니다. 그는 구세주와 결혼한 것입니다. 그는 자기 자신을, 몸과 혼과 영을 그의 마음속의 거룩한 신랑에게 바쳤습니다. 그가 그리스도인이 되었을 때는 그의 진정한 삶이 결혼한 날입니다. 그리고 그는 기쁨과 어쩔 줄 몰라 하는 상태에서 항상 그 날을 회상합니다.

오, 자기 자신의 소유가 되지 않음은 축복될 일입니다.

이제, 우리가 우리 자신의 것이 아님이 참이라면, 그리고 여기 참석한 많은 분들에게도 그것이 참이길 바라는데요.

그것을 전제로 다음의 추론이 가능합니다.

나는 어떤 방식으로든 나 자신을 부당하게 사용할 권리가 없습니다.

나의 몸은 나의 것이 아닙니다. 그렇다면 나는 그리스도인으로서 나의 몸을 더럽힐 그 어떤 일을 행할 수 있는 권리를 가지고 있지 않습니다. 그 사도는 주로 육체의 죄에 대해 주장하고 있는데, 그는 이렇게 말합니다.

몸은 음란을 위하여 있지 않고 오직 주를 위하여 있으며 주는 몸을 위하여 계시느니라(고전 6:13).

우리에게는 부정함을 저지를 권리가 없는데, 우리의 몸은 그리스도의 지체이고 우리 자신의 것이 아니기 때문입니다. 그분은 술 취함, 폭식, 게으름에 따른 잠, 그리고 심지어 지나친 심려로 건강을 해치는 과도한 탐욕과 부(wealth)에 대해서도 동일하게 말씀하실 것입니다.

우리는 하나님께 거룩히 드려진 혈과 육을 더럽히거나 해할 권리가 없습니다. 우리 몸의 모든 팔다리는 하나님께 속해 있습니다. 우리 몸은 그분의 재산입니다. 그분은 "값을 지불하고" 우리 몸을 사셨습니다. 정직한 사람은 자기 자신의 재산보다도 자신의 관리 아래 놓여진 다른 사람의 재산에 안긴 손실에 대해 더 걱정할 것입니다.

선지자의 생도가 엘리사와 함께 나무를 도끼로 자르고 있을 때, 그리고 도끼의 머리가 물 속으로 떨어졌을 때, 여러분은 그가 어떻게 말했는가를 기억할 수 있습니다.

> 아아, 내 주여! 이는 빌려온 것이니이다(왕하 6:5).

내 도끼를 잃는 것도 충분히 안 좋은 상황일 것입니다. 그러나 그 도끼는 내 것이 아닙니다. 그러므로 나는 그 사고가 두 배나 개탄스럽습니다. 나는 이 일이 도둑놈 심보로 거짓으로 행해진 것이 아님을 압니다. 그 도끼가 다른 사람의 것이고 그들이 그것을 빌렸을지라도, 그 사고에 대해 별 다른 신경을 쓰지 않을 사람들도 있습니다. "할 수 있다면, 빌린 사람이 돌려주게 하시오"라고 말입니다.

그러나 우리는 정직한 사람들에게 말하고 있으며 그들에게는 항상 강한 어조로 말할 수 있습니다.

여러분의 몸은 다른 이의 것입니다.

여러분의 몸에 아무런 위해도 가하지 마십시오.

우리의 영혼에 대해서도, 그것은 하나님의 소유입니다.

우리는 우리의 영혼을 얼마나 소중히 다루어야 하겠습니까?

나는 때때로 이단적 책을 읽도록 요청받습니다.

좋습니다.

나는 그 책을 읽는다면, 그 일은 그 책의 명성을 돕게 될 것이고, 다른 사람들이 오류로부터 멀어지게 함으로 그들을 도울 수 있을 것이라고 믿습니다. 나는 그 일을 엄중한 의무로서 행할 수 있을 것입니다.

그러나 나는 그 일로부터 어떤 선한 의지를 볼 수 없다면 그 일을 행하지 않을 것입니다. 나는 나의 영혼을 나중에 씻겨질 것을 전제로 개골창으로 끌고 들어가지 않을 것입니다.

왜냐하면 그 영혼은 나의 것이 아니기 때문입니다. 내가 부패한 고기를 먹어 스스로를 식중독에 걸리게 할지라도, 좋은 약이 나를 회복시킬 수 있습니다. 그러나 나는 그 일을 시도하지 않을 것입니다. 나는 더 이상에 나에게 속하지 않은 마음에다가 감히 그러한 일을 시도하지 않을 것입니다.

어머니와 아이가 있다고 합시다.

그 아이가 책과 연필을 가지고 놀고 있습니다. 아이가 그림을 그리면서 책 위에다가 이것저것 끄적거리게 되지요. 하지만 어머니는 유의하지 않습니다. 아이는 책 한 권을 내려놓고 테이블에서 또 한 권을 낚아챕니다. 그리고 즉시로 어머니는 의자에서 일어나, 서둘러 그 책을 치우면서 말합니다.

"안 돼, 아가, 거기에다가 낙서하면 안돼. 그 책은 우리 책이 아니야!"

나의 마음과 지성, 영혼도 마찬가지입니다. 그것이 나에게 속해 있을지라도, 나는 그것으로 어릿광대 놀이를 할 수도 하지 않을 수도 있고, 소치니안들(Socinians), [영국의] 전례주의자(Ritualists), 보편구원론자들(Universalists) 등과 같은 설교를 들으러 갈수도 있습니다.

그러나 나의 마음, 지성, 영혼은 나의 것이 아니기 때문에, 나는 그러한 어리석은 짓들에게서 그것을 보존하기 원합니다. 그리고 순전한 말씀은 인간이 만든 오류와 섞여서는 안 됩니다. 여기에 그 사도의 주장에 담긴 취지가 있습니다. 나는 나에게 속하지 않는 존재에 해를 끼칠 권리가 없으며, 그리고 내가 나의 소유가 아니기 때문에, 나는 나 스스로에게 해를 끼칠 권리가 없습니다.

그러나 더욱이 나는 나 스스로를 개발하지 않을 권리도 없습니다. 한 달란트를 가진 사람은 가서는 땅을 파고 한 달란트를 숨겼습니다.

그에게 그럴 권리가 있었을까요?

물론 그것이 그 사람의 달란트이고 그 자신의 냅킨이었다면 그럴 권리가 있었을 것입니다. 여러분 중 누군가가 돈을 가지고 있고 이윤을 남기기 위해 노력하지 않을지라도, 그 돈이 온전히 여러분의 것이라면, 그것에 대하여 아무도 불평하지 않을 것입니다.

그러나 이 달란트는 그 사람의 주인의 소유였고, 단지 청지기로서의 그에게 위탁된 재물이었습니다. 그리고 그는 그 달란트가 녹이 슬도록 땅 속에 묻어두어서는 안 되었던 것입니다.

따라서 나는 내 능력을 낭비할 권리가 없습니다. 왜냐하면 그 능력들은 나에게 속한 것이 아니기 때문입니다. 내가 그리스도인이라면 나는 게으를 권리가 없습니다.

나는 언젠가 새로운 가스관을 매립하기 위해서 곡괭이를 사용하고 있는 사람들을 본 적이 있습니다. 그들은 쉬고 있었는데, 시계가 한 시를 치자마자, 십장은 표시를 하였습니다. 내가 생각하기에 그는 "힘 한번 쓸까?"(blow up)라고 말했던 것 같습니다.

그리고 즉시로 각 사람은 자신의 곡갱이와 삽을 들었고 그들은 모두 열심히 일했습니다. 그들 곁에는 입에 파이프를 물고 있는 한 사람이 가까이 있었는데, 그는 공사 일에는 합류하지 않았으나, 아주 편안한 자세로 서 있었습니다. 그에게는 한 시가 되었든 여섯 시가 되었든 아무런 상관이 없어 보였습니다.

왜 그는 시간에 개의치 않았을까요?

그가 바로 주인이었기 때문이었습니다. 다른 사람들은 당분간은 그 주인의 소유였습니다. 독립된 신사로서의 그는 자신이 좋아하는 일을 했을 것이고, 자신이 주인이 아니었던 사람들은 노동해야 했습니다.

여러분들 중 게으른 신앙고백자(혹은 그리스도인)가 자신이 자신에게 속한 것을 진정 증명할 수 있다면, 나는 그에게 더 이상 할 말이 없습니다.

그러나 여러분이 그리스도의 대속적인 희생 제사 안에서 분깃을 갖고 있다고 고백한다면, 나는 여러분이 신호가 떨어졌음에도 즉시로 가서 일하지 않는다면, 나는 여러분을 수치스럽게 생각할 것입니다. 여러분은 예수 그리스도께서 "값을 지불하고 사신 것"을 낭비할 권리가 없습니다.

그것 이상으로 우리가 우리 자신의 주인이 아니고, 우리가 "값으로 사신 바 되었다면," 우리는 우리 스스로에 대한 변덕스러운 지배권을 행사할 권한이 없습니다. 자기가 주인인 사람은 "나는 내가 원하는 곳으로 가고 내가 하고 싶은 일을 하겠소"라고 말할 것입니다.

그러나 내가 나의 주인이 아니고 나를 사신 하나님께 속했다면, 나는 그분의 다스림에 복종해야 합니다. 그분의 의지가 나의 의지가 되어야 하고 그분의 지침이 나의 법이 되어야 합니다.

나는 어떤 정원에 들어가길 원한다면, 나는 정문에서 내가 들어갈 수 있는지 정원사에게 묻습니다. 정원사는 "나리, 정원이 내 소유라면 얼마든지 환영하겠습니다만, 나의 주인님께서 낯선 사람들은 출입시키지 말라고 말씀하셨습니다. 그러므로 나는 당신을 거절합니다"라고 말할 수 있습니다.

때때로 마귀가 우리 영혼의 정원에 들어오려고 할 수 있습니다. 우리는 그에게 우리의 육신은 동의할 수 있을지라도, 그러나 정원은 우리의 소유가 아니기에, 우리는 그에게 공간을 내줄 수 없다고 말합니다.

세속적인 야심, 탐욕 등등은 우리의 영혼을 통과하여 걷겠다고 주장할 수 있습니다. 그러나 우리는 "안돼, 그것은 내 소유가 아니야, 따라서 우리는 우리의 옛 의지라면 행했을 그 일을 할 수 없어. 우리는 하늘에 계신 우리 아버지의 뜻에 순종하길 원해!"라고 말할 수 있어야 합니다.

> 나의 하나님, 내 안에 당신의 뜻이 이루어지게 하소서. 만유가 값을 지불하여 당신의 것이 모든 곳에서 당신의 뜻이 이루어지는 것은 당연하기 때문입니다.

하지만 다시, 우리가 우리 자신의 소유가 아니라면, 우리는 우리 자신을 섬길 권리가 없습니다.

전적으로 자기 자신만을 위해서 살아가며, 삶의 목표가 안락함, 위로, 명예, 혹은 부자가 되는 것인 사람은 그리스도에 의한 속량이 무엇인지 알고 있을까요?

우리의 목표가 우리 개인의 이익보다 더 높이 올라가지 않는다면, 우리는 우리가 "값으로 사신 바 되었다"라는 사실을 거짓으로 만드는 일입니다. 또한 우리는 우리가 감히 공유하려는 그분의 속량하심을 제공하시는 예수 그리스도를 배반하는 일입니다.

둘째, 우리가 이것을 곰곰이 생각한다면, 혹은 참으로 상세히 이 축복된 사실의 적극적인 면을 상고한다면, 그 일은 아무리 많은 시간을 들여도 시간이 모자랄 것입니다. 그러므로 나는 단지 그에 관해서 한두 마디만을 말하려 합니다. 우리의 몸과 영혼은 하나님의 소유입니다. 그리고 그리스도인이 된다는 것은 확실히 여러분에게 매우 고귀한 영예입니다.

여러분의 몸은 첫 번째 부활 시에 죽은 자 가운데서 부활하게 될 것인데, 그것은 평범한 몸이 아니기 때문입니다. 그 몸은 하나님께 속하였습니다. 여러분의 영혼은 다른 사람들의 영혼들과 구별됩니다.

그 영혼은 하나님 소유의 영혼입니다. 그리고 그분은 그 영혼에 그분의 표식을 남겨 놓으셨고, 그렇게 하시면서 여러분을 영화롭게 하셨습니다. 여러분은 하나님의 소유인데, 여러분을 위해서 값이 지불된 까닭입니다.

어떤 이들에 의하면, 여기에서 암시된 가격은 고대 시대에 아내를 위하여 남편이 지불한 결혼지참금에 대한 것이라고 합니다.

랍비들에 의하면, 여인이 한 남자의 아내가 되는 방식에는 세 가지가 있는데, 이들 중 하나는 지참금의 지불이라고 합니다. 이는 유대법 안에서 항상 유효했습니다. 여인은, 남편이 그녀에게 규정된 가격을 그녀의 아버지나 보호자에게 지불한 순간부터 더 이상 자신이 주인이 아닙니다.

이제 오늘 이 시간에 여러분과 나는 예수 그리스도께서 의로움 속에 우리를 자신과 결혼시키심에 대해 기뻐합니다. 우리는 예수께서 선지자 이사야를 통해 사용하신 그 표현을 기뻐합니다.

내가 네게 장가들어 영원히 살되(호 2:16).

그러나 여기에 우리의 위로가 있습니다. 지참금이 지불되었습니다. 그리스도는 우리를 그분과 결혼시키셨고, 우리는 그리스도의 소유, 특히 영원히 그분의 소유가 되었습니다.

3. 이제 나는 결론을 맺으려 합니다. 그리고 하나님께서 마지막 요점, 즉 자연스러운 결론으로 "그러므로 그런즉 너희 몸으로 너희 영으로 하나님께 영광을 돌리라"고 간절히 권고하는 동안 그분의 말씀 위에 능력 주시기를 기원합니다

나는 마지막 몇 말씀이 원문에 있는지 확실치 않습니다. 대다수의 옛 사본들과 역본들, 그리고 그들 중 몇몇 가장 중요한 사본들은 그 구절을 "너희 몸으로"에서 마칩니다. 즉 "그런즉 너희 몸으로 하나님께 영광을 돌리라"입니다.
그 사도가 말하는 바는 몸에 대한 것이었고, 영에 대한 것이 아니며, 따라서 "영으로"라는 표현이 반드시 들어갈 필요는 없습니다.
우리가 추가적인 질문을 제기하지는 않겠습니다만, 그 말씀들을 하나님의 영감된 말씀으로 받아들이십시오.
그러나 여전히 나는 연결고리를 따르자면, 그 사도의 용어의 힘은 몸에 대한 것임을 표명해야 합니다. 그리고 아마도 그러할 것인데, 우리가 몸이 구속받았고 주님의 소유이며 [몸으로] 하나님을 영화롭게 해야 한다는 진리를 너무도 잘 잊는 까닭일 것입니다.

그리스도인의 몸은 그 정숙함으로 하나님께 영화롭게 해야 합니다. 우리는 모든 부정함의 감염으로부터 백합처럼 순결해야 합니다. 몸은 또한 절제를 통해서도 하나님을 영화롭게 해야 합니다. 모든 것 안에서, 즉 먹는 일, 마시는 일, 잠자는 일, 육체와 연관된 모든 영역에서 말입니다.

> 그런즉 너희가 먹든지 마시든지 무엇을 하든지 다 하나님의 영광을 위하여 하라(고전 10:31).

혹은 그 사도가 다른 곳에서 말합니다.

> 또 무엇을 하든지 말에나 일에나 다 주 예수의 이름으로 하고 그를 힘입어 하나님 아버지께 감사하라(골 3:17).

그리스도인은 모든 식사를 성만찬(sacrament)이 되게 해야 합니다. 그리고 그의 일상적인 여가에 있어서도 그의 영적인 제사장직의 수행이 되게 해야 합니다. 몸은 노동을 통해서도 하나님을 영화롭게 해야 합니다. 게으른 종은 나쁜 그리스도인입니다. 항상 토요일 밤만을 염두에 두며 일하는 근로자는, 그리고 주인이 바라볼 때를 제외하고는 결코 한 방울의 땀도 흘리지 않는 사람은 몸으로 하나님을 영화롭게 하지 않는 것입니다.

최상의 그리스도인은 필요하다면 힘든 일도 두려워하지 않는 사람입니다. 그는 고용주가 있을 때만 일하는 체 하는 사람이거나 사람을 기쁘게 하려는 입만 번지르르한 사람이 아닙니다. 오히려 최상의 그리스도인은 온전한 마음으로 하나님을 영화롭게 하는 일을 추구합니다.

우리의 몸은 마귀를 위하여 열심히 일하곤 했습니다.

그러나 이제 우리의 몸은 하나님께 속하기에 그 몸으로 그분을 위하여 열심히 일합시다.

여러분의 발이 여러분을 극장으로 인도하곤 했습니다.

그러나 이제 목요일 밤에 하나님의 집으로 나아오는데 게으르지 마십시오.

여러분의 눈은 종종 부정한 행위를 바라보았습니다.

설교 동안에 눈을 뜨고 계십시오.

잠에 빠지지 마십시오!

여러분의 귀는 음탕한 말을 놓치지 않고 듣는 일에 충분히 익숙해 있었습니다.

여러분의 귀로 하나님의 말씀을 신속히 듣게 하십시오!

여러분의 손은 종종 여러분의 수입을 죄된 곳에 낭비하곤 했습니다.

여러분의 수입으로 그리스도의 대의명분을 위해 기꺼이 사용하십시오.

여러분의 몸은 마귀를 섬길 때는 자진해서 일하는 사람이었습니다.

여러분의 몸이 이제는 그리스도의 수레를 끌기 때문에, 게으른 늙은 말이 되게 하지 마십시오.

여러분의 혀로 그분을 찬송하게 하십시오.

여러분의 입으로 그분의 영광을 노래하게 하십시오.

여러분의 온 몸이 그것을 사신 그리스도의 뜻에 기꺼이 순복하게 하십시오.

여러분의 영혼에 대해서는, 영혼 역시도 하나님께 영광을 돌리게 하십시오.

여러분의 개인적인 묵상이 하나님을 찬송하게 하십시오.

여러분의 노래가 아무도 여러분을 듣지 않고 오직 그분만이 여러분을 들으실 때 그분께 들려지게 하십시오.

그리고 여러분의 대중적 열정이 여러분의 대화의 순수성이, 여러분의 일생의 열정이, 여러분의 성품의 보편적인 거룩성이 여러분의 육으로 그리고 영으로 하나님을 찬미하게 하십시오.

사랑하는 그리스도인 친구들이여!

나는 이 몇 가지를 말하고 시행하고 싶습니다.

여러분은 하나님의 소유이기 때문에, 여러분은 다른 어떤 이들보다 더 관찰될 것입니다.

그러므로 그분을 영화롭게 하십시오.

나로서는 나는 속물을 바라보는 시라소니의 눈(시라소니의 눈은 모든 것을 꿰뚫어보는 마법적 힘이 있다고 여겨졌다고 함-역주)을 매우 반갑게 여깁니다.

그 분으로 보고자 하는 것을 보게 하십시오.

나는 그리스도인들에 대해 덮어놓고 심하게 책망했던 한 사람에 대해 듣게 되었습니다. 그리고 오랫동안 한 교회를 괴롭힌 후에, 그는 떠나려고 하면서 농담 삼아 그 교회 목사에게 말했습니다.

"내가 100마일 떨어진 곳으로 이사 갈 것을 알게 된다면 당신에게 틀림없이 기쁜 소식이겠지요?"

그러자 목사는 대답했습니다.

"아니오!"

"나는 당신을 더 이상 못 본다면 유감일 것입니다."

"왜 그렇지요, 나는 결코 당신에게 이로운 일을 한 적이 없었는데요?"

"확신하건대, 나는 내 양들 중 어느 누구가 울타리 밖으로는 한쪽 발을 내미는지를 모르오. 당신이 그를 향해 짖기 시작하기 전까지는 말이오. 그리고 당신은 내게 있어서는 정말 유명한 양치기 개였소."

나는 세상이 우리를 주목한다는 사실을 기뻐합니다. 세상은 그렇게 할 권리가 있습니다. 어떤 사람이 "나는 하나님의 소유요"라고 말한다면, 그는 스스로를 대중적 관찰의 자리에 노출시키는 것입니다. 여러분은 세상의 빛입니다.

빛의 목적은 무엇이며 지켜보게 되는 대상이 아니겠습니까?

언덕 위의 도시는 숨겨질 수 없습니다.

더욱이 세상은 어느 누구에게서보다 그리스도인에게 더 많은 것을 기대할 권리가 있습니다. 그리스도인은 자신이 "값으로 사신 바 되었다"라고 말합니다. 그는 자신이 하나님의 소유라고 말합니다.

그러므로 그는 다른 사람 이상으로 권리를 가지고 있기 때문에, 그는 더 많이 행해야 합니다. 우리가 거룩하지 않거나 관대하지 않다면, 믿지 않는 사람들은 확실히 [비아냥조로] "그는 하나님을 믿는 너희들 중의 하나야, 그가 너희 그리스도인들 중의 한 사람이야"라고 말할 것입니다.

그러한 일이 발생하지 않게 하십시오.

연대에 속한 모든 군인은 전체 부대의 명성은 자신에게 달려 있다고 느껴야 합니다. 그리고 그는 전투의 승리가 자신에 달려 있는 것처럼 싸워야 합니다. 이러한 태도가 모든 사람으로 하여금 영웅이 되게 합니다.

오, 모든 그리스도인들이 하나님과 교회의 명예가 자신에 달려 있는 것으로 느낄 수 있다면!

어느 정도는 그것은 확실히 그러합니다.

우리는 자신이 죽게 될 때, 무언가를 위해 일생을 살았다고 느낄 수 있도록 하나님을 찾을 수 있게 되길 바랍니다.

비록 우리의 소망이 그리스도께서 행하신 일만을 의지할지라도, 그것 자체는 우리 스스로가 아무 것도 행하지 않은 것에 대한 변명이 되지 않습니다. 비록 우리가 영광에 이르게 할 만한 선한 행실을 행하지 않을지라도, 우리는 우리 주님의 영광이 될 수 있는 열매를 맺어야 합니다.

나는 내가 호흡하는 동안 하나님을, 몸과 혼과 영을 영화롭게 하기를 갈망합니다. 심지어 내가 죽은 후에도 땅위에서 그 일이 이어지기를 갈망합니다. 나는 우리 주님의 이름으로 나의 형제들에게 계속 촉구합니다.

후스파(Hussite)의 지도자였던 지슈카(Zizka)가 죽을 시점이 다가오자 자신의 군대에게 말했습니다.

> 나의 원수들은 전쟁의 시간이 되면 나의 이름을 항상 두려워하였다. 그러므로 내가 죽으면, 내 피부를 취하여, 그것으로 북의 가죽을 만들고 전쟁에 나갈 때는 언제든지 그 북을 쳐라. 대적들이 그 소리를 들을 때, 그들은 떨 것이며, 너희는 지슈카가 그의 형제들에게 용감히 싸우라고 요청함을 기억하게 될 것이다.

우리가 죽게 될 때, 죽었으나 말하였던 아벨처럼 살도록 합시다.

이렇게 할 수 있는 유일한 길은 영원하신 하나님의 능력 안에서, 그분의 성령의 영향 아래서 사는 것입니다. 그 때에 우리는 우리의 무덤으로부터 미래 세대에게 말할 것입니다.

닥터 파이손(Payson)이 죽었을 때, 그는 자신의 몸이 관 안에 놓이고 그의 말을 들은 이들이 초대되어 와서 그의 몸을 보게 되길 바랐습니다. 이 말이 기록된 종이 한 장이 그의 가슴 위에 놓여 있었습니다.

"내가 여러분에게 말한 말들을 기억하십시오.
그러면 나는 여러분과 함께 있는 것입니다."

우리의 삶이, 비록 우리가 대중적 연설가는 아닐지라도, 다른 이들이 우리의 모범을 기억하고, 우리가 아직 지상에 있는 동안 우리의 삶이 말했던 바를 듣게 되었으면 좋겠습니다.

여러분의 몸과 여러분의 영은 하나님의 소유입니다.

오, 여러분 하나님을 향해 사십시오.

여러분이 지상에서 호흡하는 동안 항상 그분의 성령의 능력 안에서 그분을 영화롭게 하십시오.

호흡이 사라질 때, 여러분의 뼈는, 요셉의 뼈와 마찬가지로, 증언할 것입니다. 성도들의 유골 안에서조차도, 그들의 여느 때와 같은 불이 살아 있습니다. 그들의 거룩한 기억 속에서 그들은 자신들의 재 가운데서 불사조처럼 일어납니다.

주께서 우리로 더욱 더 실제적으로 그 분의 소유가 되게 하십니다.

그리고 그분의 성호가 영원토록 영광스럽게 되길,

아멘, 아멘.

C. H. Spurgeon

Sermons on the Passion of Christ

제7장
사랑이 행하는 최고의 행동

> 사람이 친구를 위하여 자기 목숨을 버리면 이보다 더 큰 사랑이 없나니
> (요 15:1).

나는 최근 사역하는 동안 여러분을 하나님의 자애로움이라는 온화한 영역 안에 꽤 오랫동안 붙들어 두었습니다. 우리의 주제들은 종종 사랑으로 충만하였습니다. 아마도 나 스스로 반복하였고, 다시 그리고 또 다시 동일한 영역을 검토해왔습니다.

그러나 여전히 나는 그 일을 멈출 수 없습니다. 나의 영혼은 감사한 상태에 있었고, 그러므로 풍성한 마음으로부터 우러나오는 바를 입으로 말하였습니다.

진정 나는 내 자신에 대해 변명할 이유가 거의 없었는데, 그리스도께 대한 사랑의 영역이 그리스도인들의 고향이기 때문입니다. 우리는 처음 그리스도를 알고 그분 안에서 그분의 사랑을 통해 안식하도록 데려와진 것입니다. 그리고 거기에서 그분의 부드러운 온화함 속에서, 우리는 하나님께 대하여 태어난 것입니다. 우리가 화목해진 것은, 공의에 대한 공포에 의한 것이 아니라, 복수의 위협으로 말미암은 것도 아니며, 은혜가 사랑의 끈으로 우리를 이끈 것입니다.

우리는 때때로 의사들이 아픈 사람들에게 회복에 대한 소망을 주면서 고향의 공기(native air)를 마실 것을 것에 대해 듣게 됩니다. 그처럼 우리도 악한 옛 습관으로 돌아가려는 그리스도인들에게 그리스도의 사랑이라는 고향의 공기를 마시도록 권유합니다. 그리고 우리는 모든 건강한 신자에게 그곳 안에 살도록 명합니다.

신자는 다시 십자가로 돌아가야 합니다. 그곳에서 신자는 자신의 소망을 발견하였고, 그곳에서 그는 다시 그것을 발견해야 합니다. 그곳에서 예수님께 대한 그의 사랑이 시작됩니다.

우리가 사랑함은 그가 먼저 우리를 사랑하셨음이라(요일 4:19).

그렇다면 이 아침에 다룰 우리의 주제는 하나님의 사랑입니다. 그리고 우리는 여러분이 올라야 할 모든 아름다운 땅 가운데 우리의 가장 높은 언덕을 선택하였습니다.

우리는 오늘 여러분을 사랑의 가장 신성한 성전으로, 사랑이라는 거룩한 땅의 예루살렘으로, 사랑의 다볼산으로 데리고 갈 것입니다.

그곳에서 사랑은 변형되었고, 가장 아름다운 의복을 입었으며, 그곳에서 사랑은 참으로 유한한 인간의 눈으로 온전히 응시하기에는 너무도 밝아졌고, 우리의 희미한 시력으로 보기에는 너무도 찬란하게 되었습니다.

우리 같이 갈보리로 갑시다.

그곳에서 우리는 죽음보다 강하고, 우리를 위하여 죽음을 정복한 사랑을 만나게 됩니다.

첫째, 우리는 "사람이 친구를 위하여 자기 목숨을 버리면 이보다 더 큰 사랑이 없나니"라는 말씀과 같이 사랑의 최고의 행동에 대해 말하게 될 것입니다.

둘째, 그러나 그 사랑은 너무도 크고 높아, 우리는 그것에 도달할 수 없을 정도여서, 그 본문은 주님 자신의 말씀들 중의 하나일지라도, 훌륭한 논거에는 미치지 못하는 것처럼 보이기에, 우리는 예수님의 사랑의 일곱 겹의 극치(crown)에 대해 말하고자 합니다.

셋째, 그리고 우리가 그렇게 행했을 때, 우리는 말할 수 있는 고귀한 것들을 갖게 될 것입니다. 그것은 우리가 십자가 아래 모여들 때 우리가 서 있는 그 장소에 어울리는 것들입니다.

1. 사랑이 행하는 최고의 행동입니다

모든 것에는 절정이 있기 마련인데, 사랑의 절정은 사랑하는 이를 위하여 죽는 것입니다. "거저 주는 은혜와 죽기까지 행하는 사랑"(free grace and dying love)은 사람들 사이의 가장 고귀한 주제들이며 그 주제들이 숭고함 자체와 연합될 때는 더욱 그러합니다. 사랑은 많은 것을 할 수 있고, 무한한 일도 감당할 수 있습니다.

그러나 사람들 가운데, 어떤 이가 친구들을 위하여 자신의 생명을 내려놓는 이것보다 더 큰 사랑은 없습니다. 이것이 사랑의 궁극적 이상(ultima thule[ideal])입니다. 그 사랑의 항해는 더 이상의 해안가를 찾을 수 없습니다. 사랑으로 하는 자기부인의 행동은 더 멀리 갈 수 없습니다. 자신의 생명을 내려놓는 일은 사랑이 할 수 있는 일들 중 최고의 것입니다.

첫째, 어떤 사람이 자신의 친구들을 위해 죽을 때, 그것이 그 사람의 깊은 진정성을 증명한다는 것을 우리가 고려한다면, 이것은 분명해집니다. 속담처럼 말해지는 입만 번지르르한 사랑(lip-love)은 의심을 사기에 충분합니다. 너무도 자주 그 사랑은 가짜일 때가 많기 때문입니다. 입으로 하는 사랑은 자기 임의대로 과장적 표현들을 사용할 수 있습니다.

그러나 여러분이 사랑이 연설하는 바를 모두 듣게 되었을 때, 여러분은 그것이 사랑인지 확신할 수 없습니다. 뿔 나팔를 분다고 다 사냥꾼이 아니며, 우정을 울부짖는다고 해서 모두가 친구가 아니기 때문입니다. 사람들 가운데는 오빌의 금보다 더 가치가 있는 사랑이라고 불리는 고귀한 것과 유사한 어떤 것을 걸치려는 사람들이 많이 있습니다. 하지만 그럼에도 불구하고, 반짝이는 것이 다 금이 아니듯이, 우아하게 걷고 애정을 가장한다고 모든 것이 사랑은 아닙니다.

어떤 사람이 자신의 사랑을 증명하기 위해 기꺼이 죽을 때 그 사람은 거짓말쟁이가 아닙니다. 그 진정성에 대한 모든 의심은 추방되어야 합니다. 우리는 사랑을 위해 죽는 사람을 사랑한다는 것은 확실합니다. 그렇습니다. 그러한 경우에 우리가 보는 것은 단순한 진정성이 아닙니다. 우리는 그의 강렬한 애정을 보는 것입니다.

어떤 사람이 우리로 하여금 그가 타오르는 듯한 어휘로 말할 때, 그가 열정적으로 진심을 다해 말하고 있다고 느끼게 할 수 있고, 모든 것이 그가 얼마나 열정적인가를 보여주기 위한 노력으로 비칠 수 있는 수많은 행동들을 취할 수 있습니다.

하지만 그럼에도 불구하고, 그는 능숙한 선수일 수 있습니다. 곧 그는 자신은 그러한 열정이 없음에도 사람들을 자극하는 기술을 잘 이해하고 있는 것입니다.

그러나 어떤 사람이 자신이 지지하는 명분을 위해 죽을 때, 그에게는 인위적이고 피상적인 열정이 있는 것이 아님을 잘 압니다. 여러분은 그 사람의 사랑이 그의 생명을 불태울 때, 그의 본성의 핵이 불타고 있음에 틀림없다는 것을 확신할 수 있습니다. 그가 자신이 사랑하는 대상을 위해 기꺼이 피를 흘린다면, 그의 사랑의 혈관 속에는 피가 있음이 틀림없습니다. 그것은 살아있는 사랑입니다.

둘째, 다시 그 사람이 사랑을 위하여 목숨 자체를 걸 때 그 일은 마음의 진정한 자기 포기를 증명합니다.

사랑받는 대상을 향한 사랑과 자기부정은 함께 갑니다. 내가 어떤 사람을 사랑한다고 고백한다면, 그리고 그의 필요를 덜어주기 위해 나의 은도, 금도 주지 않고, 그를 위하여 나 자신의 위로나 편안함을 결코 부인하지 않는다면, 그러한 사랑은 경멸할 만합니다. 그것은 사랑이라는 이름을 지녔으나, 사랑의 실체는 결핍되어 있습니다.

진정한 사랑은 사랑하는 그 사람이 기꺼이 스스로를 시련과 상실에 (crosses and losses), 고난과 자기 부인에 스스로를 종속시키는 정도에 의해서만 측정될 수 있음에 틀림없습니다. 결국 시장에 있는 어떤 물건의 가치는 사람이 그것을 사기 위해 무엇을 지불하느냐에 달려 있습니다. 그리고 여러분은 어떤 사람의 사랑의 가치는 그 사람이 그것을 위해 기꺼이 포기하는 그것을 통해 그 사랑을 평가해야 합니다.

그는 자신의 사랑을 증명하기 위해서 무엇을 행할까요?
그는 자신이 사랑하는 사람의 유익을 위하여 어떤 고난을 감내할까요?

> 친구를 위한 이보다 더 큰 사랑은 없나니, 그가 그들을 위하여 자신의 생명을 내려놓음이라.

사탄조차도 그가 욥에 관하여 하나님께 말씀드릴 때, 어떤 사람을 죽음으로 이끌 덕성의 실체를 인정하였습니다. 사탄은 욥이 자신의 양과 소와 그리고 그의 자녀를 잃은 일을 가벼이 여기면서, 인내심을 유지한 채, 다음과 같이 말합니다.

> 가죽으로 가죽을 바꾸오니 사람이 그의 모든 소유물로 자기의 생명을 바꿀지라. 이제 주의 손을 펴서 그의 뼈와 살을 치소서 그리하시면 틀림없이 주를 향하여 욕하지 않겠나이까.

그리하여 사랑이 자신의 소와 땅을, 그리고 피상적인 보화와 소유들을 포기할 수 있다면, 사랑은 다소 강한 것일 수 있으나, 사랑이 추가적 행보를 할 수 없고, 개인적 고난을 감내하고 생명 자체를 내려놓아야 한다면, 사랑은 실패할 수 있습니다.

그러한 어떤 실패도 구속주의 사랑 안에는 발생하지 않았습니다. 우리의 구세주는 자신에게서 그분의 모든 영광을 벗겨내셨고, 일천 번의 자기부정을 통해 그분의 사랑을 증명하셨습니다. 그러나 가장 설득력 있는 증거는 그분이 자신의 생명을 우리를 위하여 내려놓으셨을 때 주어졌습니다. 사도 요한은 말합니다.

> 그가 우리를 위하여 목숨을 버리셨으니 우리가 이로써 사랑을 알고
> (요일 3:16).

예수님은 하나님의 아들이 우리를 위하여 행한 것, 그 모든 것을 지나치시고, 단지 그분의 죽음을 지목하시는 것처럼 행동하시고 말씀하신 것 같습니다.

"이것으로 우리를 향하신 하나님의 사랑을 알게 됩니다."

주 예수로 하여금 "그분의 빛의 의복과 반지들"을 벗게 만들고 그들의 영광을 별들에게 부여하고, 그분의 창공의 푸른 빛이 감도는 덮개를 벗어 하늘에 거시고 그 다음에 우리의 혈과 육의 가난하고, 초라한 의복을 입기 위해 내려오게 한 것은 그분의 장엄한 사랑이었습니다. 우리 주님은 그 의복 안에서 우리와 마찬가지로 땀흘려 일하고 수고하기 위해 오셨습니다.

그러나 사랑의 걸작은 그분이 육신의 의복을 벗고 그 자신을 십자가 처형으로 극도의 죽음의 고통에게 넘겨주실 때 만들어졌습니다. 그분은 더 하실 일이 없었습니다. 자기부정이 그 최고조를 성취하였습니다. 그분은 스스로가 이 땅에 살아가길 포기하셨을 때, 더 이상 스스로를 부정하실 수 없었습니다.

셋째, 다시 말합니다. 사랑하는 이들이여! 사랑의 대상이 되는 이를 위한 죽음이 왜 최고의 사랑인지 그 이유는 이것입니다. 바로 그 사랑은 다른 모든 행동을 능가하기 때문입니다.

예수 그리스도는 "여우도 굴이 있고 공중의 새도 처거가 있으되 오직 인자는 머리 둘 곳이 없다"(마 8:20)라고 말하실 만큼, 그분의 백성들 사이

에 그들의 형제로서 머무심으로 그리고 그들의 친구로서 그들의 가난에 참여하심으로 그분의 사랑을 증명하셨습니다.

그분은 단순한 어부에 불과한 자들에게 영원에 대한 비밀을 펼쳐 보이시면서, 아버지에 대해 그분이 알고 계신 모든 것을 말해주심으로써 그분의 사랑을 확증하셨습니다. 그분은 그들의 결점에 대해 거칠게 비난하지 않고, 단지 부드럽게 훈계하심으로 그리고 심지어 거의 지적하지 않으심으로 그들을 참아주신 인내로써 그분의 사랑을 보여주셨습니다.

그분은 그들에게 그분께서 그들을 위해 베푸신 기적들을 통해 그리고 그분의 사역 가운데 그들을 사용하셔서 그들을 명예롭게 하심으로 그분의 사랑을 계시하셨습니다. 참으로 그분의 백성들을 위한 일만 개도 넘는 훌륭한 예수 그리스도의 행동들이 있었지만, 한 순간도 그 행동들 중 어느 것도 그들을 위한 죽음과의 비교될 수 있는 행동은 없었습니다.

십자가상의 죽음의 고통은 나머지 모든 훌륭한 행동들을 능가합니다. 그분의 사랑의 이러한 생명을 주는 행동들은 별처럼 빛나며, 여러분들이 별들을 바라볼 때, 그 별들이 여러분이 상상하는 것보다 훨씬 더 멀리 있는 것처럼 비쳐질 것입니다.

하지만 그 별들은 단지 이 선명하고 불타는 무한한 사랑의 태양과 견줄 때 별들에 불과할 뿐입니다. 우리는 그분의 무한한 사랑의 태양은 피가 흐르는 나무 위에서 그분의 백성을 위해 죽어 가시는 주님의 죽음 안에서 보게 될 것입니다.

넷째, 나는 그분의 죽음이 실제적으로 다른 모든 행동들을 포괄한다고 덧붙여야 합니다. 왜냐하면 어떤 사람이 자신의 생명을 친구를 위해 내려놓을 때, 그는 자신의 모든 것을 내려놓는 셈이기 때문입니다.

생명을 포기하십시오.

그러면 당신은 재산을 포기하는 것입니다.

죽은 사람의 재산은 어디에 있습니까?

목숨을 포기하십시오.

그러면 여러분은 자신의 지위를 포기하는 것입니다.

무덤 속에 누워 있는 사람의 서열은 무엇입니까?

생명을 내려놓음은 즐거움을 버린 것입니다.

납골당의 거주민들에 무슨 즐거움이 있겠습니까?

생명을 포기하는 것은 모든 것을 포기하는 것입니다.

따라서 다음과 같은 추론은 설득력 있습니다.

> 자기 아들을 아끼지 아니하시고 우리 모든 사람을 위하여 내주신 이가 어찌 그 아들과 함께 모든 것을 우리에게 주시지 아니하겠느냐(롬 8:32).

당신의 사랑하는 아들의 생명을 주시는 것은 그분의 아들의 모든 것을 주시는 것입니다. 그리고 그리스도는 무한하시고, 전부이시기에, 그분의 생명의 양도는 우리에게 모든 것을 양도하시는 것입니다. 더 이상 추가할 수 있는 것이 없습니다.

사랑하는 이들이여!

나는 먼저 나의 영혼을 동요시키고, 이어 여러분의 영혼을 동요시킬 한 주제를 냉정히 언급해야 합니다.

살아계신 하나님의 성령께서 하늘로부터 소생케 하는 바람처럼 임하시고, 우리 사랑의 불꽃을, 우리가 그것을 즐겨한다면, 지금도 거대한 용광로의 화염 속에 밝게 빛나게 할 것입니다.

다섯째, 사랑하는 사람들이여! 우리는 이제 어떤 사람이 자신의 친구들을 위해 죽는 것이 명백히 본질적으로 그의 사랑의 모든 증거들 가운데 가장 큰 증거임을 말하고 있습니다.

그 말들이 내 혀 위를 미끄러지며, 내 입술로부터 신속히 떨어집니다.

그의 친구들을 위하여 자신의 생명을 버렸습니다.

그러나 여러분은 그 말들이 무엇을 의미하는지 알거나 느끼고 있습니까? 다른 사람을 위하여 죽는다는 것의 의미말입니다. 가난한 자들에게 자신의 재산을 나누어주는 것조차도 싫어할 사람들도 있습니다. 그들에게는 하나님의 가난한 종들에게 소액의 돈을 주는 것도 사지를 잘라내듯 가슴에 메이는 것처럼 여겨집니다.

그러한 사람들은 시각장애인이 각각의 색들이 무엇과 같은 지를 상상하는 것 이상으로, 다른 사람을 위하여 죽는 충분한 사랑을 갖는다는 것이 무엇과 같은지를 전혀 상상할 수 없습니다. 그러한 사람들은 전혀 개의치 않습니다.

하지만 동료들을 위하여 스스로에게 주어지는 위로와 편안함을 거부하고, 심지어 평범한 필수품마저도 거부한 사랑스런 영혼들이 있어왔습니다. 이들은 어느 정도 다른 사람을 위하여 죽는다는 것이 무엇을 의미하는 지에 대한 개념을 가진 이들입니다.

그러나 여전히 우리들 중 어느 누구도 그것이 온전히 무엇을 의미하는지를 알 수 있는 사람은 없습니다.

다른 사람을 위하여 죽는다는 것!

그 생각을 품으십시오.

여러분의 생각을 그것에 집중하십시오.

되돌아가 죽음으로부터 시작하십시다.

당신이 죽음을 위치시킬 수 있는 그 어떤 관점에서도, 죽음은 결코 끔찍한 것 이상, 그 어떤 것으로도 간주될 없습니다.

죽는다는 것은 결코 밝은 상황이 아닙니다. 우리는 죽음에 대해 너무도 경솔하게 이야기합니다. 그러나 죽는다는 것은 그 어떤 사람에게도 어린아이의 장난이 아닙니다. 구세주로서의 죽음, 곧 끔찍한 육체의 고통과 영혼의 고뇌 속의 죽음은 그분의 사랑이 행한 위대한 일이었습니다.

여러분이 원한다면, 죽음 주위를 사치로 포위할 수 있습니다. 여러분은 침대 곁에 가장 온화한 사랑으로 이루어진 사랑스러운 모든 위로 장치들을 배치할 수 있습니다. 여러분은 약제사와 의사의 기술로 고통을 완화시킬 수 있습니다. 그리고 여러분은 온 나라가 염려하며 돌보는 영예와 함께 임종을 준비하는 침대를 치장할 수 있습니다.

그러나 그럼에도 불구하고 죽음은 본질적으로 경시할 수 있는 사안이 아닙니다. 그리고 다른 사람을 위하여 죽음을 감당할 때, 그것은 사랑의 최고 걸작입니다.

여섯째, 그리고 사랑의 절정에 이르는 이 행동에 대한 관점을 정리하면서, 어떤 사람이 다른 이를 위하여 죽은 후에, 그의 사랑에 대해서는 아무런 질문이 제기될 수 없다는 것을 말하고 싶습니다.

불신앙이 십자가의 발 아래 감히 억지로 끼어든다면, 그것은 미친 짓일 것입니다.

그런데 유감스럽게도, 불신앙은 그곳에 있었습니다. 그리고 불신앙은 그곳에서 절대적인 불합리성을 증명했습니다. 어떤 사람이 그의 친구를 위해 죽으려면, 그는 친구를 사랑해야 합니다.

어느 누구도 그것에 대해 이의 제기를 할 수 없지요.

그리고 그분의 백성들을 위해 죽으신 예수님은 그들을 사랑하셨음에 틀림없습니다.

어느 누가 그것에 대해 의심할 수 있겠습니까?

그토록 결정적으로 증명된 그 사안에 대해 의심을 제기하려는 하나님의 자녀가 있다면 그는 부끄러워해야 합니다.

그렇습니다.

주 예수께서 이 사랑의 최고의 작품조차 여전히 불신앙에 의하여 침투될 수 있음을 아신 것처럼, 그분은 죽은 자들 가운데서 다시 일어나 부활하셨습니다. 그리고 그분의 심장 안에서 언제나 신선한 그분의 사랑과 함께 부활하셨고, 사로잡힌 자를 사로잡아 하늘로 데려가셨습니다(역주: 참조. 엡 4:8).

그분의 눈은 그분으로 내려가게 만든 영원한 사랑으로 번쩍이고 있습니다. 그분은 진주문을 통과하셨고, 그분의 위대하신 아버지의 보좌에 승리 가운데 올라가셨습니다. 그리고 쇠하지 않는 영원한 사랑으로 그분의 아버지를 바라보셨고, 또한 그분은 그분의 백성들을 응시하셨습니다.

그분의 심장은 여전히 그들의 것이었기 때문입니다. 이 시간조차도 영광 가운데 앉아 계신, 스랍들 가운데 있는 그분의 보좌로부터, 주님은 그분의 백성을 긍휼로 가득 찬 사랑과 겸손한 은총으로 그분의 백성들을 내려다 보셨습니다.

>이제 그분은 지극히 높은 곳에서 다스리실지라도,
>그분의 사랑은 여전히 위대합니다.
>그분은 갈보리를 기억하십니다.
>그분의 성도들로 그곳을 망각치 않게 하실 것입니다.

그분은 사랑 자체이시며 전적으로 사랑이십니다.

>사람이 친구를 위하여 자기 목숨을 버리면 이보다 더 큰 사랑이 없나니.

2. 예수님의 죽음으로 감당하신 사랑의 일곱 개의 왕관이 우리의 두 번째 요점입니다

나는 내가 인간의 사랑의 지고한 행위보다 우월한, 사랑을 위한 그리스도의 죽음에는 훨씬 더 고양된 어떤 것이 있음을 보여주는 동안 여러분이 집중해 주시길 소망합니다. 사람들이 자신의 친구들을 위해서 죽는 것, 이것은 최상의 행동입니다.

하지만 우리를 위한 그리스도의 죽음은 단지 평범한 일보다는 우위에 있을 수 있는 인간의 최상의 행위 이상의 것입니다. 나는 이 면을 일곱 가지 요점으로 보여주려고 합니다.

첫째, 이 예수님이 불멸적인 존재라는 것인데, 그분의 죽음의 특별한 성격 때문입니다.

어떤 사람이 자신의 친구를 위해 자기 목숨을 내려놓을 때, 그는 그가 전적으로 유지할 수 있는 것을 내려놓은 것입니다. 그는 유한한 인간들이 살아갈 수 있는 동안만, 그들의 흰 머리가 어깨 위에 있고, 마침내 죽음의 화살에 굴복해야할 때까지만 살아 있을 때에 한해서 그것들을 유지할 수 있을 뿐입니다.

일반적인 경우에 있어 사랑을 위한 대속적 죽음은 모든 사람이 갚아야 하는 [죽음이라는] 자연의 빚을 약간 먼저 갚는 것에 불과합니다.

그러나 그러한 죽음은 예수님의 경우에는 해당하지 않습니다. 예수님은 전혀 죽으실 필요가 없으셨습니다. 그분이 그분의 친구들을 위해 그들 대신에 자신의 생명을 내려놓으신 것과는 별도로 죽으셔야 할 근거나 이유가 없었습니다.

바로 거기에 영원하신 아버지와 영원토록 함께 하시는 하나님의 그리스도께서 영광 가운데 계셨습니다. 그 어떤 나이도 그분의 이마를 지나가지 못했습니다. 우리는 그분에 대해 말할 수 있습니다.

"당신의 머리타래는 무성하고 까마귀처럼 검습니다. 당신은 당신의 젊음의 이슬방울을 머금고 있습니다."

그분은 지상에 오셨고 그분은 죽음을 감당할 수 있다고 생각하셨습니다.

하지만 기억하십시오.

죽음을 감당하실 수 있을지라도, 그분의 몸은 죽으실 필요는 없었습니다. 말하자면 주님의 몸은 결코 부패를 보지 아니하였는데, 주님의 몸 안에는 결단코 죽음과 부패를 요구하였던 죄의 요소가 없었기 때문입니다. 우리의 주 예수님은 그리고 오직 그분만이 죽음 직전에 서서 말씀하실 수 있으셨습니다.

> 이를 내게서 빼앗는 자가 있는 것이 아니라 내가 스스로 버리노라 나는 버릴 권세도 있고 다시 얻을 권세도 있으니(요 10:18).

우리 불쌍한 유한한 인간들은 오직 죽을 권세 밖에 없습니다. 그러나 그리스도는 사실 권세도 있으셨습니다.

그렇다면 그분으로 왕위에 오르게 하십시오!

그분의 사랑스러운 머리에 새로운 왕관을 씌우십시오!

자신들의 친구들을 위하여 죽었던 사랑을 베푼 이들에게는 은으로 왕관을 씌우고, 예수님을 위해서는 금으로 만든 왕관을 내어드리십시오.

그리고 그 왕관을 결코 죽으실 필요가 없으셨으나, 유한한 인간이 되셔서, 그분의 위대한 사랑에 따른 필요 외에는, 자신을 불필요한 죽음의 고통에게 내어주신 불멸의 그분의 머리 위에 놓으십시오.

둘째, 자신의 목숨을 다른 이들을 위해 내어주었던 이들의 경우에 있어서, 그들은 아마도 최고의 형벌은 자신들에게서 추출되지 않을 수도 있다는 전망[살아날 수 있는 한 줄기 가능성-역주]을 마음 속에 품었었을 수 있습니다.

그들은 자신들이 그럼에도 피할 길이 있기를 소망했던 것입니다.

한 경건한 광부에 대한 옛 이야기가 있습니다. 그는 구덩이 안에서 신앙

없는 사람과 함께 일하였습니다. 그들은 도화선에 불을 붙였고, 화약으로 바위 하나를 폭파시키려고 했습니다. 그리고 그들은 화약이 폭발하기 전에 그 갱도를 벗어날 필요가 있었습니다. 두 사람 모두 탈것에 올라탔습니다. 하지만 그들을 감아 위로 끌어줄 손이 그 두 사람 모두를 들어올리기에는 힘이 충분히 강하지 못했습니다. 그리고 경건한 광부가 탈것에서 뛰어내리면서 그의 친구에게 말했습니다.

> 너는 아직 회심하지 않은 사람이잖아. 그리고 네가 죽으면 너의 영혼을 잃어버리게 돼. 가능한 한 그 탈것을 타고 위로 올라가. 나는 내 생명을 하나님의 손에 내 영혼을 위탁했어. 그리고 나는 죽을지라도, 구원받을 거야.

그의 이웃의 영혼을 사랑한 그 사람은 [폭발에서] 살아남았습니다. 구원받았습니다. 그는 바위가 폭발할 때 흩어진 파편들에 의해 생긴 아치 아래서 완전히 안전한 상태에 놓인 자신을 발견했습니다. 그는 마침내 탈출했습니다.

그러나 우리의 존귀하신 구속주의 경우에는 그러한 일을 발생할 수 없었음을 기억하십시오.

그분은 자신이 우리 영혼들을 위하여 대신 값을 지불하셔야 한다면 그분은 탈출할 조그만 틈도 없다는 것을 아셨습니다. 그분은 분명하게 죽으셔야 한다는 것을 아셨습니다. 그분이 죽든 그분의 백성들이 죽어야 했습니다.

전혀 다른 대안은 없었습니다. 우리가 그분을 통하여 그 구덩이에서 탈출하게 된다면, 그분은 스스로를 그 구덩이에서 죽게 하셔야 했습니다.

자신을 위해서는 아무런 희망이 없으셨습니다. 잔이 그분을 지나칠 수 있는 길은 전혀 없었습니다.

사람들은 친구들을 위하여 자신들의 목숨을 잃을 위험을 무릅써왔습니다. 아마도 그들은 그 위험이 죽음으로 끝나게 될 것임이 확실했다면, 그들은 주저했을 것입니다. 예수님에게는 우리의 구원이 그분의 죽음과 결부될 것이며, 그 잔이 바닥까지 마르게 될 것임이 확실했지만, 그분은 유한한 인간으로서의 고통을 견디셔야 했습니다. 모든 죽음의 극도의 고통 가운데 주님은 한 방울도 남기지 말아야 하셨습니다.

하지만 의도적으로 우리를 위하여 그분은 우리를 맞이하듯이 죽음을 맞이하셨습니다.

다시 말하거니와, 또 하나의 왕관을 내어오십시오.

한 때 가시관을 쓰셨던 그 머리 위에 두 번째 왕관을 씌워드리십시오.

모든 영광을 임마누엘 하나님께!

고통의 군주요 사랑의 주님이신 그분께!

당신의 사랑과 같은 사랑이 일찍이 있었습니까?

찬송의 아들이신 여러분이여!

우리 모두 그분을 찬송하여 높이십시다.

하늘의 모든 존재들이여!

그분을 찬양합시다!

그분의 보좌를 별들보다 높이 올립시다.

그리고 그분으로 모든 천사들 위에서 칭송받게 합시다.

모든 것을 담아, 그분은 자신의 머리를 죽음 앞에 떨구셨기 때문입니다. 그분은 자신이 고난 받아야 할 필요가 있음을 아셨고, 자신이 죄를 위한 희생 제물이 되어야 함을 아셨으며, 기꺼이 자신 앞에 높인 십자가와 경멸스러운 수치를 감당해 내셨습니다.

셋째, 예수님의 사랑의 최고의 행위 안에 있는 위대한 탁월성을 주목하십시오.

즉 그분의 죽음에는 순수하며, 섞인 것이 없는 사랑과 긍휼의 동기 말고는 죽으셔야할 아무런 동기가 없었다는 것을 유의하십시오.

어떤 러시아 귀족이 눈 속에서 광활한 시골의 초원을 건너고 있을 때, 늑대들이 탐욕스럽게 썰매를 뒤따랐고, 그 여행자들을 게걸스럽게 먹으려고 했습니다. 말들은 최고의 속도를 내도록 채찍에 맞았는데, 사실 채찍질은 필요없었습니다. 말들 역시 목숨을 구하기 위해 울부짖는 추적자들에게서 달아나고 있었기 때문입니다.

적극적으로 달려드는 늑대들을 잠깐이라도 머물게 하려고 그들에게 내던진 아무 것도 헛되었을 뿐입니다. 말 한 마리가 풀어져 나갔고, 그들은 그 말을 추적했고, 그 말을 갈가리 찢고는, 여전히 무자비한 죽음처럼 추적을 계속하였습니다. 마침내 그의 주인의 가족과 오랫동안 함께 살았던, 한 충실한 종이 말했습니다.

"당신에게는 한 가지 희망만 남았습니다. 나는 나 자신을 늑대들에게 내던질 것입니다. 그러면 주님을 탈출할 시간을 벌게 될 것입니다."

여기에는 큰 사랑이 담겨 있습니다. 그러나 의심할 바 없이 그것은 순종의 습관이 뒤섞여 있고, 집안의 가장에 대한 존중감이 섞여 있습니다. 아마도 오랜 인생을 통해 그가 받아왔던 수많은 보살핌에 대한 감사의 감정들도 함께 섞여있었을 것입니다. 나는 결코 그 희생을 평가절하하려는 것이 아닙니다.

사람들 사이에 그러한 고귀한 영혼에 대한 것들이 더 많이 발견될 수 있다면 무엇을 더 바라겠습니까?

그러나 여러분이 잘 알다시피 고귀한 희생과 결코 그분께 감사하지 않고, 그분을 섬기지도 않았던, 그리고 무한히 그분보다 열등한 자들로, 그분의 감사를 결코 요구할 명분이 없었던 이들을 위하여 자신의 목숨을 내어주신 예수님의 보다 고귀한 행동 사이에는 커다란 간극이 있습니다.

내가 자신의 하인을 구하기 위해 늑대들에게 스스로를 내던진 귀족을 보았더라면, 그리고 그 하인이 과거에 주인을 암살하려 하고 그의 목숨을 취하고자 했었음에도, 주인이 자신을 그 자격 없는 머슴을 위하여 자기 목숨을 버린다면, 나는 어느 정도 유사성을 찾을 것입니다.

그러나 이런 이유로 확연한 차이가 있는 것입니다.

예수님은 그분의 마음속에 우리를 사랑하셨던 것, 그분의 영광스러운 본성이 가진 모든 위대성으로 우리를 사랑하셨던 것 외에는 아무런 동기가 없었습니다. 그러므로 그분의 동기는 오직 사랑, 순수한 사랑이었고, 오직 사랑뿐이었습니다. 그 동기로 주님은 스스로를 피 흘려 죽기까지 내놓으셨습니다.

> 온전히 드러나는 그분의 모든 고난과 함께
> 그리고 알려지지 않은 우리에게 임하였을 화(woe)와 함께,
> 그분의 영혼이 흘렀던 사명은,
> 그분을 자극하였던 것은 바로 사랑이었습니다.

그분의 영광스러운 머리 위에 세 번째 왕관을 씌워드립시다.

오, 천사들이여!

오랫동안 그분만을 위하여 보관되었던 불멸의 관을 꺼내 오십시오. 그

리고 그 관을 영원히 거룩한 그 이마 위에서 반짝이게 하십시오.

넷째, 내가 이미 암시를 주기 시작했듯이, 우리 구세주의 경우에는 그것은 어떤 의미에서는 친구들을 위한 죽음일지라도, 정확히는 친구들을 위한 죽음은 아니었음을 기억하십시오.

그분이 그들을 위하여 자신의 목숨을 내려놓은 것처럼 사람이 자신의 친구들을 향하여 행한 것보다 더 큰 사랑은 없습니다.

본문을 읽으십시오.

그 본문은 위대한 진리를 표현합니다. 그러나 사람이 자신의 목숨을 그의 친구들을 위하여 내려놓는 것보다 더 위대한 사랑을 가질 수 있습니다. 즉 그가 그의 원수들을 위하여 죽는 것은 더 큰 사랑입니다. 그리고 여기에 예수님의 사랑의 위대성이 있습니다. 즉 그분이 우리를 "친구들"이라고 부르실지라도, 그 우정은 처음에는 전적으로 그분 편에서의 우정이었습니다.

그분은 우리를 친구라고 부르셨지만, 그러나 우리들의 마음은 그분을 적(enemy)이라고 불렀습니다. 왜냐하면 우리는 그분을 대적하였기 때문입니다. 우리는 그분의 사랑에 대한 보답으로 사랑하지 않았습니다.

> 마치 사람들이 그에게서 얼굴을 가리는 것같이 멸시를 당하였고 우리도 그를 귀히 여기지 아니하였도다(사 53:3).

오, 예수님께 대한 인간의 적대감은 어떠한가요!

그것과 유사한 아무 것도 없습니다. 무저갱 같은 구덩이로부터 일찍이 나온 모든 적대감들 중에서 하나님의 그리스도를 향한 적대감이 가장 강력하며 모든 것 중에서 가장 신랄할 것이었습니다. 그리고 타락하고 부패한 인간들을 위하여, 심장이 지옥의 맷돌처럼 되기까지 그 심장이 무감각해진 사람들을 위하여, 그분이 느끼셨던 사랑을 돌려줄 수 없고, 보답할 수 없었던 사람들을 위하여, 예수 그리스도는 자신을 죽기까지 내어주셨습니다.

> 의인을 위하여 죽는 자가 쉽지 않고 선인을 위하여 용감히 죽는 자가 혹 있거니와 우리가 아직 죄인 되었을 때에 그리스도께서 우리를 위하여 죽으심으로 하나님께서 우리에 대한 자기의 사랑을 확증하셨느니라(롬 5:7-8).

> 오 일찍이 전례가 없던 종류의 사랑이여!
> 모든 생각을 훨씬 더 멀리 저 뒤쪽에 남겨놓았도다
> 길고 넓으며 깊고 높은 모든 곳이 나의 깜짝 놀란 시야 앞에서 사라졌도다.

나는 말합니다.

왕관을 다시 가져와서 우리의 사랑하시는 주님, 사랑의 주님께 씌워드리십시오.

왜냐하면 그분은 만국의 왕들 중 왕이신 것처럼, 그분은 사랑의 영역 안에 있는 왕들 중의 왕이시기 때문입니다.

다섯째, 나는 우리를 위하여 죽으신 그리스도의 죽음에 관한 영광스러운 또 하나의 요점이 있다는 것을 말할 때, 여러분이 지루하게 되지 않길 바랍니다. 왜냐하면 우리는 스스로가 죽음을 요구하였던 그 난국을 촉발한 주체였기 때문입니다.

언젠가 뗏목을 탄 형제 두 사람이 있었습니다. 그들은 뗏목을 타고 막 침몰하는 배로부터 탈출한 터였습니다. 배 안에는 음식도 충분하지 않았고, 적어도 누구라도 살기 위해서는 사람의 수를 줄여야 했습니다. 많은 사람들이 죽어야 했기에, 그들은 삶과 죽음의 주사위를 던졌습니다. 형제들 중 한 사람이 뽑혔고, 바다에 던져져야 할 운명이었습니다. 그의 형제가 끼어들어 말했습니다.

"형은 집에 형수와 아이들이 있지 않아요?

나는 아직 총각이고!

그러니까 형이 살아남는 것이 더 나아요. 내가 형 대신에 죽을게!"

"말도 안돼!."

그의 형이 말했습니다.

"그렇지 않아!

왜 네가 죽어야해?

제비는 내가 뽑은 거잖아!"

그들은 마지막 대리인이 바다에 던져질 때까지, 서로 사랑으로 논쟁하는 가운데 다투었습니다.

이제, 두 형제들 사이에는 무엇이든지 차이점이 없었습니다. 그들은 친구였고, 친구 이상이었습니다. 그들은 그들 중 한 사람의 희생을 요구하였던 곤경을 유발하지 않았습니다. 그들은 끔찍한 대안을 그들에게 강요하였던 일에 대해 상호 간에 비난할 수 없었습니다.

그러나 우리들의 경우에는 우리가 범죄자, 고의적으로 범한 범죄자가 아니었다면 그 어떤 사람을 위해서도 우리가 죽어야 할 필요는 결코 없었을 것입니다.

그리고 상처받은 사람은 누구였으며, 어떤 사람의 손상된 명예가 죽음을 요구하였습니까?

상처받은 이 자신이 죽었던 그 주체가 그리스도라고 내가 말한다면, 나는 진실되이 말하는 것입니다. 죄는 하나님께 대하여 반역하는 것이며, 하늘의 통치자의 위엄에 반하는 것입니다. 하나님의 공의에 묻은 때를 제거하기 위해서는, 처벌이 행해져야 하며 범죄한 이는 죽어야 합니다.

그리하여 그분 자신의 공의를 위하여 진 빚이 지불되도록 하기 위하여, 해를 입은 분이 죄인의 자리를 대신 취하여 죽으셨습니다. 이는 판사가 범죄자에게 선포해야할 것으로 생각하는 처벌을 판사 스스로가 지는 것과 같습니다.

또한 이는 재판석에 앉아 간음의 행위로 말미암아 두 눈을 뽑도록 선고를 내린 아버지가, 그 다음에 아들의 한쪽 눈을 보존하기 위해서 자신을 눈을 뽑아서 판사 자신이 처벌의 한 부분을 감당했던 옛 이야기와 마찬가지입니다.

우리의 경우에는, 그분 자신이 세우신 법의 명예를 신원하시고, 모든 죄악을 감당하신 그분은 그리스도이십니다. 그리스도는 그분의 주권을 손상하였던 이들을 사랑하셨고, 그분의 거룩성의 훼손을 슬퍼하셨던 분이십니다.

나는 다시 말합니다.

하지만 그것이 올바르다고 말할 입술이 어디에 있겠습니까?

가져오십시오.

가져오십시오.

구속주의 거룩한 머리 위에 새롭게 씌워드리기 위해서 황제의 장엄함을 뛰어넘는 새로운 왕관을 내어오십시오.

그리고 하늘의 모든 하프로 그분의 지고의 사랑을 찬양하는 가장 고귀한 음악을 쏟아내게 하십시오.

여섯째, 다른 이들을 위하여 죽은 사람들은 많았으나, 그들은 다른 이들의 죄악을 감당했던 것은 아님을 기억하십시오.

그들은 기꺼이 처벌을 받아들였을 것이나, 죄에 대한 책임을 받아들인 것은 아닙니다. 그러나 여기에 그리스도께서 죽으셔야 하기 전에, 이렇게 먼저 기록되어야 했습니다.

> 그가 범죄자 중 하나로 헤아림을 받았음이니라 그러나 그가 많은 사람의 죄를 담당하며(사 53:12).

> 여호와께서는 우리 모두의 죄악을 그에게 담당시키셨도다(사 53:6).

> 하나님이 죄를 알지도 못하신 이를 우리를 대신하여 죄로 삼으신 것은 우리로 하여금 그 안에서 하나님의 의가 되게 하려 하심이라(고후 5:21).

> 그리스도께서 우리를 위하여 저주를 받은 바 되사 율법의 저주에서 우리를 속량하셨으니 기록된 바 나무에 달린 자마다 저주 아래에 있는 자라 하였음이라(갈 3:13).

이제, 우리의 마음이 그리스도께서 거룩함과 흠 없음에 미치지 못한 적이 있었다고 말할 생각은 추호도 없으나, 그분과 죄인들 사이에 대속의 방식을 통해 하나의 연결고리가 확립되어야 한다는 것은 분명합니다. 그것은 그분의 온전한 본성이 견뎌내기에는 너무도 어려운 일이이었음에 틀림없습니다.

　그분에게 있어 두 명의 중죄인 사이에 나무에 매달려야 한다는 것, 그분이 신성모독의 죄목으로 고소당한 것, 그분에 있어 죄인들 가운데 계수되어야 한다는 것, 불의한 자들을 대신하여 의로우신 분이 고난받아야 한다는 것, 그분이 마치 유죄인 것처럼 아버지의 진노를 감당해야 한다는 것, 이는 경이롭고도 인간의 모든 사고를 뛰어넘는 것입니다!

　흠모할만한 이마를 위하여 일곱 번째 글자를 옮기는 동안, 가장 밝은 왕관을 내어와서 그분의 머리에 씌우십시오.

　일곱째, 한 번 더 그리스도의 죽음은 지고의 사랑에 대한 증거가 됨을 것을 기억해야 합니다. 왜냐하면 그분의 경우에, 그리스도는 다른 경우들에는 죽음을 죽음 이하가 되게 할 모든 도움들과 죽음의 가치를 경감시킬 시도들을 거부당하셨기 때문입니다.

　나는 어떤 성도가 즐겁게 죽을 수 있다는 것에 놀라지 않습니다. 그의 이마는 평온하며, 그의 눈이 밝게 빛나는 것은 당연합니다. 그는 자신을 내려다보시는 하늘의 아버지와 그를 기다리고 있는 영광을 바라보기 때문입니다. 그의 영혼이 기쁨으로 기뻐 뛰는 것은 당연합니다. 심지어 죽음의 기운이 그의 얼굴에 깃들어 있을 때조차도 말입니다. 왜냐하면 천사들이 그를 만나기 위해 다가왔고, 그는 저 세상을 바라보고 있으며, 매순간 가까워오고 있는 빛나는 진주문을 바라보기 때문입니다.

그러나 조금도 당신을 긍휼히 여기지 않는 시선들 속에서, 조롱하는 무리에 싸여서 십자가 위에서 홀로 죽어가는 것, 그리고 당신의 얼굴을 돌려버리신 하나님께 그곳에서 당신의 진혼곡 마냥 "나의 하나님, 나의 하나님, 어찌하여 나를 버리셨나이까?"라고 호소하며 죽어가는 것, "엘리 엘리 라마 사박다니"라는 일찍이 결코 들어본 적이 없는 지독한 고통으로 한 밤 중의 흑암을 놀라게 하는 것. 이것은 정말 끔찍한 일이었습니다.

그리스도의 죽음 안에서의 사랑의 승리는 자기희생이라는 다른 모든 영웅적 행위들을 넘어서서 발생한 것이 명백합니다.

거룩한 하나님의 어린 양이여!

우리의 마음이 당신을 사랑합니다. 우리는 모두 진심을 담은 경외감으로 당신의 발 아래 엎드립니다. 그리고 우리는 당신을 우리의 영혼의 침묵 속에서 찬송합니다.

3. 마지막으로 그리고 나는 내 시간이 다 흘러간 것처럼, 나는 매우 간결하게 말해야 합니다. 많은 최고의 내용들이 이 고귀한 사랑으로 우리에게 주어졌음이 언급되어야 합니다

그리고 우선, 사랑하는 형제들이여!

그리스도께서 그분의 죽음으로 그분의 사랑을 증명하셨다는 이 생각이 어떻게 자기부인을 얼마나 고상하게 하는지요!

나는 여러분이 어떻게 느끼실지 모르나, 나는 내가 그리스도께서 나를 위해서 무엇을 하셨는가를 생각할 때면 나는 전적으로 초라하게 느껴집니다. 상대적으로 편안하고 쾌락의 삶을 산다는 것은 나를 수치스럽게 합

니다. 싫증이 나도록 일하는 것은 아무 의미 없는 것으로 보입니다.

결국, 그리스도께서 하신 일과 비교할 때 우리는 무엇을 하고 있습니까?

지금 그리스도를 위하여 고난 중에 있는 사람들!

선교 현장에서 자신의 생명을 내려놓은 채 복음을 전하는 사람들!

수많은 고생들과 가난과 박해를 감당하고 있는 사람들!

아프리카 오지에서 짐승 이빨과 벌레의 독에 생명을 잃으며 사역하는 사람들!

내 형제들이여!

이들은 질투 받아 마땅합니다.

그들은 그들 형제 이상의 몫을 갖고 있습니다. 이것이 예수께서 그토록 자신을 부인하셨을 때, 편히 살았고 편안함을 추구했던 나로 하여금 부끄럽게 만듭니다.

나는 내가 어떤 존재인가를 스스로 돌아볼 때 주님의 피 묻은 사랑에 대한 생각이 초라하게 만들며, 나 자신이 살피기에도 아무 것도 아니라고 느끼게 합니다.

반면에 이는 또한 하나님 앞에서 다른 사람들의 자기 부인을 존경하게 하며 우리도 그것을 행할 방법을 갖게 되길 소망하게 됩니다.

오, 그것이 우리로 하여금 어떻게 용기를 자극하는지요.

여러분이 십자가에 다가갈 때, 여러분은 편협한 사람의 영역을 벗어난 것입니다. 여러분은 진정한 갈보리의 모판(nursery)에 도달한 것입니다.

그리스도께서 죽으셨습니까?

그렇다면 우리는 우리 역시도 죽을 수 있다고 느낍니다.

사람들이 그리스도의 사랑 안에서 살아갔을 때, 얼마나 위대한 삶을 살았던가를 살펴보십시오!

모라비아 교회 교인들의 이야기가 내 마음에 떠오릅니다. 그리고 나는 여러분이 그 내용을 여러 번 들었을지라도, 나는 그것을 반복하여 말할 것입니다.

이는 수년 전 남아프리카에서 일어난 일입니다. 장소는 나병에 걸린 사람들이 쫓겨나 모여든 곳으로 높은 벽들로 둘러싸인 시골의 한 지역이었습니다. 그곳으로부터 아무도 탈출할 수 없었습니다. 문은 단 하나만 있었는데, 그곳에 들어간 사람은 결코 다시는 밖으로 나오지 않았습니다.

어떤 모라비아 교인이 그 벽을 살펴보다가 두 사람을 보게 되었습니다. 나병으로 말미암아 팔들이 썩어 떨어져 나간 한 사람이 그의 등에 다리를 잃은 또 다른 사람을 업어 옮기고 있었습니다. 그리고 그들은 땅에 구멍을 내고 씨를 심고 있는 중이었습니다.

두 명의 모라비아 교인들은 생각했습니다.

"그곳에는 몇백 명이 되는 많은 사람들이 지독한 질병에 걸려서 죽어가고 있는 것 같아요. 우리가 가서 그들에게 복음을 전합시다."

그들은 말하기를 "하지만 당신이 들어가면, 당신은 결코 밖으로 나올 수 없습니다. 그곳에서 당신은 역시 나병으로 죽게 될 것입니다."

그들은 들어갔고, 그들은 하늘의 고향으로 돌아갈 때까지 결코 밖으로 나오지 않았습니다. 그들은 그리스도의 사랑으로 인하여 다른 이들을 위하여 죽었습니다.

거룩한 무리에 속한 다른 두 사람이 서인도 제도에 갔습니다. 그곳에는 자신이 노예가 되지 않는 한, 복음을 선포하러 갈 수 없는 땅이 있었습니다. 그리고 이 두 사람은 스스로를 노예로 팔았고, 다른 동료 노예들에게 복음을 전하기 위해 노예들과 같이 일했습니다.

우리 가운데 예수의 영이 있다면, 우리는 위대한 일을 할 수 있을 것입니다. 우리는 예수의 영을 되돌려 받고 소유해야 합니다. 교회는 교회의 옛 용기를 상실하였을 때, 모든 것을 잃어버렸습니다. 교회는 그리스도의 사랑이 교회를 더 이상 강권하지 않게 될 때, 교회는 세상을 이길 힘을 잃어버렸습니다.

그러나 이 경우에 있어 그 용기 있는 행위에는 어떻게 달콤한 맛이 가미되고 부드러운 풍미가 섞이게 되었는지를 살펴보십시오.

옛 시대의 기사단은 잔인했습니다. 그 기사단은 강한 철갑을 입고 돌아다니다가 유사한 철로 된 복장을 갖추지 않은 다른 이들을 박살냈습니다.

요즘 우리는 용기를 쉽게 구매할 수 있다고 나는 감히 말합니다. 그러나 그것 없이도 최상의 결과를 낼 수 있습니다. 나는 거룩한 사랑의 기사단을 원합니다. 그 기사단 안에서 사람들은 다음과 같이 생각합니다.

> 나는 그리스도를 위하여 그 사람에게 유익이 된다면, 그 사람이 가하는 모욕을 견뎌 낼거야. 그리고 나는 내 주님의 성전 문에 놓인 현관의 신발 닦이가 될거야. 그리하여 방문하는 모든 사람이 그곳엣 그리스도께 영광을 돌린다면, 기꺼이 그들의 발을 내 위에서 닦게 할거야.

그리스도를 위하여 아무 것도 아닌 존재가 되는 그러한 용기, 혹은 교회를 위하여 사소한 존재가 되는 그러한 용기는 십자가의 용기입니다. 왜냐하면 그리스도께서 스스로 아무런 명성을 취하지 않으셨고, 자신에게 종의 형체를 입히셨으며, 인간의 몸으로 나타나셔서 그분은 죽음에 복종하셨습니다. 심지어 십자가의 죽음에 말입니다.

오 거룩한 성령이시여!

우리에게 예수의 이름으로 자기 부인이라는 용기 있는 행동을 가르치소서.

내 귀에 십자가로부터 온 것 같은 부드러운 음성이 있습니다. 그 음성은 "죄인이여, 죄인이여, 마음이 찔림이 있는 죄인이여, 나는 이 모든 것을 그대를 위하여 행했노라. 너는 나를 위해 무슨 일을 했는가?"입니다.

그리고 또 다른 목소리가 말했습니다.

나에게로 돌아오라! 나를 바라보고 구원을 받으라. 땅의 모든 끝이여
(시 67:7의 인용으로 보임-역주).

나는 여러분에게 십자가에 못 박히신 그리스도를 어떻게 선포해야 될지 알게 되길 원합니다. 나는 내가 행한 것보다 더 할 수 없음에 대해 부끄럽게 여깁니다. 나는 주님께 내 말들 중 어느 것이 행할 수 있는 것보다 훨씬 나은 방식으로 복음을 주께서 여러분 앞에 펼쳐주시길 기도합니다.

그러나 마음에 찔림이 있는 죄인이여!

구속주를 바라볼 때 생명이 있습니다.

이제 여러분의 눈을 그분에게로 돌리십시오.

그리고 그분을 신뢰하십시오.

단지 그분을 신뢰하십시오.

여러분은 용서를 발견하게 될 것이며, 긍휼과 영생과 그리고 하늘을 발견하게 될 것입니다. 믿음은 위대한 대속주(substitute)를 바라보는 것입니다. 하나님께서 여러분이 예수님을 바라보도록 도와주실 것입니다.

아멘.

Sermons on the Passion of Christ

제8장
가시 면류관

가시관을 엮어 그 머리에 씌우고(마 27:29).

군인들의 응접실(common hall)에 들어가서, "상처받으신 거룩한 머리"를 응시하기 전에, 잔혹한 수치를 당하신 그분이 누구셨고 어떤 분이셨는가를 숙고하는 것이 좋다고 생각합니다.

그분의 인격의 내재적 탁월성을 잊지 마십시오.

왜냐하면 그분은 아버지의 영광의 광채이시며, 그분의 인격의 명확한 형상이시기 때문입니다.

그분은 본질적으로 만유의 하나님이시며, 영원히 복되신 분이시고, 그분으로 말미암아 만유가 창조된 영원한 말씀이시고, 그분으로 말미암아 모든 것이 존재하는 분이십니다. 만유의 후사요, 지상의 왕 중의 왕이실지라도, 그분은 사람들에게서 멸시받았고 배척되었습니다.

그분은 "슬픔과 비통함에 친숙한 분"이셨습니다. 그분의 머리는 왕관이라는 명목으로 경멸적으로 만든 가시로 둘러싸인 관으로 씌워졌습니다.

그분의 몸은 색이 바랜 자줏빛 옷으로 치장되었습니다. 초라한 갈대가 왕의 홀인 양 그분의 손에 들려졌습니다. 그리고 상스러운 군인들이 감히 그분의 얼굴을 째려보았고, 그들의 더러운 농담으로 그분을 괴롭혔습니다.

> 군인들이 또한 그분의 얼굴에 침을 뱉었습니다.
> 그 얼굴은 천사들이 영광을 보게 되길 바랐던 얼굴이었지요.
> 또한 선지자들이 과거에 보고 싶어 하던 얼굴이었습니다. 그러나 찾을 길이 없었지요.
> 당신의 슬픔과 같은 슬픔이 일찍이 있었던가요?

그분이 원래 익숙하셨던 영광을 잊지 마십시오.

왜냐하면 그분이 지상에 오시기 전에 그분은 아버지의 가슴에 계셨고, 그룹(cherubim)과 스랍(seraphim)의 경배를 받으셨으며, 모든 천사들이 복종하였고, 하늘의 모든 정사와 권세들에 의하여 예배되던 분이셨습니다.

하지만 그분이 여기에 앉으셔서, 범죄자보다 더 못한 대우를 받으시고, 그분이 비극의 희생자가 되기 전에 코미디의 중심이 되셨습니다. 그들은 깨진 의자 위에 그분을 내려 앉히고는 낡은 군인의 망토로 덮고는 왕 되심을 조롱하며 모욕을 가했습니다.

> 그들은 내게 무릎을 꿇고 외쳤습니다.
> "만세! 만세! 만만세!"
> 조롱과 비웃음이 무엇을 가져오든.
> 나는 마루바닥이고 하수구인데, 그들은 거기에서 날뜁니다.
> 나의 슬픔과 같은 슬픔이 일찍이 있었습니까?

도대체 우리를 향한 그분의 어떤 사랑이 그분으로 하여금 이 땅에 오시게 했습니까!

우리가 추락한 그곳에서 우리를 들어 올리시기 위해서 그분이 얼마나 낮은 곳에 임하셨는지를 보십시오.

그들이 그분을 조롱하는 바로 그 순간에도 그분은 여전히 만유의 주님이시고 자신을 구하기 위해서 천군천사 열두 군단을 불러내실 수 있는 분이셨음을 잊지 마십시오.

그분의 비참함에는 또한 장엄함이 있습니다. 주님이 아버지의 궁정 안에서 누리시던 영광스러운 왕으로서의 위엄을 내려놓으셨다는 것은 사실입니다. 그리고 그분은 이제 나사렛의 비천한 한 인간이 되셨습니다.

그러나 그럼에도 불구하고, 그분이 원하기만 하셨다면, 한번 바라보심만으로도 로마 보병대를 도말하실 수 있었을 것입니다. 침묵하신 음성 가운데 한 말씀만으로도 빌라도의 궁정을 지붕으로부터 기초까지를 뒤흔들어놓으실 수도 있었습니다. 그리고 그분이 원하기만 하셨다면, 우유부단한 총독과 사악한 무리들을, 과거에 고라, 다단, 아비람에게 행하셨던 것처럼, 그들을 산 채로 구덩이 속에 던져 넣으실 수도 있었습니다.

보십시오!

하나님의 유일한 아들, 하늘의 존귀한 분, 그리고 지상의 왕이신 분이 거기 앉아 한꺼번에 육신과 마음 모두에 상처를 안긴 잔혹한 머리관을 쓰고 계십니다. 마음은 모욕으로 상처를 입으셨고, 육신은 살을 찢는 아픔으로 고통당하셨습니다. 과거 사람들의 자녀들의 것보다 더 반듯한 "가장 고귀한 사랑스러운" 이마를 가졌고, 우리와 함께 하시는 임마누엘의 하나님의 형상을 지녔던, 그분의 거룩한 얼굴은 피가 멈추지 않아, "어지럽게 하면서 천천히 그 피가 더디게 흘러나오는 상처"로 더럽혀졌습니다.

이것들을 기억하십시오!

그러면 여러분은 청명한 눈과 부드러운 마음을 지니신 그분을 응시하게 될 것이며, 그분의 고뇌 속에서 그분과 보다 충분히 깊은 교제 속에 들어가게 될 것입니다.

그분이 어디로부터 오셨는지를 기억하십시오.

그러면 그분이 그토록 자신을 굽히셨다는 사실로 인해 여러분은 훨씬 더 깜짝 놀라게 될 것입니다.

그분이 누구이셨던가를 기억하십시오!

그러면 그분이 우리의 대속물이 되셨다는 사실로 인해 우리는 훨씬 더 놀라게 될 것입니다.

그리고 이제 감옥 안으로 들어가 보십시다.

그리고 가시관을 쓰신 우리의 구세주를 바라봅시다.

나는 그분이 어떤 종류의 가시관을 쓰셨는지에 관해 여러분이 여러 형태로 추측하도록 여러분을 오래 붙잡아 두지는 않을 것입니다. 랍비들과 식물학자들에 의하면, 팔레스타인 안에서 자라나는 가시 종류의 식물은 20개에서 25개의 다른 종들이 있었다고 합니다.

그리고 다른 저술가들은 자신들의 고유한 판단과 상상 속에서, 이 식물들 중 이것저것을 선택하여 이 사건 가운데 사용되었을 특정 가시 종류들을 추정해 왔습니다.

그러나 수많은 가시들 중 하나만을 선택해야 합니까?

그분은 하나의 슬픔만을 감당하신 것이 아니라, 모든 슬픔을 감당하신 것입니다. 그리고 온갖 종류의 가시가 다 필요했을 것입니다. 특정 종류들에 대한 바로 그 불확실성이 우리에게 가르침을 줍니다.

군인들은 아카시아 혹은 싯딤나무(shittim)의 잘 휘는 가지들을 사용했었을 것입니다. 그 나무들은 잘 썩지 않아 성전의 수많은 탁자와 그릇들을 만드는데 사용되었습니다. 그러므로 예수님의 상황 같은 경우에 그 가시가 의미 있게 사용되었을 수 있습니다. 과거의 저술가들이 일반적으로 생각했던 것처럼, 그 식물은 "스피나 크리스티"(spina Christi, 갈매나무과의 식물로 그리스도의 가시관이었을 것으로 유력하게 추정됨-역주)일 수 있습니다.

왜냐하면 그 나무는 수많은 작고 날카로운 가시들을 갖고 있고, 그 식물의 녹색 잎들은 전쟁 후에 장군들과 황제들에게 관을 만들어 씌웠을 만큼 화관 용도로 사용되었기 때문입니다. 그러나 우리는 그 사안은 그냥 남겨놓는 것이 좋겠습니다. 그 관은 그분의 머리를 꿰뚫는 가시관으로 그분에게 고통 뿐 아니라 수치를 안겨 주었습니다. 그리고 우리에게는 이 정도로 말해두는 것만으로 충분합니다.

이제 우리의 질문은 우리의 눈이 가시관을 쓰신 그리스도를 바라볼 때 우리가 무엇을 보는가 입니다.

나에게 가장 우선 떠오르는 생각은 **여섯 가지**입니다. 그리고 내가 커튼을 들어 올릴 때 나는 여러분이 나와 함께 보게 되길 그리고 성령께서 그분의 신령한 조명을 부어 주셔서 우리의 궁금해 하는 영혼 앞에 그 장면을 밝히 보여주시길 기도합니다.

1. 가장 무심한 관찰자가 표피 아래를 보기 전에, 그에게 가장 먼저 눈에 띌 것은 슬픔에 찬 광경입니다

여기에 그리스도가 계십니다. 그분은 관대하시고 사랑으로 가득 차시며 온화한 그리스도이십니다. 그러나 그분은 경멸과 조롱의 대우를 받고

계십니다. 여기에 상스러운 군인들의 조롱의 대상이 되신 생명과 영광의 주님이 계십니다.

오늘날 가시 식물들 가운데 백합을 보십시오.

거스르는 죄악들 가운데 스스로를 드높이는 정결함을 보십시오.

여기에 덤불 속에 갇혀 있는 희생 제물, 그리고 무성한 관목들 앞에 굳게 결박되어 있는 희생 제물을 보십시오.

그분은 아브라함이 이삭 대신에 죽였던 수풀 속에 갇혔던 숫양의 모형을 성취하기 위해 우리 대신에 결박되어 있는 희생양이십니다. 이 슬픔의 현장에서 우리는 세 가지를 신중하게 주목해야 합니다.

첫째, 여기에 건장한 군인들에 의하여 제압된 그리스도의 지치고 기운 없는 상태가 있습니다.

그들이 감옥 안으로 예수님을 데리고 들어왔을 때, 그들은 그분이 전적으로 자신들의 수중에 있으며, 자신이 왕이라는 그분의 주장은 오직 경멸할만한 농담거리처럼 터무니없다고 느꼈습니다. 그분은 겨우 초라한 옷을 걸쳤을 뿐입니다. 왜냐하면 그분은 단지 소작농의 작업복을 입고 있었기 때문입니다.

그분은 왕위를 요구했습니까?

그분은 화평을 유지하셨습니다.

그분은 선동으로 국가를 어지럽혔습니까?

그분의 전신에는 채찍질로 말미암아 갓 생겨난 상처와 멍이 가득 찼습니다.

그분은 군대의 마음에 불을 질러 옛 로마를 전복시킬 영웅이셨습니까?

그 상황은 그들에게는 희희낙락할 거리였던 것 같습니다. 그들은 야수가 먹잇감을 갖고 놀듯이 예수님께 그렇게 행하였습니다. 나는 분명히 말하거니와 많은 이들이 로마 군인들과 함께 예수님을 즐거움과 조롱의 대상으로 삼았습니다. 그들 가운데서 조롱의 웃음이 크게 들렸습니다.

주님의 얼굴을 보십시오.

주님은 얼마나 온화하신지요!

독재자들의 거만한 외모와는 큰 차이가 나지 않습니까!

왕으로서의 그분의 주장을 조롱하는 일은 무지할뿐인 군인에게는 자연스러워 보였습니다. 그분은 아이처럼 온순하셨고, 여인처럼 부드러우셨습니다. 그분의 위엄은 고요한 인내를 드러내었고 이는 이 반쯤은 야만적인 사람들이 느낄 수 있는 위엄은 아니었습니다. 그리하여 그들은 그분께 경멸을 쏟아 부었습니다.

우리 주님의 약함은 우리를 위하여 감당하셨던 것임을 기억하십시다. 우리를 위하여 그분은 어린 양이 되셨습니다. 우리를 위하여 그분은 자신의 영광을 내려 놓으셨습니다. 그리하여 그분께서 자발적으로 수치를 감당하심이, 최고의 찬송의 가치가 있는 일임에도, 그러한 조롱과 멸시의 대상이 되어야 하는 이 장면을 바라봄은 우리에게 더 큰 고통입니다.

그분은 우리를 구하시기 위해 스스로를 낮추셨습니다. 그리고 그분이 낮추실 때 우리는 그분을 비웃었습니다. 그분은 우리를 보좌에 높이시기 위해서 보좌를 떠나셨습니다.

그러나 그분이 은혜롭게 내려오실 때, 경건치 않은 세상의 귀에 거슬리는 웃음소리는 그분의 유일한 보상이었습니다.

오, 나는 어떠한가?

사랑이 그토록 매력없는 대우를 받은 적이 있던가요?

분명코 사랑이 받은 잔인함은 그것이 받아 마땅했던 영예에 비례하였으며 그렇기에 사람들의 아들들 역시도 그만큼 비뚤어졌던 것입니다. 사람의 아들들은 그렇게 사악합니다.

오 멍으로 뒤덮인 머리여!
활력을 잃어버린 이마여!
오 큰 수치를 어떻게 할 것인가.

그분의 얼굴 위로 떨어지고 있는
극도의 고통을 안겨주는 무례함들.
그분은 그 모든 것을 우리를 위해 견디시는도다.

둘째, 그들은 단지 그분의 겸손(humility)을 조롱한 것이 아닙니다. 그들은 왕이시라는 그분의 주장을 조롱한 것입니다.
"아하" 그들은 말하는 것 같습니다.

이 사람이 왕이라는 말이지?
이 초라한 농부가 왕관을 써야한다고 주장하는 것은 촌스러운 유대인 방식을 따른 것임에 틀림없어.
이 사람이 다윗의 후손이라고?
그가 가이사와 가이사의 군대를 바다 속에 쳐 넣게 될 때, 로마에 새로운 나라를 세워 다스리게 될 것이라고?
이 유대인, 이 농부가 유대 나라의 꿈을 실현시킬 인물이라니!
그리고 모든 인류를 다스릴 인물이라니!

놀라울 정도로 그들은 이 생각을 조롱하였고, 그들이 그렇게 했다는 것에 대해 우리는 이상하게 여기지 않습니다. 왜냐하면 그들은 그분의 진정한 영광을 깨달을 수 없었기 때문입니다.

그러나 사랑하는 이들이여!

나의 요점은 여기에 있습니다. 그분은 가장 참되고 가장 강조될 만하게 왕이셨습니다. 그분이 왕이 아니셨다면, 그분은 사기꾼으로서 경멸받아 마땅할 것이며, 그 멸시를 예민하게 받아들이지도 않았을 것입니다. 그러나 진정으로 참된 왕이셨기 때문에, 모든 말들이 그분의 고귀한 영혼을 찔렀을 것임에 틀림없고, 모든 음절이 왕이신 그분의 영혼의 아픈 급소를 칼로 벤 듯 했을 것임에 틀림없습니다.

사기꾼들의 주장이 드러나고 멸시당하게 될 때, 자신이 그가 받는 모든 경멸을 감수해야할 책임이 있음을 확실히 잘 알고 있을 때, 그가 무슨 말을 할 수 있겠습니까?

그러나 하늘과 땅의 모든 소유의 진정한 상속자가 자신의 권리 주장이 부인되고 그분의 인격이 조롱의 대상이 된다면, 그분의 마음은 상처를 입게 되고, 비난과 질책은 그분을 수많은 슬픔으로 가득 채우지 않겠습니까?

하나님의 아들이요 가장 복되고 유일한 주권자(Potentate)께서 이와 같이 모욕을 당해야 했던 사실은 슬픈 일이 아니겠습니까?

셋째, 아니 그것은 단순히 조롱이 아니었습니다. 오히려 잔인함이 모욕에다가 고통을 더하였던 것입니다.

그들이 단지 그분을 조롱하기만을 의도했었더라면, 그들은 짚으로 엮어 관을 만들었을 것입니다. 그러나 그들은 그분에게 고통을 주기로 했습니다. 그러므로 그들은 가시관을 만들어 씌운 것입니다.

나는 여러분이 그분이 그들의 손 안에서 고통당하실 때, 그분의 인성을 보게 되길 기도합니다. 그들은 아마도 그분의 머리를 제외하고는 그들의 매질로 출혈이 일어나지 않는 곳이 없을 때까지 그분을 몹시도 괴롭혔습니다. 그리고 이제 그 머리도 고통을 받기 시작했음에 틀림없습니다.

아아! 우리의 전체 머리는 병들었고, 우리의 전체 마음은 기력을 잃었습니다.

우리가 범죄할 때 우리에게는 그분 자신이 징계받도록 하신 것과 다를 바 없었습니다. 우리 인성에는 죄 없는 부분이 없었습니다. 그분의 인성에는 고통 없는 부분이 없었을 것임에 틀림없습니다. 우리가 어느 종류까지는 죄악으로부터 피하였더라면, 그분도 고통으로부터 피할 길이 있었을 것입니다.

그러나 우리가 죄악이라는 불결한 의복을 입었고, 그리고 그 의복은 우리를 머리부터 발끝까지 덮고 있기 때문에, 그분은 그분의 머리에 있는 관으로부터 그분의 발바닥에 이르기까지 수치와 조롱의 의복을 입으셨음에 틀림없습니다.

오, 보여주기에는 끝이 없는 사랑이여!
그 사랑은 오직 주님에 의해서만 가능합니다.
오, 상처 입은 사랑이여!
그 사랑은 뻔뻔한 범죄자의 저주와 고통을 받아들입니다.
그 어떤 동기도 가질 수 없는 사랑이여,
그러나 단지 구원하려는 은혜만이 그 동기입니다.

2. 이 슬픈 광경으로부터 다시 커튼을 거두면서, 여기에서 나는 그 슬픔의 광경으로부터 우리에게 부드럽게 그리고 상냥하게 말씀하시는 엄중한 경고를 봅니다.

여러분은 나에게 이 경고가 무엇이냐고 묻는 것입니까?

그것은 군인들이 행했던 것과 동일한 범죄를 행하는 것에 대한 경고입니다. 여러분은 "동일한 것이라니요!"라고 말할 것입니다.

"왜요?

우리는 결코 그토록 존귀한 머리를 위해 가시관을 엮은 적이 없습니다."

나는 여러분이 결코 그러지 않기를 기도합니다. 그러나 그렇게 행한 사람들이 그리고 그렇게 행하고 있는 사람들이 많이 있습니다. 이 죄를 범한 사람들은 군인들이 그러했던 것처럼, 그분의 권리들을 부인하는 자들입니다.

전 세계에 걸쳐 바로 이 순간에 이 세상의 지혜로운 사람들은 바쁩니다. 가시나무들을 모으고 엮어서 여호와의 기름부음 받은 분을 괴롭히기 위해서 바쁘게 움직이고 있습니다.

그들 중 몇몇은 외칩니다.

"예, 그는 좋은 사람이었지요. 그러나 하나님의 아들은 아니었습니다."

다른 이들은 심지어 인생과 가르침에 있어 그분의 최상의 탁월성마저 부인합니다. 그들은 그분의 완전성을 트집잡습니다. 그리고 존재하지도 않는 약점을 상상합니다. 그들에게는 그분의 인물됨을 비난하는 것보다 더 행복한 일은 없습니다.

자신의 모든 지혜를 동원하여 오직 복음 내러티브 안에 있는 불일치를 발견하는 일에 그들의 최상의 기술을 사용하는 이들이 있습니다. 혹은 그들은 하나님의 선포된 말씀들과 추정된 과학적 발견 사이의 차이를 상기시키는 일에 최선을 다합니다. 너무도 자주 그들은 그분을 위한 가시관을 엮는 일에 기꺼이 자신들의 손이 찢기는 일을 감내합니다.

나는 그들 중 어떤 사람들이 인류를 사랑하신 그분을 괴롭히기 위해 가시관을 만드는 과학적 연구를 과시한 결과로, 그들이 죽게 될 때, 가시로 만든 침대 위에 눕게 될까 두렵습니다.

오! 그들이 세상의 유일한 희망이신 그분을 위한 가시관을 짜는 이 쓸모없고 사악한 직업을 중단할 수만 있다면요.

그분의 종교는 인간의 슬픔을 밝히고 유한한 사람을 평화의 항구로 이끄는 유일한 별입니다. 기독교의 한시적인 유익을 위해서조차도 선하신 예수는 존중받아 마땅합니다. 그분은 노예를 해방시키셨고, 압제에 신음하는 이들을 올려 세워주셨습니다. 그분의 복음은 자유의 성격을 지니며, 독재자를 징벌하며, 제사장들에게는 죽음을 안겨줍니다.

복음을 전파하십시오.

그러면 당신은 평화, 자유, 질서, 사랑과 기쁨을 전파하는 것입니다. 그분은 가장 위대한 박애주의자이시며, 인류의 가장 진실한 친구이십니다.

그렇다면 진보와 계몽을 말하는 여러분은 무엇을 위하여 여러분을 그분과 적대하는 자리에 위치시킵니까?

사람들이 그분을 알았더라면, 그들은 그분에게 인도의 진주보다 더 고귀한 공경과 사랑의 관을 씌웠을 것입니다. 왜냐하면 그분의 통치는 황금시대로 안내할 것이며, 그분의 통치가 과거의 비참함을 제거하였던 것처럼, 지금조차도 현재의 그 세력을 완화시킬 것이기 때문입니다.

첫째, 이 가시관을 씌우는 행위는 그분께 충성하는 위선적 신앙고백으로 다른 방식을 통해 행해집니다.

이 군인들은 그리스도의 머리 위에 관을 씌웠으나 그것은 그분이 왕이시라고 인정하는 것을 의도하지는 않았습니다.

그들은 그분의 손에 왕의 홀을 들려주었으나, 그것은 실질적 권세를 상징하는 실제 상아로 만든 막대기 아니었습니다. 그것은 단지 약하고 호리호리한 갈대였습니다.

그 점에서 그들은 우리에게 그리스도께서 진실되지 못한 고백(그리스도인들)에 의해 조롱당하고 계심을 상기시킵니다.

오 자신의 가장 내밀한 영혼 안에서 그분을 사랑하지 않는 당신들이여! 당신들은 그분을 조롱하는 이들입니다.

그러나 여러분은 말할 것입니다.

"어떤 점에서 내가 그분께 관으로 영광을 돌리는데 실패했습니까?

나는 교회에 다니지 않았습니까?

나는 내가 신자라고 말하지 않았습니까?"

오! 여러분의 마음이 여러분에게 솔직하지 않다면, 여러분은 단지 그분께 가시관을 씌운 것입니다. 여러분이 그분께 여러분 자신의 영혼을 드리지 않았다면, 여러분은 그분의 손에 끔찍한 조롱이 담긴 방식으로 갈대로 만든 홀을 들려드리는 것입니다. 여러분의 바로 그 종교가 그분을 모욕합니다. 여러분의 거짓을 말하는 신앙고백이 그분을 모욕합니다.

누가 여러분 마음대로 그분의 궁정을 밟도록 요구했습니까?

여러분은 그분의 식탁에서 그분을 모욕하고 있습니다. 여러분은 자신의 무릎 위에서 그분을 모욕하고 있습니다.

여러분의 마음이 그분과 함께 하지 않을 때, 여러분은 어찌 자신이 그분을 사랑한다고 말할 수 있습니까?

여러분이 그분을 결코 믿지 않았고, 죄를 회개하지 않았으며, 그분의 명령에 순종하지 않았다면, 그리고 여러분의 매일의 삶 속에 그분을 주님이시오 왕으로 모시지 않았다면, 나는 여러분에게 그토록 그분에게 모욕을 안기는 신앙고백을 내려놓을 것을 촉구합니다.

그분이 하나님이시라면, 그분을 섬기십시오.

그분이 왕이시라면, 그분에게 복종하십시오.

그분이 여러분에게 하나님도 아니고 왕도 아니라면, 그리스도인들이라고 고백하지 마십시오.

정직하십시오.

그리고 여러분이 그분을 왕으로 받아들이지 않는다면 아무런 관(crown)을 가져오지 마십시오.

둘째, 어떤 면에서는 신중함의 부족함으로 인해 자신들의 고백에 불명예를 안기는 신실한 사람들에 의해서도 동일한 일이 행해질 수 있습니다.

여기에서 내가 바르게 말하고 있는 것이라면, 나는 여러분 모두에게 정죄 받을 상태에 있는 여러분의 영혼 안에서 그것을 고백하도록 강요할 것입니다. 왜냐하면 우리가 우리의 죄된 육체(flesh)를 따라 행동하는 모든 순간, 우리는 구세주의 머리에 가시관을 씌우는 것입니다.

우리들 중 어느 누구가 이 일을 행하지 않았습니까?

아아! 우리는 얼마나 우리의 이상에서 멀리 떨어져 살아가고 있습니까?

우리는 우리의 죄악의 가시덤불로 당신 주위를 울타리치고 있습니다. 우리는 홧김에 분별없는 말을 우리 입술로 내뱉거나 세속적으로 행해왔고,

당신께서 혐오하신 일을 사랑했으며, 나아가 우리 소욕에 굴복하였고,
우리의 악한 욕망을 탐닉하였나이다.

지금 내가 공개된 죄로 그리스도의 십자가를 욕되게 한 배교자에게 말하고 있습니까?

분명코 여러분 안에 은총의 불꽃이 있다면, 내가 지금 말하고 있는 바가 여러분의 속살까지 도려내야 하고, 여러분의 바로 그 영혼을 아프게 하기 위해서 맨 상처 위에 소금을 뿌리는 것 같은 작용을 해야 합니다.

내가 우리의 존귀하신 주님의 머리에 씌워진 가시관을 엮었던 여러분의 의도적인 일관성 없는 행동을 비판할 때, 여러분의 귀는 욱신욱신 아파오지 않습니까?

여러분의 귀는 확실히 그러할 것입니다. 왜냐하면 여러분은 신성을 모독하는 입을 열었고, 그분을 욕하고 반대하도록 가르쳤으며, 그분의 백성의 세대를 몹시도 슬프게 하였으며, 많은 이들로 걸려 넘어지게 하였기 때문입니다.

사랑하는 친구 여러분!

우리들 각 자가 살펴보아야할 자신의 영혼의 방이 있습니까?

그렇다면, 면밀하게 각자의 방을 살피므로, 슬픔에 찬 애정어린 참회의 모습으로 함께 나아와 회개의 눈물로 그분의 존귀한 발을 씻어 드립시다.

왜냐하면 우리가 그분의 머리에 가시관을 씌워드린 까닭입니다.

따라서 우리의 가시관 쓰신 주님은 슬픔에 찬 모습으로 우리 앞에 서서, 우리에게 엄중한 경고를 전달하십니다.

3. 다시 커튼을 걷어 올리고, 우리의 고문 받고 모욕 받으신 주님의 인격 안에서 우리는 승리에 찬 인내를 바라봅니다

그분은 정복될 수 없습니다. 그분은 가장 깊은 수치의 시간에서 조차도 승리하셨습니다.

> 끄떡없는 심장과 함께 그분은
> 모든 불명예와 수치를 감당하셨습니다.
> 그리고 가장 예리한 고통 가운데서
> 계속 사랑하셨고, 동일하게 사랑하셨습니다.

첫째, 그분은 바로 그 순간, 그분이 우리를 대신하셨기 때문에 자신으로 인해 대속적인 비통함을 감당하고 계셨고, 그분은 그 비통함을 거절치 않으셨습니다.
　우리는 죄인들이었습니다. 그리고 죄의 삯은 고통과 사망입니다. 그러므로 그분은 우리의 화평을 위한 징벌을 감당하셨습니다. 그분은 그 순간에 우리가 감내해야 했던 것을 감내하고 계셨고, 우리를 위한 공의가 섞여진 잔을 마시고 계셨습니다.
　그분은 잔에게서 물러서셨습니까?
　아니지요.
　그분은 겟세마네 동산에서 쓰디 쓴 고통의 잔을 마시기 위해서 처음 그곳에 오셨을 때, 그분은 그 잔을 그분의 입술에 갖다 대셨고, 한 순간 한 모금이 그분의 강한 영혼조차도 휘청거리게 하는 것처럼 보였습니다. 그분의 영혼은 극도의 슬픔에 빠졌고, 심지어 죽음에 이를 정도였습니다.

그분은 실성한 사람 같았고, 내적 고통으로 앞뒤로 심하게 흔들거리셨습니다. 그분은 말씀하셨습니다.

> 나의 아버지, 가능하다면, 이 잔을 내게서 지나가게 하옵소서.

그분은 그 기도를 세 번 드렸는데, 그때에 그분의 인간됨의 모든 부분은 비통함이라는 군대와 교전 중이었습니다. 그분의 영혼은 팽창하는 비통함을 위한 분출구를 찾기 위해 모든 모공을 서둘러 열었습니다. 그분의 전신은 피투성이의 땀으로 뒤범벅되어 있었습니다.

그 엄청난 투쟁 후에, 사랑의 힘이 인간의 약함을 정복하였습니다. 그분은 그 잔을 자신의 입술에 대셨고, 결코 회피하지 않으시고, 조금의 찌꺼기가 남지 않을 때까지 들이키셨습니다. 그리고 이제 진노의 잔이 비워졌고, 그 잔 안에 있던 하나님의 진노의 끔찍한 술의 흔적이 사라졌습니다. 한 번에 행해진 사랑의 엄청난 들이킴으로 주님은 영원히 그분의 모든 백성을 위한 파괴의 잔을 영원히 들이키셨습니다.

"저주받은 그는 누구입니까?

돌아가신 그리스도이십니다.

예, 하지만 그분은 다시 부활하신 그리스도이십니다."

그리고 "그러므로 이제 그리스도 예수 안에 있고, 육을 따르지 않고 성령을 따라 걷는 이들에게는 더 이상의 정죄는 없습니다."

이제 확실히 인내는 우리의 본문이 묘사하는 고통스러운 조롱을 견뎌야 하셨을 정점에 도달하였습니다. 하지만 그분은 움츠러들지 않으셨고, 그분의 정해진 목표를 벗어나지 않으셨습니다. 그분에게 책임이 주어졌고, 그분은 그것을 완수하셔야 했습니다.

그분을 바라보십시오!

그리고 그분이 우리를 위하여 감당하지 않으셨더라면 세상을 지옥에 보냈을, 그 비통함을 그분이 온전히 견뎌내신 기적을 보십시오.

둘째, 성부께서 심판하신 죄로 인한 수치와 고난 외에도, 그분은 인간의 미움에서 생겨난 추가된 적의까지도 견뎌내고 계셨습니다.

사람들은 왜 그들의 모든 경멸과 잔인함을 그분의 처형에 집중할 필요가 있었을까요?

그분이 죽으셔야만 했던 것으로 충분하지 않았습니까?

그것이 그분의 가장 부드러운 감정을 파괴하려는 그들의 쇠심장에 기쁨을 안겨주었습니까?

그분의 비통함을 더 깊이 파헤치려는 그들의 고안물은 도대체 무엇을 위한 것입니까?

우리들 중 어떤 사람이 이처럼 조롱을 받았다면, 우리는 크게 분개했을 것입니다. 여기에 있는 그 어떤 남성이나 여성도 그러한 모욕에 대해 침묵하고 있었을 사람은 없습니다. 그러나 예수님은 무한한 인내심으로 그분의 영혼을 온전히 바르고 충실하게 지켜내셨습니다.

영광스러운 인내의 표본이여!

우리는 악의가 당신의 전능하신 사랑을 정복할 수 없음을 보며 당신을 찬양합니다.

나는 이것이 우리 주님이 그 군인들 중 어떤 이를 감동시키셨을 정도로 우리의 존귀하신 주님이 보여주신 인내에 대한 묘사라고 감히 말합니다.

마태가 어떻게 그 조롱에 대한 모든 것을 알게 되었냐는 질문이 여러분 안에서 떠오릅니까?

마태는 거기에 없었습니다. 마가도 그 현장에 대해 기술합니다.

그러나 그는 그 삼엄한 경비의 장소를 견뎌내지 못했을 것입니다. 수비대는 일반 유대인들이 견뎌내기에는 지나치게 거만하고 거칠었습니다. 자신들 각자의 집으로 도망쳐 머물고 있는 예수님의 제자들에게는 더욱 그러했을 것입니다.

군인들 외에는 그곳에 아무도 있을 수 없었기 때문에, 누가 이 이야기를 말해주었는가를 묻는 것은 당연합니다. 증인이 있었을 것임에 틀림없습니다. 동일한 장에서 "이 사람이 하나님의 아들이었단 말인가?"라고 말했다고 보고되는 백부장이 그 증인일 것 같지는 않습니다.

그 현장 뿐 아니라 주님의 죽음도 그에게 그 결론으로 이끌었을 가능성이 있을까요?

우리는 알지 못합니다. 그러나 이것은 매우 분명합니다. 그 이야기는 어떤 증인에 의해서 전달되었을 것임에 틀림없고, 또한 고통 받으신 분을 동정한 사람에 의해서 전달되었을 것입니다. 왜냐하면 내 귀에 그 본문은 아무런 공감도 없는 관중의 묘사처럼 읽는 것으로 들리지 않기 때문입니다.

거의 단언하여 말하는데, 나는 우리 주님의 더럽혀진 그러나 인내심이 강한 용모는 한편의 설교를 선포했다고 감히 말할 수 있습니다. 그 설교는 적어도 그분의 그러한 용모를 한번 응시한 사람은 그 용모의 신비스러운 힘을 느꼈고, 그러한 인내는 인간의 이상의 것이라고 느꼈으며, 가시관을 쓰신 구세주를 이후로는 자신의 주님이시요 왕으로 받아들이게 한 설교였다는 것을 의심치 않습니다.

나는 이것을 압니다. 즉 나는 여러분과 내가 예수님을 위하여 사람의 마음을 정복하길 원한다면, 우리는 역시 인내심이 강하여야 한다는 것을 압니다. 그리고 그들이 우리를 조롱하고 박해할 때, 우리는 단지 불평하거나 보복함이 없이 인내할 수 있다면, 우리는 가장 잔인한 사람들조차도 느낄 수 있고, 택함을 받은 사람들이 스스로를 복종케 할 영향력을 행사할 수 있을 것입니다.

4. 휘장을 다시 들어 올리면서, 나는 우리가 승리를 거두신 고난 받으신 분의 인격 안에서 하나의 거룩한 약을 우리 앞에 갖고 있다고 생각합니다

나는 그 약이 치료할 수 있는 질병들에 대해 단지 암시만을 줄 수 있습니다. 이 피를 튀게 하는 가시들은, 그것들이 올바로 사용된다면, 하늘의 수술 안에서 유명하고 값진 식물들입니다.

이 가시관으로부터 하나의 가시만을 취하여 그것을 작은 창(lancet)으로 사용하십시오.

첫째, 그러면 그 가시는 뜨거운 피가 흐르는 열정을 분출시키고 자만심이라는 열병을 누그러뜨릴 것입니다.

그것은 부어오르는 육욕과 끓어오르는 죄악에 대한 놀라운 치료약입니다. 가시관을 쓰신 예수님을 바라보는 사람은, 눈물의 통회를 통하여 자아를 바라볼 때를 제외하고는, 자아를 보는 것을 혐오하게 될 것이다.

가슴에 있는 이 가시는 사람으로 노래하게 할 것이나, 자기 만족의 곡조가 아니라, 그 곡조는 자신의 짝을 찾아 신음하듯 노래하는 비둘기의 곡조가 될 것입니다.

기드온은 가시를 가지고 숙곳의 사람들을 가르쳤습니다. 그러나 그 교

훈들은 우리가 예수님의 가시들로부터 배우는 것만큼 유익하지 않았습니다.

둘째, 선하신 의사께서 자신의 가시관 안에서 우리에게 가져오시는 거룩한 약은 원기를 돋우는 용도로 작용하며, 그분의 사역으로 우리에게 임할 수 있는 수치 혹은 상실이 무엇이든, 낙심 없이 견딜 수 있도록 힘을 북돋습니다.

> 누가 나의 가장 난폭한 대적을 패배시킵니까?
> 누가 나의 가장 슬픈 비통함을 위로해줍니까?
> 누가 깊숙이 숨겨진 찢어지는 마음을 치유함으로
> 나의 스러지는 마음을 살려줍니까?
> 가시관을 쓰신 예수님.

여러분이 하나님을 섬기기 시작할 때, 그리고 그분을 위하여 유한한 인간인 여러분의 동료에게 유익을 주기 위해 노력할 때, 사람들로부터, 오해받고, 의심받고, 그리고 학대받을 것을 예상하는 것 외에는, 어떤 유형의 보상도 기대하지 마십시오.

세상에 있는 가장 좋은 사람들은 보통 가장 악하게 평가를 받습니다. 악한 세상은 거룩한 삶에 대해 선하게 말할 수 없습니다. 가장 달콤한 과일은 새들에 의하여 가장 쪼임을 많이 당하며, 하늘에 가장 가까운 산들은 폭풍들에 의하여 가장 심하게 두들겨 맞으며, 가장 사랑스러운 성품은 가장 괴롭힘을 많이 당합니다.

여러분이 구원하려는 사람들은 여러분의 염려에 대해 감사하지 않을 것이며, 여러분의 간섭이라고 여러분을 비난할 것입니다. 여러분이 그들의 죄를 지적하면, 그들은 종종 여러분의 경고를 분개할 것이며, 여러분이 그들을 예수께로 초대하면, 그들은 여러분의 간청을 얕보게 될 것입니다.

여러분은 이 일에 대해 준비가 되어 있습니까?

그렇지 않다면 여러분은 여러분의 마음이 지치고 아득해지지 않도록, 그분을 거스른 죄인들의 그러한 반대를 견디셨던 그분을 생각하십시오.

셋째, 가시관은 또한 불만족과 고뇌의 치료제이기도 합니다.

신체적 고통을 견뎌야할 때, 우리는 찡그리고 초조함에 빠지는 경향이 있습니다. 그러나 우리가 가시관을 쓰신 예수님을 기억한다면, 우리는 다음과 같이 말할 것입니다.

그분의 길은 우리의 길보다 훨씬 더 거칠고 어두웠습니다.
나의 주님 그리스도께서 더 큰 고난을 당하셨는데, 내가 이 고난 때문에 투덜거려야할까요?

따라서 우리의 불평의 소리는 침묵하게 됩니다. 왜냐하면 우리는 그분의 그 수치로 인한 비통함과 우리의 악폐를 감히 비교하지 못하기 때문입니다. 우리는 고난을 통하여 온전해지신 우리의 위대한 모범을 바라볼 때, 예수님의 발 아래서 감내를 배웁니다.

넷째, 가시관은 염려에 대한 치료제입니다.

우리는 우리의 주님께서 우리를 위하여 예비하실 그 어떤 의상도 즐겁게 입을 것입니다. 그러나 우리 스스로를 위해 쓸데없는 가시관을 엮는 시도는 정말 어리석은 일입니다.

하지만 나는 진정한 신자들이 스스로를 어렵게 만들기 위해 애를 많이 쓰고, 자신에게 무거운 짐을 더 많이 지우기 위해 스스로를 괴롭히는 이들을 본 적이 있습니다. 그들은 부자가 되기 위하여 서두르고, 안달이 나며, 수고하고, 걱정하며, 그리고 부(wealth)의 짐을 지우기 위해서 스스로에게 고통을 가합니다. 그들은 세상이 크게 여기는 것을 좇는 가시관을 스스로에게 씌우므로 상처를 입습니다.

우리 스스로에게 화를 자초하는 방법은 많습니다. 나는 하나님을 믿지 않는 자녀들로 인해 가시관을 쓰고 있는 어머니들을 알고 있습니다. 그들은 하나님 안에서 즐거워할 수 있을 때, 가족에 대한 염려로 지쳐있습니다. 나는 어리석은 두려움으로 가시관을 만들고 있는 다른 이들을 알고 있습니다.

왜냐하면 그들의 염려는 아무런 근거가 없기 때문이지요.

그러나 그들은 초조해하는데 열심이고, 가시로 스스로를 찌르는데 여념이 없는 것처럼 보입니다.

오, 신자들이여!

여러분 스스로에게 말하십시오.

"나의 주님이 나를 위해 가시관을 쓰셨습니다. 내가 왜 그것을 또 써야 합니까?"

그분은 우리의 비통함을 가져가셨고, 우리가 행복한 사람들이 되도록 그리고 "내일 일을 위하여 염려하지 말라 내일 일은 내일이 염려할 것이기 때문이다"라는 명령에 순종할 수 있도록 우리의 슬픔을 옮기셨습니다. 우리가 써야 할 관은 사랑에 근거한 친절함과 부드러운 긍휼의 관입니다.

우리는 우리를 돌보시는 그분께 우리의 염려를 맡길 때 그 관을 쓰게 됩니다.

누가 주님이신 그리스도를 바라볼 때 안락을 추구하겠습니까?

그리스도께서 가시관을 쓰고 계신다면, 우리가 월계관을 탐해야 할까요?

예루살렘에 들어가 왕으로 선택된 맹렬한 십자군 기사조차도, "나의 구세주가 가시관을 쓰셨던 동일한 도시에서 나는 차마 금으로 만든 관을 쓰지 않겠습니다"라고 말할 만큼 의식이 있었습니다.

그런데 우리는 높은 지위의 군인들(feather-bed soldiers) 마냥 우리의 편안함과 쾌락을 위해 준비된 모든 것을 취하려는 욕망을 가져야 합니까?

왜 예수께서 십자가에 달려 계신 상황에서 소파 위에 편안히 기대어 누우려 합니까?

그분이 옷이 벗겨진 채로 계시는데, 왜 부드러운 의복을 입으려 합니까?

그분이 악랄하게 대우받는 상황에서, 이 사치는 무엇입니까?

다섯째, 그분의 가시관은 즉시로 세상의 허영심과 우리의 편안함을 추구하는 이기심을 치유합니다.

세상의 가수는 외칠 수 있습니다.

"이봐, 거기 소년, 여기로 와서 내게 장미 봉오리로 만든 관을 씌워져!"

그러나 그 주정뱅이의 요구는 우리를 위한 것이 아닙니다. 슬픔으로 가득 찬 그분이 우리의 시야에 있는 동안, 우리를 위해서는 육신의 쾌락도 인생의 교만도 매력일 수 없습니다. 우리를 위해서는 그 왕께서 우리에게 그분의 안식을 공유하도록 명하시기 전까지는, 고난과 수고로움이 우리의 몫으로 남아 있습니다.

5. 나는 우리 앞에는 신비로운 대관식이 열리고 있음을 깨달아야 합니다

여러 갈래로 나누어 말하는 내 설교를 참고 들어주십시오.

가시관을 쓰신 그리스도의 대관식은 상징성을 지녔고 그 안에 위대한 의미를 담고 있습니다.

첫째, 가시관은 그분에게는 승리의 관이었습니다.

그분은 빌라도의 궁정에 들어가실 때까지, 광야에서 처음 죄와 대면하신 바로 그날부터 죄와 싸우시고 정복하셨습니다.

그분이 승리하셨다는 증인으로서, 전리품처럼 붙들려진 죄의 관을 보십시오.

죄의 관은 무엇이었습니까?

가시입니다.

이 가시들은 저주로부터 솟아난 것입니다.

> 땅이 네게 가시덤불과 엉겅퀴를 낼 것이라(창 3:18).

이것이 죄의 대관식이었습니다. 그리고 이제 그리스도께서 죄의 관을 빼내어 자신의 머리 위에 두셨습니다. 그분은 가장 독한 권세를 지녔던 죄를 손상시키셨습니다.

영광의 챔피온에게 모두가 경배할지라!

가시들이 벽과 같은 관을 만들었다고 내가 말한다면 어떻겠습니까?

낙원은 너무 날카로워 어느 누구도 들어갈 수 없는 가시로 만들어진 울타리로 둘러싸여 있었습니다. 그러나 우리의 챔피언은 촘촘한 벽 위로

최초로 뛰어 도약하셨고 더 나은 새로운 에덴동산의 중심부에 그분의 십자가라는 피처럼 붉은 깃발을 꽂으셨습니다.

그렇게 함으로써 그분은 우리를 위하여 다시는 패배할 일이 없는 승리를 거두셨습니다. 예수님은 그분이 낙원의 문을 여셨다는 것을 나타내는 화관(mural chaplet)을 쓰셨습니다.

둘째, 그분이 쓰신 것은 씨름하는 이(wrestler)의 관이었는데, 그분이 혈과 육을 가진 자와 싸우지 않으시고 정사와 권세들과 싸우셨기 때문입니다.

그리고 그분은 대적들을 무찌르셨습니다. 그분이 쓰신 것은 경주자의 관이었습니다. 왜냐하면 그분은 힘있는 자들과 경주하셨고 그 경주에서 그들을 능가하셨기 때문입니다.

주님은 자신의 코스를 거의 다 완주하셨고, 목표에 다다르기 위해서는 한 두 걸음만을 남겨놓으셨습니다.

여기에 우리가 시야를 넓혀 살필 경이로운 영역이 있습니다. 그리고 우리는 너무 멀리 가지 않도록 즉시 여기에 머물러야 합니다.

셋째, 가시관의 수치가 의도되었음에도 불구하고, 그것은 영광으로 가득 찬 관이었습니다.

우리는 예수님 안에서 비참함의 왕국의 제왕, 만 명의 고난받는 자들 중의 우두머리를 봅니다.

"나는 크게 고난 받는 사람입니다"라고 결코 말하지 마십시오.

그분의 비통함과 비견할 수 있는 우리의 비통함은 무엇입니까?

그 시인은 팔레스타인의 산에 서서 로마의 비참한 몰락을 생각하며 선포했습니다.

"우리의 슬픔과 고난은 무엇입니까?"

그러할지라도, 나는 임마누엘의 부한하신 슬픔과 비교할 때 우리의 천박한 슬픔은 무엇입니까?라고 물을 것입니다. 우리가 자신의 편협한 가슴과 옹졸한 비참을 통제하는 것은 당연합니다.

6. 마지막 말씀은 이것입니다. 가시관 안에서 우리는 위대한 독려를 봅니다

무엇에 대한 위대한 독려일까요?

첫째, 그분에 대한 뜨거운 사랑을 위한 독려입니다.
여러분은 가시관을 쓰신 그분께 이끌리지 않고 그분을 볼 수 있습니까? 나는 그분이 이 아침에 우리 가운데 오실 수 있다면, 그리고 우리가 그분을 뵐 수 있다면, 그분의 옷자락을 만지거나 그분의 발에 입 맞추려고 그분 주위에 몰려들려는 사랑의 움직임이 있을 것이라고 생각합니다.

구세주! 당신은 우리에게 매우 고귀하신 분이십니다. 모든 이름 위에 가장 존귀한 이름이신. 나의 구세주요 나의 하나님, 당신은 영광 가운데 거하십니다.

하지만 우리 눈 앞에 있는 당신은, 수치스러운 조롱으로 치장되셨을 때보다 결코 더 사랑스럽지는 않으십니다.

골짜기의 백합화요 샤론의 장미 모두를 아우르는 그분은 완벽한 성품 속에서 완전하시며, 거대한 고난의 속에서 선홍색을 띠는 장미이십니다.

주님께 경배하십시오!

주님을 찬양하십시오!

주님을 예배하십시오!

그리고 여러분의 목소리로 노래하게 하십시오.

"이 모든 것에 어린 양은 합당하도다!"

둘째, 지금 보게 되는 장면은 다음으로 회개에 대한 독려입니다.

우리의 죄악들이 그분의 머리 둘레에 가시들로 둘러싸지 않았습니까?

오 나의 비참한 타락한 본성이여!

나는 그분을 매질한 이유로 너에게 벌을 가하노라.

그리고 나는 네가 그분으로 하여금 그 가시의 아픔들을 견디게 했기에 너로 하여금 그 가시들을 느끼게 할 것이다.

여러분의 최고의 사랑을 받을 가치가 있는 분이 그러한 수치에 처해졌지만, 자신을 찌르는 죄악과 휴전 협정 내지는 협상을 하는 것에 대해 여러분은 무엇을 볼 수 있습니까?

그런 일이 일어날 수는 없지요.

구세주를 그토록 고난받게 만든 것에 대해, 우리 영혼의 깊은 비통함으로 하나님 앞에서 선언합시다.

셋째, 그 다음에 바로 오늘부터 죄가 우리에게 접근하지 못하도록 우리의 삶이 가시로 둘러싸이는 은혜를 위해 기도합시다.

이 날에 나는 얼마나 종종 내가 일천 개의 뾰족한 침으로 빼곡한 울타리 안에서 자라던 유럽 벚나무(blackthorn)와 그 덤불 속 한 중간에 있던 작은 새의 새둥지를 보았던가를 생각해봅니다.

왜 그 동물은 왜 자신의 서주시를 그곳에 누었을까요?

가시들이 자신에 대한 보호막이 되었고 해를 피할 수 있는 피난처가 되었기 때문이지요.

지난 밤 이 축복된 주제를 묵상할 때, 나는 여러분에게 여러분의 둥지를 그리스도의 가시들 안에 짓도록 촉구하겠다고 생각했습니다.

그곳은 죄인을 위한 안전한 장소입니다. 사탄도, 죄도, 죽음도 그곳에 있는 여러분에게 다가갈 수 없습니다.

여러분의 구세주의 고난을 응시하십시오.

그러면 여러분은 속량된 죄를 보게 될 것입니다.

그분의 상처 안으로 날아들으십시오!

날아들으십시오.

그대들 겁에 질려 떨고 있는 비둘기들이여!

여러분을 위하여 그만큼 안전한 안식처는 없습니다.

다시 말합니다.

여러분의 둥지를 이 가시들 안에 짓도록 하십시오.

여러분이 그렇게 하고나서, 그리고 예수님을 신뢰하고, 그분이 여러분에게 모든 것이 되게 하고나서, 와서 그분의 거룩한 머리에 다른 관들을 씌우도록 하십시오.

주님이 받아 마땅한 영광은 무엇입니까?

주님을 위해 충분히 선한 것은 무엇일까요?

우리가 왕들의 모든 보물창고들로부터 모든 귀한 것을 취할 수 있을지라도, 그것들은 그분의 발 아래에 있는 자갈들의 가치보다 못할 것입니다. 우리가 그분께 모든 왕의 홀, 주교가 쓰는 관, 교황이 쓰는 관, 그리고 왕관, 그리고 지상의 모든 화려함을 가져다 드린다 할지라도, 그것들은 전적으로 그분 앞에서 먼지더미에 던져도 좋을 만큼 무가치한 것들입니다.

그렇다면 무엇으로 그분께 우리는 씌워드릴까요?

와서 우리 함께 우리의 찬송을 다같이 엮으며, 진주 대신에 우리의 눈물을, 금 대신에 우리의 사랑을 준비합시다.

그것들은 그분을 존중하는 의미로 수많은 다이아몬드처럼 반짝일 것입니다. 왜냐하면 그분은 회개를 좋아하시고, 믿음을 사랑하시기 때문입니다.

이 아침에 우리의 찬송으로 관을 만들고 그분께 감사의 월계관을 씌워드리십시다.

그분이 죽은 자들 가운데서 부활하신 이날에 그분을 찬양합시다.

오, 자신의 머리를 우리를 위하여 수치에 내맡기신 그분을 영원히 찬양할 수 있도록 그 은혜에 대하여 마음으로, 그 다음에는 삶으로 그리고 입술로 그분을 찬송합시다.

Sermons on the Passion of Christ

제9장
겟세마네의 고뇌

예수께서 힘쓰고 애써 더욱 간절히 기도하시니 땀이 땅에 떨어지는 핏방울 같이 되더라(눅 22:44).

유월절을 기념하여 그분의 제자들과 만찬을 드신 후에, 우리 주님은 그들과 함께 감람산으로 가셔서 겟세마네 동산으로 들어가셨습니다.

무엇이 그분으로 그분의 끔찍한 고통의 현장을 선택하도록 이끌었을까요?

왜 그분이 대적들에 의하여 체포될 장소로 다른 곳이 아닌 그곳이 선호되었을까요?

우리는 에덴동산에서 아담의 자기 탐닉이 우리를 파멸시켰던 것처럼, 다른 동산에서 두 번째 아담의 고뇌가 우리를 회복시키려 함이었다고 생각할 수 없을까요?

첫째, 겟세마네는 에덴의 금단 열매에 내려진 질병들에 대한 치료를 제공합니다.

네 개의 강기슭에 만발한 그 어떤 꽃도 검고 음산한 기드론 시냇가에서 어렵사리 자라난 쓰디쓴 약초보다 우리들에게 더 귀한 것은 없었습니다.

우리의 주님께서, 자신에게 반역한 아들에게서 달아나고자 그 도시를 떠나야 했던 잊지 못할 순간의 다윗을 생각지 않으셨을까요?

성경은 기록합니다.

> 왕도 기드론 시내를 건너가니(삼하 15:23).

그리고 그와 그를 따르는 무리들은 맨발과 아무것도 쓰지 않은 채 울면서 왕을 따르지 않았을까요?

보십시오.

더 위대하신 다윗께서는 고독하게 되시려고 그 성전을 떠나십니다. 그리고 그분의 훈계를 거부한 그 도시를 버리십니다. 주님은 자신의 비애 때문에 고독 속에서 위안을 찾고자 슬픈 마음으로 악취나는 개울을 건너셨습니다.

우리 주 예수는 더욱이 우리로 하여금 우리 죄가 그분 주위의 모든 것을 슬픔으로 변개시켰음을 보도록 의도하셨습니다. 그 죄들이 그분의 풍성을 가난으로 바꾸었고, 그분의 평화를 고뇌로 바꾸었으며, 그분의 영광을 수치로 바꾸었습니다.

그리하여 우리 죄는 그 동산, 즉 거룩한 헌신으로 하나님과의 깊은 교제 가운데 하늘에 가장 가까이 계셨던 곳이자 그분의 평화로운 쉼의 장소였던 그곳을, 그분의 슬픔이 집중되는 곳 그리고 그분의 비애의 중심지로 바꾸어버렸습니다. 그분이 가장 즐거워했던 그곳에서, 그분은 가장 고통스러워하도록 부름 받았습니다.

둘째, 우리 주님이 그 동산을 선택하신 또 하나의 이유는 갈등의 순간에 그분을 지탱할 수 있는 모든 과거의 기억을 필요로 하셨으며, 고요히 지나간 이전의 시간들의 기억을 통해 늘 새 힘을 얻었다고 느꼈기 때문입니다.

그분은 그곳에서 기도하셨고, 힘과 위로를 얻으셨습니다.

비틀어 구부려 엮인 감람나무들은 그분과 그 모든 사실을 보았기에 잘 알았겠지요.

반면 그분이 무릎 꿇지 않았던 동산 자리에는 풀의 이파리들이 드문드문 자리 잡고 있었습니다.

그분은 하나님과 교제를 나누었던 그 장소를 성별하셨습니다.

그분이 선호하신 이 호의를 입은 땅에는 어떤 경이로움이 있을까요?

어떤 사람이 병중에 있을 때 자신의 침대 안에서 누울 자리를 선택하듯이, 예수님은 당신의 고뇌를 견디도록 그 장소를 기도실로 선택하셨습니다. 그곳에서 이전에 그분의 아버지와 가졌던 친교에 대한 회상이 그분 앞에 선명하게 다가왔을 것입니다.

셋째, 그러나 아마도 주님께서 겟세마네 동산을 의지하신 주요 이유는 그곳이 그분이 자주 다니셔서 잘 알려진 곳이었기 때문입니다.

요한은 우리에 말합니다.

유다도 그곳을 알더라(요 18:2).

우리 주님은 자신을 숨기길 원치 않으셨습니다. 그분은 도둑처럼 추적 당하시거나, 스파이에 의해 색출 당하실 필요가 없었습니다. 그분은 자신의 원수들이 그분이 자주 기도하시던 곳을 알고 있었던 그 장소로 담대히 가셨습니다. 이는 그분이 기꺼이 고난과 죽음을 맞을 준비가 되셨기 때문입니다. 그들은 주님의 의지에 반하여 그분을 빌라도의 궁정으로 끌고 가지 않았습니다. 그분은 자발적으로 그들과 함께 가셨습니다.

그분이 배반당하실 시간이 다가왔을 때, 그분은 배반자가 그분을 발견토록 준비가 되었던 장소에 계셨습니다. 유다가 그분의 뺨에 입맞춤으로 배반하려고 할 때, 그분은 그 반역을 위한 인사를 받으실 준비가 되셨습니다. 거룩한 구세주는 죽기까지 순종해야함에도, 하나님의 뜻을 행하시길 기뻐하셨습니다.

그리하여 우리는 겟세마네 동산의 입구에 도달하였습니다.

이제 들어가 볼까요?

그러나 첫째로 모세가 불타지만 타서 없어지지 않았던 수풀을 보았을 때 그러했던 것처럼, 우리의 발에서 먼저 신을 벗도록 합시다. 확실히 우리는 야곱과 함께 말할 수 있습니다.

두렵도다 이곳이여(창 28:17).

1. 겟세마네 동산에서의 고뇌를 묵상하면서, 우리는 그곳에서 우리 구세주가 그분의 일생 가운데 그 이전의 어느 시간대에도 알려지지 않았던 슬픔을 견디셨던 것을 목격해야만 합니다. 그러므로 우리는 다음의 질문으로 설교를 시작하려 합니다

이 특별한 겟세마네 동산의 슬픔의 원인은 무엇입니까?
우리 주님은 그분의 전 생애를 통해 "슬픔의 사람이었고 비통함에 익숙한 분"이셨습니다. 하지만 역설적으로 들릴 수 있지만, 지상에 살았던 이들 가운데 나사렛 예수만큼 더 행복했던 사람은 거의 없었을 것이라고 생각합니다. 왜냐하면 그분이 견디신 비통함은 순전한 평화와 하나님과의 고요한 교제, 그리고 자비하심의 기쁨으로 균형이 맞추어졌기 때문입니다.

바로 이 선한 사람은 십자가 위에서도 무척 즐거우셨습니다. 더욱이 인간의 죄를 담당하기 위해 자발적으로 견디셨던 그 고통과 비견할 때, 그것은 가장 즐거운 일이셨습니다. 어떤 값을 치루더라도 선을 행하는 것은 항상 즐거운 일입니다.

더욱이 예수님은 항상 하나님과의 완벽한 평화 속에 거하셨습니다. 우리는 그분이 그러하셨음을 아는데, 그분은 그 평화를 그분이 제자들에게 물려줄 수 있는 선택적 유산으로 간주하셨고, 돌아가시기 전에 제자들에게 말씀하셨기때문입니다.

> 평안을 너희에게 끼치노니 곧 나의 평안을 너희에게 주노라(요 14:27).

그분은 온유하셨고 겸손하셨습니다. 그러므로 그분의 영혼은 안식을 가지셨습니다. 그분은 땅을 기업으로 받는 온유한 이들 중의 한 분이셨습니다. 그분은 화평케 하는 자들 중의 하나였고 복 있는 분이었습니다. 내가 우리 주님께서 정말 행복한 분이라고 말할 때 실수하는 것이 아니라고 생각합니다.

그러나 겟세마네 동산에서 모든 것들이 변한 것처럼 보입니다. 그분의 평화는 사라졌고, 그분의 고요는 대소동으로 바뀌었습니다. 만찬 후에 우리 주님은 찬송하셨으나, 겟세마네 동산에서는 아무런 노래가 들리지 않았습니다.

예루살렘으로부터 기드론 시내까지 가파르게 둑을 내려가는 위치에서 그분은 매우 활기차게 말씀하셨었지요.

"나는 포도나무요 너희는 가지이다."

그리고 설교 후에 그분의 제자들과 함께 드리신 놀라운 기도는 장엄함으로 가득 찼었지요.

아버지여 내게 주신 자도 나 있는 곳에 나와 함께 있습니다.

이 기도는 겟세마네 벽 안쪽의 기도와는 매우 다른 기도입니다. 그곳에서 예수님은 외치셨습니다.

내 아버지여 만일 할 만하시거든 이 잔을 내게서 지나가게 하옵소서.

그분의 모든 삶 동안 여러분은 그분이 비통하게 말씀하시는 것을 본 적이 거의 없을 것입니다. 그러나 여기에서 그분은 한숨을 쉬시고 피처럼 흐르는 땀과 함께 많은 말씀을 하셨습니다.

> 내 마음이 매우 고민하여 죽게 되었으니(마 26:38).

그 동산 안에서 고난받는 그 분은 자신의 슬픔을 숨기실 수 없었고, 숨기고 싶은 마음도 없으셨던 것 같습니다. 이리저리로 갈팡질팡하면서 세 차례나 예수님은 제자들에게 달려가셨습니다. 그분은 제자들로 그분의 슬픔을 보게 하셨고 그들에게 예수님을 동정할 것을 요청하셨습니다. 그분의 외침은 매우 애처로웠습니다.

그리고 그분의 한숨과 신음은 듣기에 매우 끔찍했을 것임을 나는 의심치 않습니다. 특히 그 슬픔은, 다소 유사한 사례들을 기록한 저자들이 있음을 내가 믿어야 하겠지만, 그것은 매우 특이한 현상으로 피처럼 흐르는 땀으로 그 슬픔을 드러내었습니다.

옛적 의사인 갈렌(Galen)은 극도의 공포 속에 어떤 사람이 색이 변한 땀을 쏟아내어서, 어찌 되었든 피처럼 보이는 거의 진홍색의 땀을 흘렸던 사례를 제공합니다.

다른 사례들은 의학적 권위자들에 의하여 제공됩니다. 그러나 우리는 그 어떤 이전의 경우들에게 우리 주님의 삶에서 발생한 것과 같은 종류를 찾을 수 없습니다.

그것은 오직 우리의 챔피언이 감람나무들 사이에서 죄에 대항하여 고뇌하면서 피 흘리기까지 저항하였던 마지막의 단호한 투쟁 안에서만 발생했던 유일한 사건이었습니다.

무엇이 당신에게 고통을 안겨주었습니까?
오, 주님!
당신이 그 때에 그토록 외로이 번민에 빠지도록 한 것은 무엇이었습니까?

우리는 그분의 깊은 슬픔과 비통함이 단지 신체적 고통으로 인한 것이 아님을 잘 알고 있습니다. 우리의 구세주는 의심할 바 없이 약함과 고통에 익숙한 분이셨습니다. 왜냐하면 그분은 우리의 질병을 지셨기 때문입니다.

그러나 그분은 결코 이전의 그 어떤 사례에서도 신체적 고통에 대해 불평하지 않으셨습니다. 겟세마네 동산에 들어가실 때에도 그분은 어떤 죽음으로 인한 이별에 대해서도 슬퍼하지 않으셨습니다. 우리는 "예수께서 우셨다"라고 기록된 이유를 압니다. 그것은 그분의 친구 나사로가 죽었기 때문이었습니다.

그러나 여기서는 장례식도 거행되지 않았습니다. 침대에 누운 환자도 없었고, 그런 방향으로의 특정한 슬픔의 원인도 없었습니다. 그분의 마음 속에는 동면하고 있던 과거의 비난들에 대한 다시 떠올려진 기억도 없었습니다. 이 "비난이 그분의 마음을 찢어놓기" 오래 전에, 그분은 모욕과 경멸이 가져오는 괴롭힘의 분량을 이미 온전히 다 아셨습니다.

그들은 그분을 "주정뱅이요 술고래"라고 불렀습니다. 그들은 그분이 악마들에게 값을 지불하고 귀신을 쫓아낸다고 비난했습니다. 이것은 그들의 최고의 비난이었습니다. 하지만 그분은 용감하게 그 모든 비난에 맞서셨습니다.

또한 죽음에 대해 슬퍼하실 가능성 역시 없었습니다. 고통보다 더 예리한 어떤 것이 있었을 것임에 틀림없습니다. 즉 비난보다 더 살을 헤집으며, 죽음보다 더 끔찍한 것이 말입니다.

그것은 바로 이것이었습니다. 즉 이 순간에 그분은 우리 구세주와 겨루고 있었고, 그것이 그분으로 하여금 "매우 고민하여 슬퍼하게" 만들었다는 것입니다.

여러분은 예수님의 고민이 다가오는 멸시를 두려워하거나 십자가의 끔찍함 때문이라고 생각하십니까?

그것은 죽음에 대한 생각으로 말미암은 공포 때문이었을까요?

그러한 상상이 불가능하지는 않을겁니다.

모든 사람은 죽음을 두려워합니다. 인간으로서의 예수님도 죽음에 대한 두려움으로 위축될 수밖에 없었을 것입니다. 우리가 원래 창조되었을 때는, 우리는 불멸로 창조되었습니다. 그리고 따라서 죽는다는 것은 우리에게는 낯설고 본성에 맞지 않는 일이었습니다. 그리고 자기보존의 본능은 우리로 하여금 거기에서부터 다시 시작하게 합니다.

그러나 확실히 우리 주님의 경우에는 그 자연스러운 원인이 그러한 특별히 고통스러운 결과를 도출했을리가 만무합니다. 그것은 우리와 같은 그러한 가여운 겁쟁이들조차도 뚝뚝 피처럼 흐르는 땀을 흐르게 하지는 않습니다.

그렇다면 어찌하여 그분 안에서 그러한 공포가 작동했을까요?

그분 자신의 제자들보다 덜 용감한 그분을 상상하는 일은 우리 주님께는 불명예스러운 일입니다.

하지만 우리는 그분의 성도들 가운데 가장 연약한 자들이 별세를 예상하면서 승리감에 찼던 어떤 이들을 봅니다.

순교자들의 이야기들을 읽어보십시오.

그러면 여러분은 종종 가장 잔인한 고통을 지척에 두고 있던 그들이 환희에 찼던 것을 발견하게 될 것입니다. 주님의 기쁨이 그들에게 힘을 제공하여, 그 어떤 소심한 생각도 그들에게 한 순간도 공포심을 안겨주지 못했고, 그들의 입술에는 승리의 찬송이 떠나지 않으면서 온갖 시련을 감수하거나 심지어 참수가 될 정도였습니다.

우리의 주님이 그분의 가장 용감한 종들보다 열등하다고 간주되어서는 안 됩니다. 그분이 그들이 용감했었던 때에 두려움에 떨었을리가 만무합니다. 결코 그럴 수 없습니다. 순교자의 무리인 여러분들 중에 가장 고귀한 영혼은 지도자이신 그분이십니다.

그분은 고난과 용감한 행위에 있어 그들 전부를 능가하십니다. 주 예수처럼 죽음의 고통에 그처럼 저항할 수 있는 사람은 아무도 없습니다. 왜냐하면 그분 앞에 놓인 기쁨이 경멸에 찬 십자가를 견디게 하셨기 때문입니다.

그렇다면 여러분은 무엇이 겟세마네와 그곳의 비통함을 특징짓는다고 생각하십니까?

우리는 이제 아버지께서 그분에게 우리를 위해 비통함을 부과하셨다고 믿습니다. 우리 주님은 이제 아버지의 손에서 잔을 받아 드셔야 했습니다. 그 잔은 유대인들에게서도, 반역자 유다에게서도, 잠자던 제자들에게서도, 지금 다가오는 시험을 조장하는 마귀에게서도 온 것이 아니었습니다. 그것은 그분이 아버지로 알고 있는 분에 의해서 채워진 잔이었습니다.

하지만 하나님은 아버지이심에도 불구하고 주님은 아버지를 그분에게 매우 쓰디 쓴 몫을 할당하셨다고 이해하셨는데, 그 잔은 그분의 육신에 의해 마셔지거나 그분의 육신에 부어질 잔이 아니었습니다.

그 잔은 특히 그분의 영혼을 놀라게 하였고 그분의 가장 깊은 내면의 마음에 번민을 안겨 주었습니다. 그분은 위축되었고, 따라서 그것은 신체적 고통보다 끔찍한 잔이었습니다. 왜냐하면 그분은 신체적 고통을 피하지 않으셨기 때문입니다.

그것은 비난보다도 더 끔찍한 잔이었는데, 비난에 대해서도 그분은 회피하지 않으셨기 때문입니다. 그것은 사탄의 유혹보다도 끔찍한 것이었는데, 그분은 일찍이 그의 유혹은 극복하셨기 때문입니다. 그것은 상상할 수 없을 정도로 끔찍한 어떤 것이었습니다. 그것은 놀라울 만큼 공포로 가득 찬 것이었는데, 그것은 아버지의 손에서 건네어진 잔이었기 때문입니다.

이는 그것이 무엇과 같았는지에 대한 우리의 의심을 모두 제거합니다. 우리는 성경을 통해 "여호와께서 그에게 상함을 받게 하시기를 원하사 질고를 당하게 하셨은즉 그의 영혼을 속건제물로 드리기에 이르면… 여호와께서는 우리 모두의 죄악을 그에게 담당시키셨도다"(역주: 사 53:6, 10)라고 읽기 때문입니다.

하나님은 그분이 죄를 알지 못하실지라도, 우리를 위하여 그분을 죄로 삼으셨습니다. 그렇다면 이것은 "모든 사람을 위하여 죽음을 맛보신 것"이며 죄인들로 인한 저주를 감당하신 것입니다. 왜냐하면 그분은 죄인의 자리에 서셨고 죄인들을 대신하여 고난받으셔야 했기 때문입니다.

여러분 앞에서 내가 질서정연하게 설명하는 것이 불가능한 그러한 고뇌의 비밀이 여기에 있습니다.

따라서 그것은 다음과 같습니다.

이것은 하나님께만, 오직 하나님께만
그분의 비통함이 온전히 알려졌습니다

하지만 여러분에게 이 비통함을 한동안 묵상할 것을 권유합니다. 그러면 여러분은 그 고난받으신 분을 사랑하게 될 것이기 때문입니다.

그분은 이제 아마도 처음으로 죄를 진다는 것이 무엇을 의미하는지를 알게 되셨을 것입니다. 하나님으로서의 그분은 완벽히 거룩하고 죄를 지으실 수 없으셨고, 인간으로서의 그분은 원래 흠도 점도 없이 순결하셨습니다.

하지만 그분은 죄를 지셔야 했고, 그분의 머리 위에 이스라엘의 죄악을 지시고는, 희생양처럼 내몰리셨고, 취해져 속죄 제물이 되셔야 했습니다. 그리고 혐오스러운 존재로서(속죄 제물보다 더 역겨운 것은 없기 때문입니다) 취해져 아무런 과장 없이 하나님의 진노의 불로 완전히 태워져야 했습니다.

여러분은 그분의 무한한 정결함이 그 일로부터 시작되었다는 것이 이상하게 여겨집니까?

만일 그분이 죄인으로 하나님 앞에 서야만 하는 엄중함이 없었더라도, 주님은 그러한 존재(what he was)가 되셨었을까요?

참으로 그렇습니다.

루터가 말했을 것 처럼, 그분은 세상 속의 모든 죄인들을 대표하는 것처럼, 그리고 그분의 백성들에 의해 일찍이 자행된 모든 죄를 범하신 것처럼 하나님에 의해 그렇게 간주되셨습니다. 왜냐하면 모든 죄가 모두 그분 위에 얹어졌고, 그 모든 죄악으로 인해 부어져야 할 복수가 그분에게 부과되어야 했기 때문입니다.

그분은 모든 복수의 중심에 계심에 틀림없고, 유죄인 사람들의 아들들 위에 떨어져야 마땅한 것을 스스로가 지신 것임에 틀림없습니다. 그 모든 것을 깨닫게 될 때 그러한 위치에 선다는 것은 구속자의 거룩한 영혼에 매우 끔찍한 일이었을 것임에 틀림없습니다.

그렇다면 또한 죄에 대한 처벌이 겟세마네 동산에 계신 그분에 의하여 집행되기 시작되었다는 것은 의심의 여지가 없습니다. 첫째로 죄가 고난을 대속하는 이로서이 위치에 계신 그분에 씌워졌고, 그 다음으로 처벌이 부과되었음에 틀림없습니다.

왜냐하면 그분이 그 위치에 계셨기 때문입니다. 나는 요즈음 주 예수 그리스도의 고난에 대한 우리의 평가를 폄훼하고 축소시키려고 시도하는 일반적인 그러한 종류의 신학을 극도로 싫어합니다.

형제들이여!

그것은 결코 인간의 죄를 위하여 하나님의 공의를 보상하는 차원의 그렇게 사소한 고난이 아니었습니다. 나는 나의 주님께서 감내하신 것을 말할 때 과장하기를 결코 두려워하지 않습니다. 모든 지옥이 증류되어 그 잔으로 흘러들어갔고, 우리의 하나님이시자 구세주이신 그리스도께서 그 잔을 마시셨습니다.

그것은 영원한 고난은 아니었으나, 그분이 신이셨기 때문에, 그분은 하나님께 자신의 정의의 정당성을 바로 제공하실 수 있으셨습니다. 그 정의의 정당성은 지옥에 있는 죄인들이 자신들의 인격 속에 영원히 고난받아야 할 것이 남아 있다면 결코 제공할 수 없는 성질의 것이었습니다. 죄인으로서 간주되는 것, 죄인으로서 몹시 고민하게 된 것은 비록 그분 안에는 죄가 없을지라도, 이는 그분으로 하여금 우리의 본문이 말하는 고뇌를 초래한 주체가 바로 이것이었습니다.

2. 따라서 그분의 독특한 슬픔의 원인에 대해 말할 때, 나는 그 슬픔 자체의 성격이 무엇이었는가를 고려하도록 여러분을 이끄는 동안, 그 사안에 대한 우리 견해를 지지할 수 있을 것이라고 생각합니다

나는 복음서 기자들에 의해 사용된 헬라 어휘들을 가지고 가능하면 적게 여러분을 곤란하게 하려고 합니다. 나는 그 어휘들을 개별적으로 연구했고, 그 어휘들의 의미의 단면들을 발견했습니다. 그러나 내가 여러분에게 나의 신중한 연구의 결과들을 제공하는 것으로 충분합니다.

그 비통함 자체는 무엇이었습니까?

그것은 어떻게 묘사되었습니까?

이 큰 슬픔은 우리 주님이 고난받으시기 약 4일 전에 그분을 공격했습니다. 여러분이 요한복음 12장 27절을 읽는다면, 여러분은 놀라운 말씀을 발견하게 될 것입니다.

> 지금 내 마음이 괴로우니(요 12:27).

우리는 결코 그분이 전에 그렇게 말씀하셨던 것을 알지 못합니다. 이는 겟세마네 동산에서 그분을 곧 쇠약하게 만들 영혼의 큰 낙심을 미리 맛보시는 셈이 됩니다.

> 지금 내 마음이 괴로우니 무슨 말을 하리요. 아버지여 나를 구원하여 이 때를 면하게 하여 주옵소서 그러나 내가 이를 위하여 이때에 왔나이다
> (요 12:27).

그 다음으로 우리는 마태복음 26장 37절에서 "고민하고 슬퍼하사"라고 그분에 대해 읽게 됩니다. 낙심이 그분을 다시 짓누릅니다. 그것은 고통이 아니었고, 마음의 통증이 있는 두근거림도, 이마를 찌르는 듯한 아픔도 아니었습니다.

그것은 이들보다 훨씬 더 심각한 것이었습니다. 영혼의 고뇌는 신체의 통증보다 더 심한 것이었습니다. 통증은 곤란을 유발하고 슬픔의 부수적인 원인이 되기도 합니다.

그러나 마음이 완전히 침착하지 않는다면, 사람이 어찌 고통을 잘 견뎌낼 수 있겠습니까?

그리고 영혼이 유쾌하고 내적인 기쁨으로 고양될 때, 신체적 고통은 거의 잊혀지며, 영혼이 신체를 정복하게 됩니다.

다른 한편, 영혼의 슬픔은 신체적 고통을 만들어낼 수 있습니다. 보다 낮은 본성이 보다 높은 본성과 공감을 이루기 때문입니다. 우리 주님의 주된 고난은 그분의 영혼에서 일어났습니다. 그분의 영혼의 고난은 그분의 고난의 정수였습니다.

> 심령이 상하면 그것을 누가 일으키겠느냐(잠 18:14).

영혼의 고통은 최악의 고통입니다. 마음의 슬픔은 비통함의 절정입니다. 가라앉는 영혼, 낙담과 정신적 우울을 일찍이 경험한 사람들은 내가 말하는 바가 참됨을 증언할 것입니다.

이 마음의 슬픔은 우리 주님의 영혼을 매우 깊은 낙심으로 이끌었던 것 같습니다. 마태복음 26장 37절에서 여러분은 **"매우 심히"**(very heavy)라고 기록된 어구를 발견할 것입니다(개역개정판 37절에는 이 표현은 없기에 38절의

"매우 고민하여"가 아닌가 생각됨-역주).

그리고 그 표현은 의미로 가득 차는데 사실 설명하기 쉬운 내용보다는 더 많은 것을 포괄합니다.

원문 안에서 그 어휘는 번역하기 매우 어려운 단어입니다. 그것은 마음의 몰두(abstraction) 그리고 슬픔에 의한 마음의 완전한 점령을 의미하며, 낙담을 경감시킬 수 있는 모든 생각의 배제까지를 포함합니다. 한 가지 타는 듯한 생각이 그분의 전체 영혼을 불태웠고 위로를 산출할 수 있는 모든 것까지도 완전히 불태웠습니다.

한동안 그 분의 마음은 그분의 죽음의 결과, 곧 그분에 앞에 놓인 결과로 인한 기쁨 위에 머무는 것을 거부하였습니다. 죄를 스스로에게 지우고 있는 존재(sinbearer)로서의 그분의 위치와 그것으로 말미암아 초래된 필연적인 상황인 그분의 아버지에게서 버림받음은 그분의 명상을 빼앗아버렸고 그분의 영혼으로 다른 모든 것에서 서둘러 멀어지게 하였습니다.

어떤 이들은 그 어휘 안에서 정신이 혼미해진 정도를 헤아리는데, 비록 나는 그 방향으로까지는 가지 않을 것이지만, 우리 구세주의 마음이 동요와 그분의 원래적 고요와 집중력 있는 정신과는 상당히 다른 충동을 경험하였던 것으로 보입니다.

그분은 널뛰는 거친 곤경의 바다 위에서 이리저리로 뒤흔들리고 있었습니다. 그 바다는 폭풍우로 사납게 날뛰었고 그분을 격랑 속으로 끌고 들어갔습니다.

> 우리는 생각하기를 그는 징벌을 받아 하나님께 맞으며 고난을 당한다 하였노라(사 53:4).

시편 기자가 말하였듯이 무수한 악들이 그분의 마음이 그분으로 쇠약해지게 할 만큼 그분 주위를 포위하였습니다.

그분은 "매우 고민하였습니다."

학식 있는 청교도 토마스 굿윈(Thomas Goodwin)은 "그 어휘는 질병이나 졸도의 상태에 빠진 사람과 같은 쇠약, 결핍, 그리고 영혼의 급한 내리막길을 함의한다"라고 말합니다. 에바브로디도가 질병으로 거의 죽게 되었을 때, 그의 상태가 동일한 어휘로 표현되었습니다. 그리하여 우리는 그리스도의 영혼이 아프셨고 어지러움에 빠지셨음을 봅니다.

그분의 땀은 기진맥진한 가운데 나온 땀이 아니었습니까?

죽어가는 사람의 차갑고 습한 땀은 신체의 기력이 다했을 때 나옵니다. 그러나 예수 그리스도의 피처럼 흐르는 땀은 영혼의 완전한 기진과 쇠약으로 인한 것이었습니다. 그분은 끔찍할 정도로 영혼이 탈진한 상태에 계셨고, 내적인 죽음을 경험하셨으며, 그 경험에 수반된 것은 눈에서 흐르는 눈물이 아니라, 전인(entire man)에서 나오는 피눈물이었습니다.

마가는 우리에게 그의 복음서 14장 33절에서 우리 주님이 "**심히 놀라셨다**"라고 말합니다. 그 헬라어 어휘는 단지 경악하거나 놀라는 것을 내포하는 것이 아니라, 그분의 놀라심은 사람들이 머리털이 곤두서고 몸이 사시나무 떨듯 극도의 공포심을 경험하는 것을 말합니다.

율법이 전달될 때, 모세가 심히 두려워하고 떨었던 것처럼, 그리고 다윗이 "내 육체가 주를 두려워함으로 떨며 내가 또 주의 심판을 두려워하나이다"라고 말한 것처럼, 우리 주님은 그분 위에 얹어진 죄와 그것으로 말미암은 복수(vegeance)를 보시고 두려움으로 고통받으셨습니다.

구세주는 처음에 슬픔으로 가득 차셨으나, 다음에 낙담하시며, 크게 고민하셨고, 마지막으로 크게 놀라셨습니다. 왜냐하면 인간으로서의 그분조차도 그분이 감당하기 위해 지신 것의 실체를 거의 알지 못하셨기 때문입니다. 그분은 고요히 침잠하며 그것을 보셨고, 그것이 무엇이든지 우리를 위하여 그분이 지시게 될 것임을 느끼셨습니다.

그러나 실제적으로 그분이 죄를 지셔야할 상황이 되었을 때, 그분은 전적으로 깜짝 놀라셨고 하나님 앞에서 죄인의 자리에 서야하는 끔찍한 위치를 앞두고 깜짝 놀라 당황해 하셨습니다.

그 자리는 그분의 아버지께서 그분을 죄인의 대표로 간주케 하시고 영원 전부터 우호와 기쁨의 관계 속에서 살아왔던 그 아버지에 의해서 버림받게 될 자리였습니다. 그 일은 그분의 거룩하고, 온유하며, 사랑스런 성품으로 주춤하게 만들었고, 그분은 "심히 놀라고," "매우 고민하셨습니다."

우리는 추가적으로 그분이 슬픔의 바다로 포위되고, 둘러싸였으며, 압도되었다고 가르침을 받습니다. 왜냐하면 마태복음 26장 38절은 페리뤼포스 (*perilupos*)라는 어휘를 포함하고 있기 때문입니다. 그 어휘는 슬픔으로 주위를 포위하는 것을 의미합니다.

그분 위에도, 그분 아래에도, 그분 주위에도 그분의 안팎으로 모든 것, 모든 것이 고통이었으며, 조금의 고통을 경감시키거나 위로의 요소가 없었습니다. 그분의 제자들은 그분을 도울 수 없었습니다. 그들은 모두 단지 자고 있었을 뿐입니다. 그리고 깨어있던 이도 그분을 배신하기 위해 달음질치고 있었습니다.

그분의 영혼은 전능하신 하나님의 면전에서 짓이기는 짐과 그분의 비참함이라는 견딜 수 없는 무게 아래서 울부짖었습니다. 그 어떤 비통함도 그리스도의 비통함을 능가하지 못했습니다.

그리고 그분 자신이 슬픔으로 "내 마음이 **매우 고민하여 죽게 되었으**

니"라고 말씀하셨습니다. 그분은 겟세마네 동산에서 죽지 않으셨으나, 그분은 그분이 마치 죽으신 것처럼 고난받으셨습니다.

오늘의 본문은 누가가 우리 수님은 **번민 속에** 계셨다고 말하고 있습니다. "번민"이라는 표현은 갈등, 경쟁, 씨름 등을 의미합니다.

누구와 다투는 번민이었을까요?

그분은 누구와 씨름하고 계셨을까요?

나는 그것이 자신과의 싸움이었다고 믿습니다. 여기에서 의도된 경쟁은 그분의 하나님과의 싸움이 아니었습니다.

아닙니다.

"내 뜻대로 마옵시고 당신의 뜻대로 하옵소서"라는 표현은 하나님과의 싸움 같지는 않습니다. 그것은 사탄과의 경쟁도 아니었습니다. 왜냐하면, 우리가 이미 살펴본 대로, 그분은 그것이 그 갈등이었다면 그토록 놀라지 않으셨을 것입니다.

그러나 그것은 자기 자신 안에서의 끔찍한 투쟁이었습니다. 곧 그분 자신의 영혼 안의 번민이었던 것입니다.

그분은 자신의 의지에 따른 한 번의 결심만으로 이 모든 비통함에서 벗어나실 수 있으셨음을 기억하십시오.

즉 그분 안의 인성이 자연스럽게 말하기를 "그것을 감당치 말라!" 말하고 그분의 마음의 순결함이 말하기를 "오 그것을 감당치 말고, 죄인들의 자리에 서지 말라"고 했다면, 그리고 그분의 신비로운 본성의 섬세한 민감성이 죄악의 어떤 형태의 접촉도 피했더라면, 그분은 이 모든 고뇌에서 벗어나실 수 있었습니다. 그러나 그분의 무한하신 사랑이 말하였습니다.

그것을 감당하라, 허리를 굽혀 그 짐 아래로 들어가라!

그리고 그분의 본성의 속성들 사이에 번민이 있었고, 그분의 영혼의 경기장 안에서 엄청난 규모의 전투가 있었습니다. 죄와의 접촉을 감당할 수 없었던 그분의 순결함은 그리스도 안에서 매우 강력했을 것임에 틀림없습니다. 반면에 그분의 백성들로 멸망치 않게 하시려는 사랑 역시도 강력하였습니다.

그 투쟁은 타이타닉 급의 규모였습니다. 마치 헤라클레스가 또 하나의 헤라클레스를 만난 것과 같았습니다. 두 개의 엄청난 힘이 예수님의 피 흘리시는 마음 안에서 겨루어 싸우고 고통스럽게 하였습니다. 다투는 감정들 안에서 여기저기로 끌려 다니는 것보다 사람에게 있어 더한 고문은 없습니다.

내전이 최악의 그리고 가장 잔인한 종류의 전쟁인 것처럼, 한 사람의 영혼 안에서의 전쟁은 그 안에서 두 개의 커다란 열정이 주도권을 잡고자 충돌할 때도 그러합니다. 그리고 둘 다 고귀한 열정일 때도 그 전쟁을 느끼는 당사자만이 이해할 수 있는 고뇌와 번민을 일으킵니다.

나는 우리 주님의 땀이 말하자면 피처럼 방울방울 떨어졌다는 것에 대해 놀랍지 않습니다. 그러한 내적인 압박이 그분으로 포도주 만드는 틀에서 발로 짓이겨지는 포도송이처럼 되게 하였을 것이기 때문입니다.

3. 우리의 질문은 우리 주님의 이 모든 것 안에서의 위안은 무엇이었습니까?입니다

주님은 인간 동료의 도움을 찾고자 했습니다. 그리고 주님이 그렇게 하셨던 것은 매우 자연스러운 일이었습니다. 하나님은 우리 인간의 본성 가

운데 동정을 갈망하는 마음을 창조하셨습니다. 우리는 우리가 환난의 시간 동안에 우리의 형제들이 우리와 함께 지켜보길 기대하는 것은 부적절하지 않습니다.

그러나 우리 주님은 사람들이 그분을 도울 수 있다는 것을 발견하지 못하셨습니다. 그러나 그들의 영은 의지가 있었을지라도, 그들의 육신은 약했습니다.

그때 그분은 무엇을 하셨을까요?

주님은 기도를 의지하셨고, 특히 하나님의 성품을 근거로 하나님을 향한 간구를 의지하셨습니다. 나는 우리가 매우 쓰라린 고통 안에 있을 때만큼이나 하나님의 아버지 되심의 달콤함에 대해 알지 못한다는 것을 경험을 통해 알게 되었습니다.

나는 왜 구세주께서 "아바 아버지"라고 말씀하셨는지를 이해할 수 있습니다. 그분으로 아버지의 사랑에 애처롭게 호소하는 벌을 받고 있는 아이처럼 되게 한 것은 바로 이 고통이었습니다. 내 영혼의 쓰라림 속에 나는 외쳤었습니다.

> 참으로 당신이 나의 아버지시라면, 아버지 되시는 바로 그 마음의 중심 (bowel-내장의 의미를 지님-역주)으로 당신의 자녀를 긍휼히 여기소서.

그리고 여기에 그리스도께서 우리가 행했던 것처럼 그분의 아버지께 탄원하시고, 그 탄원 아래서 위로를 발견하신 것입니다. 기도는 구속자의 위로요 간절하고, 강렬하며, 존중의 마음이 담긴 반복된 기도의 통로였고, 매번 기도가 마친 후에는 그분은 평화롭게 되셨고, 그분의 제자들에게 가실 때는 회복된 마음의 평화 속에 가셨던 것으로 보입니다.

그들이 잠자던 광경은 그분의 비통함 속으로 돌아오도록 도움을 주었고, 따라서 그분은 다시 기도로 복귀하셨으며, 매번 그분은 위로받으셨으며, 그리하여 그분이 세 번째 기도하실 때에는 그분은 유다와 군인들을 맞이할 준비가 되셨기에 재판과 죽음에 침묵 속에 감내하며 기꺼이 따라가실 수 있으셨습니다.

그분의 큰 위로는 기도와 하나님의 뜻에 대한 복종이었는데, 왜냐하면 그분이 그분 자신의 뜻을 아버지의 발 아래 내려 놓으셨을 때, 그분의 육신의 연약함이 더 이상 힘들어하는 말을 하지 않았고, 털 깎는 사람 앞의 소리 내지 않는 양처럼 부드러운 침묵 속에 계셨기 때문입니다. 그분은 자신의 영혼을 인내와 안식 가운데 두셨습니다.

사랑하는 형제자매 여러분!

여러분 중 어떤 사람이 자신만의 겟세마네와 자신만의 심한 슬픔을 갖게 된다면, 기도를 의지함으로 여러분의 아버지께 울부짖음으로, 그리고 그분의 뜻에 복종하는 것을 배움으로 여러분의 주인(Master)을 닮길 바랍니다.

나는 전체 주제로부터 두세 개의 결론을 이끌어냄으로 마무리하고자 합니다. 성령께서 우리에게 가르쳐주시길 기원합니다.

첫째, 결론은 이것입니다. 사랑하는 형제들이여! 우리 주님 예수 그리스도의 진정한 인성을 배우십시오.

그분은 분명 신이시지만, 그분을 단지 신으로서만 간주하지 않길 바랍니다. 그분을 여러분의 뼈와 살을 그대로 지닌, 여러분과 매우 가까운 인간으로 느끼길 바랍니다.

그분은 여러분에 대해 얼마든지 철저히 공감할 수 있는 분이십니다!

그분은 여러분의 모든 죄짐을 지셨고, 여러분의 모든 슬픔으로 슬퍼하셨습니다.

여러분이 통과하는 물은 매우 깊지 않습니까?

하지만 그 물은 그분이 싸우셔야 했던 격류와 비교할 때 그리 깊지 않습니다. 그 어떤 마음의 고통도 여러분의 계약의 머리되신 분(covenant Head)이 낯선 여러분의 영혼을 관통하지 않습니다. 예수님은 모든 슬픔에 대하여 여러분과 공감하실 수 있습니다.

왜냐하면 그분은 여러분이 과거에 겪었던 것보다 훨씬 더 많은 것들을 겪으셨으며, 따라서 여러분이 시험 당할 때 여러분을 도우실 수 있기 때문입니다.

예수님을 역경의 시간에 도우실 여러분의 친한 친구요 같이 태어난 형제로 간주하여 붙드십시오.

그러면 여러분은 가장 깊은 물을 통과할지라도 여러분을 지탱할 위로를 얻게 될 것입니다.

둘째, 여기에서 견딜 수 없는 죄가 지닌 악을 보십시오.

예수께서는 한 번도 죄인인 적이 없으셨으나, 여러분은 죄인입니다. 하지만 그분이 죄인의 자리에 서셔서 죽기까지 슬퍼하셨던 일은 그분께 공포스러운 상황이었습니다.

언젠가 여러분이 마침내 유죄로 판결이 난다면, 여러분에 있어 그 죄는 무엇이 될까요?

오! 우리가 죄의 공포를 안다면, 우리 가운데 한 순간도 죄 안에 머무는 일을 만족해할 사람은 없을 것입니다. 나는 죄 가운데 살고 있는 여기 있는 남성들과 여성들이 진정 죄가 무엇인지를 알고, 그들에게 임할 하나님의 진노가 무엇이며, 즉시로 그들을 둘러싸고 멸망시킬 하나님의 심판이 무엇일지를 알았다면, 이 아침에 이 기도의 집에서, 거리에서 소리가 들릴 만큼, 눈물을 흘리고 통곡하며 올라갈 사람들이 있을 것이라고 믿습니다.

오, 불쌍한 영혼들이여!

죄가 우리 주님을 그토록 짓눌렀다면, 죄는 공포스러운 것임에 틀림없습니다.

죄의 바로 그 전가(imputation)가 순수하고 거룩하신 구세주에게서 피처럼 흐르는 땀을 가져왔다면, 죄 자체는 무엇일 것으로 확신합니까?

죄를 피하십시오.

죄 곁에도 가지 마십시오.

죄를 보는 즉시로 돌아가십시오.

죄가 여러분을 해치지 못하도록 여러분의 하나님과 함께 겸손히 그리고 신중하게 걸으십시오.

왜냐하면 그것은 대단한 전염병이며, 막대한 해를 끼치는 역병이기 때문입니다.

셋째, 예수님의 비견할 데 없는 사랑이라는 교훈을 말하면서 내가 얼마만큼의 시간을 할애하고 있는지 배우십시오.

여러분과 나 자신을 위해서 그분은 단지 육체 안에서만 고통당하신 것이 아니라, 죄인으로 간주되고 우리의 죄 때문에 하나님의 진노 아래 다가오는 공포까지 감당키로 동의하셨습니다. 비록 그것이 그분으로 죽음에 이르기까지 당하셔야 할 고난과 크게 상심 가운데 놀라게 할 대가를 지불하길 요구할지라도 말입니다.

하지만 우리가 멸망하기 전에, 주님은 우리에 대한 보증으로서 비탄에 잠기셨습니다.

우리는 그분을 위하여 핍박을 즐겁게 견딜 수 없을까요?

우리는 그분을 위하여 수고로이 열정적으로 일할 수 없을까요?

우리는 그분의 명분을 도울 수 있는 방법이 있는데도, 그 도움이 결핍된다면 우리는 인색한 이들이 아닙니까?

그분의 사역이 우리가 그것을 실행할 힘이 있는데도 늦어진다면, 우리는 너무 야비한 것이 아닙니까?

나의 형제들이여!

여러분이 여러분의 구세주의 수난 안에 여러분의 몫이나 분깃이 있다면, 나는 여러분에게 겟세마네를 근거로 주님이 여러분을 무한히 사랑하셨던 만큼 그분을 사랑할 것과 그분을 위하여 여러분을 사용하고 소비되길 촉구합니다.

넷째, 다시 겟세마네 동산에 계신 주님을 바라보면서, 우리는 속죄의 탁월성과 완결성을 배웁니다.

하나님 보시기에 나는 얼마나 검으며, 얼마나 더러우며, 얼마나 혐오스러울까요?

나는 나 자신이 가장 낮은 지옥에 던져지기에 어울릴 뿐이라고 느끼고 있습니다. 그리고 나는 하나님께서 오래 전에 나를 그곳에 두시지 않은 것을 이상하게 생각합니다. 그러나 나는 겟세마네로 갑니다. 그리고 나는 가지가 비틀어진 감람나무 아래서 응시합니다. 나의 구세주를 바라보는 것입니다.

그렇습니다!

나는 고통 속에 땅바닥에 뒹굴고 계신 그분을 봅니다. 그리고 인간의 가슴에서는 결코 새어나온 적이 없는 그러한 신음이 그분으로부터 나오는 것을 듣습니다. 나는 땅을 바라봅니다. 땅이 그분의 피로 붉어지는 것을 봅니다. 반면에 그분의 얼굴은 피가 흐르는 땀으로 범벅이 되어 있습니다.

그리고 나는 나 자신에게 말합니다.

"나의 하나님, 나의 구세주여, 무엇이 당신을 괴롭힙니까?"

나는 그분이 대답하시는 것을 듣습니다.

"나는 너의 죄 때문에 고난받고 있다."

그리고 나는 위로받았는데, 내가 나의 주님을 그러한 고통에서 벗어나게 해드리길 기꺼이 원했던 반면에, 그 고통이 끝이 난 후, 나는 여호와께서 어떻게 나를 살리셨는가를 이해하게 되었습니다. 그분이 자신의 아들을 나 대신에 강하게 치셨기 때문입니다.

이제 나는 의롭게 되리라는 소망이 있습니다. 왜냐하면 나는 하나님의 공의와 나 자신의 양심 앞에 나의 피 흘리시는 구세주에 대한 기억을 가져왔기 때문입니다. 그리고 나는 말합니다.

당신은 두 번의 지불을 요구할 수 있습니까?
처음에는 당신의 고통당하는 아들의 손에서 취하려 하고 다음으로 다시 내 손에서 지불을 요구합니까?
있는 그대로의 죄인인 나는 하나님의 엄중하신 불타는 보좌 앞에서 서 있습니다. 나는 그 불타는 보좌를 두려워하지 않습니다.
당신이 나를 대리하는 분을 태웠거나 전적으로 소멸한 이상,
오, 소멸시키는 불이여! 당신은 나를 태울 수 있습니까?

그럴 수 없지요.

믿음으로 내 영혼은 만족된 정의를 봅니다. 율법은 존중받았고, 하나님의 도덕적인 통치는 확립되었습니다. 하지만 나의 과거의 죄된 영혼은 사면 받았고 자유롭게 되었습니다. 복수하는 정의의 불은 자체를 소진시켰고 율법은 가장 엄격한 요구를 우리를 위하여 저주가 되신 그분의 인성 안에서 고갈시켰습니다. 이는 우리로 그분 안에서 하나님의 의가 되게 하려는 목적이었습니다.

오, 대속하는 보혈로부터 흘러나오는 위로의 달콤함이여!

나의 형제들이여!

위로를 취하고 결코 위로를 떠나지 마십시오.

여러분의 주님의 피 흘리는 심장을 붙잡고 풍성한 위로를 마셔 들이십시오.

넷째, 대속하는 피를 거절하는 이들 위에 떨어질 처벌의 공포는 무엇이 되어야겠습니까?

그리고 자신들의 죄로 인하여 자기 자신의 인격 안에서 하나님 앞에 서야 할 사람은 누구이겠습니까?

여러분!

나는 말할 것입니다.

내가 여러분에게 그것을 말할 때 내 마음속에는 고통이 있겠지요.

여러분 가운데 나의 주님을 거절한 이들에게 무슨 일이 일어날까요?

나의 주님이시자 주인이신 예수 그리스도는 여러분에게 무슨 일어날 것인가를 보여주는 여러분에 있어 징조이자 예언이십니다. 겟세마네 동산 같은 동산이 아닌, 종종 침대 위에서 스스로를 충전시켰던 여러분은 놀라게 될 것이며 여러분에 닥칠 일을 예견해야 할 것입니다. 곧 죽음의 고통이 여러분을 사로잡을 것입니다.

　여러분의 허비된 일생과 거절당하신 구세주에 대한 평범치 않은 슬픔과 후회로 여러분은 심히 번민하게 될 것입니다. 또 한 사람의 유다처럼 여러분이 가장 아끼는 죄, 여러분이 선호하는 탐욕이 입맞춤으로 여러분을 배신하게 될 것입니다.

　하지만 여러분의 영혼이 여러분의 입술 위에 머뭇거리며 꾸물거리는 동안, 여러분은 예수께서 가야바의 심판석으로 끌려가셨던 것처럼, 악한 이들의 무리에 의하여 사로잡히고 옷이 벗겨지며 하나님의 심판대로 데려가질 것입니다.

　그곳에서는 신속하고, 개인적이며, 그리고 다소 사적인 재판이 일어날 것이며, 그 재판으로 여러분은 투옥이 명해지게 될 터인데, 감옥에서 여러분은 흑암 속에서 울며 통곡하는 가운데 심판 날 아침 재판정이 열리기 전까지 그 밤을 보내게 될 것입니다.

　그 다음에는 동이 터 올 것이며, 부활의 아침이 다가와, 우리 주님이 빌라도 앞에 출두하셨듯이, 여러분도 최고의 법정에 출두하게 될 터인데, 빌라도의 재판정이 아닌, 하나님의 아들의 두려운 심판정에 서게 될 것입니다. 그분은 바로 여러분이 멸시하고 거절했던 분입니다.

　그 다음에는 증인들이 여러분에게 불리하게 증언할 것이며, 그러나 그것은 위증이 아닌 진실한 증언이 될 것입니다. 예수님께서 고소하는 자들 앞에서 한 말씀도 하시지 않았던 것처럼, 여러분은 침묵 가운데 서 있게 될 것입니다.

　그 다음에는 또 하나의 **"에케 호모"**(*Ecce Homo*, 이 사람을 보라. 유대인들이 예수 그리스도의 십자가 형을 요구할 때 빌라도가 했던 말[참조. 요 19:5]-역주)

에 의해 주목되기에 어울릴만한 비참함의 대명사, 스펙터클한 멸시의 대상이 될 때까지, 여러분의 양심과 절망이 여러분을 쳐서 쓰러뜨릴 것입니다. 그리고 여러분을 바라보면서 말할 것입니다.

"저 사람과 그에게 임한 고통을 보라. 이는 그가 그분의 하나님을 멸시하고 죄를 기뻐한 것으로 드러났기 때문이다."

그 다음에 여러분은 미움을 받게 될 것입니다. "저주받은 이여, 죽어라!"가 여러분의 판결문이 될 것입니다. 이는 예수님의 선고 내용이 "그를 십자가에 못 박으시오"였던 것과 동일합니다.

여러분은 여러분의 판결에 따라 법집행자들에 의해 끌려갈 것입니다. 수치스럽게도 그리고 모든 것이 벌거벗겨져 정신을 차리지 못하는 여러분은, 여러분이 멸시하였던 구세주가 영원토록 하나님의 공의를 펼치시는 장관을 보게 될 것입니다.

그렇게 되는 것이 옳습니다.

정의가 바르게 그것을 요구합니다.

죄가 구세주께 고통스런 고난을 안겨주었다면, 죄가 여러분으로 고통 받게 하지 않겠습니까?

더욱이, 여러분의 죄에 더하여, 여러분은 구세주를 거부하였습니다.

여러분은 말했지요.

"그분은 나의 신뢰와 확신의 대상이 될 수 없어."

자발적으로, 뻔뻔하게도 그리고 여러분의 양심에 반하여, 여러분은 영원한 생명을 거절하였습니다.

그리고 여러분이 긍휼을 거절하는 가운데 죽는다면, 첫째는 여러분의 죄로부터, 그리고 둘째는 여러분의 불신앙으로부터 무엇이 나올 수 있을까요?

그 결과는 끝이나 한계가 없는 불행이 여러분의 판결이 될 것입니다.

겟세마네 동산이 여러분에게 경고가 되게 하십시오.

그곳의 신음과 눈물, 그리고 피가 흐르는 땀이 여러분을 훈계하게 하십시오.

죄를 회개하고 예수님을 믿으십시오.

그분의 성령이 예수님으로 인해 여러분으로 그렇게 하도록 이끄시길! 아멘.

Sermons on the Passion of Christ

제10장
세 개의 십자가

> 그러나 내게는 우리 주 예수 그리스도의 십자가 외에 결코 자랑할 것이 없으니 그리스도로 말미암아 세상이 나를 대하여 십자가에 못 박히고 내가 또한 세상을 대하여 그러하니라(갈 6:14).

    우리가 다른 사람들을 비난할 때는 언제든지, 우리는 그들의 잘못에 대해 명확히 할 필요가 있습니다. 사도 바울은 육체의 영광을 추구하는 이들을 비난했던 적이 있습니다. 거짓 교사들을 비판하고 그들의 마음 약한 동료들을 나무라면서, 그는 날선 언사를 사용하곤 했습니다.
    한편으로는 그는 명료한 사실에 호소하였고 자신의 논지의 근거를 강한 논리를 주장하였습니다. 그리고 그는 이 일을 허를 찌르는 움직임이나 그가 동일한 일을 행하였다는 비난을 맞닥뜨리는 것을 두려워하지 않고 행했습니다.
    따라서 매우 알맞게 그는 자신의 확고한 목적과 그들의 그럴듯하게 꾸미는 거짓을 대조했습니다. 그들은 육체 안에서 자랑거리를 만들었지만,

그는 기독교적 고백의 가장 깊은 수치를 회피하지 않았습니다.

그렇지 않았습니다.

결코 회피하지 않으면서, 그는 오히려 "그러나 내게는 우리 주 예수 그리스도의 십자가 외에 결코 자랑할 것이 없으니"라고 외치면서 그리스도를 위하여 멸시당하는 것을 영예로 간주하였습니다.

갈라디아 사람들과 그의 이름에 친숙했던 다른 모든 사람들은 그가 말하는 바가 얼마나 진실된 지를 잘 알았습니다. 왜냐하면 그의 삶의 방식뿐 아니라 그의 가르침의 내용들이 이 주장에 대한 증거를 제공하였고, 그의 대적들 중 어느 누구도 그것을 부정할 수 없었습니다.

그의 모든 사역 안에는 이 "십자가에 달리신 그리스도"보다 더 높이 찬양된 교리는 없었습니다. 그리고 "고난 속에 계신 그리스도와의 교제"보다 더 부드럽게 그가 어루만진 그 어떤 경험도 없었습니다.

> 그 앞에 있는 기쁨을 위하여 십자가를 참으사 부끄러움을 개의치 아니하시더니 하나님 보좌 우편에 앉으신(히 12:2).

그분의 발자욱을 따름보다 더 안전하다고 간주한 그 어떤 행위 원칙도 없었습니다. 그분의 모범은 그분의 교훈과 일치하였습니다. 하나님은 그분의 은총 가운데 너무도 투명한 일관성으로 항상 우리와 함께 계실 것을 허락하십니다.

현재 경우에 있어서 그 사도는 십자가 앞에서 할례 또는 다른 어떤 외적인 제도를 자랑하기 원하면서 현세적인 규례를 정하려는 누군가를 염두에 두고 격한 감정 속에 경고합니다. 예수께 대한 믿음보다 더 중요하다고 주장될 어떤 의식(ceremony)에 대한 사고는 바울의 마음이 분노로 뜨거워질 때까지 그를 격분시켰고, 그는 격한 어휘를 쏟아내었습니다.

하나님이 금하십니다!(God forbid!-이는 KJV 해석으로 개역개정판에는 표현되지 않음-역주)

그는 결코 거룩한 이름을 가벼이 사용한 적이 없습니다. 그러나 그의 내면에서 불이 뜨거워졌을 때, 그는 하나님께서 그가 십자가 외에는 그 어떤 자랑을 펼치지도 펼칠 수도 없었다는 것을 증언하도록 하나님을 소환하였습니다.

참으로 예수 그리스도 앞에 그 어떤 것을 두고자 하는 일은 모든 진정한 신자들에게는 놀랍고도 역겨운 일입니다. 그것이 무엇이 되었든, 그것은 미신적인 우상이거나 회의주의의 장난감일 것이고, 또 그것이 전통의 열매이거나 철학의 꽃이든 마찬가지입니다.

여러분은 하나님의 진정한 말씀을 보완할 새로운 성경을 원합니까?

여러분은 아버지 하나님께서 인치신 구세주를 능가할 수 있는 새로운 구세주를 원합니까?

여러분은 그분의 속량하는 피가 속죄할 수 없었던 죄들로부터 여러분을 구할 수 있는 새로운 희생 제사를 원합니까?

여러분은 "죽임 당하신 어린 양"이라는 새로운 노래를 대체할 현대적 노래를 원하십니까?

"이 어리석은 갈라디아 사람들아"라고 바울은 말했었습니다.

십자가는 바울의 소망의 중심이었습니다. 그의 애정은 십자가 주위에서 서로 연결됩니다. 그곳에서 그의 번민에 찬 양심은 평화를 찾았습니다. 하나님은 바울로 하여금 십자가가 짓밟히는 것을 허락하지 못하게 하셨습니다.

 게다가 십자가는 그의 사역의 주제였습니다. "십자가에 못 박히신 그리스도"는 이미 바울이 모든 도시에서 생명을 주시는 메시지를 선포할 때, 그 메시지를 믿는 모든 이들에게 구원에 대한 하나님의 능력을 증명하였습니다.

 바울은 묻습니다.

 회심한 여러분들 중 어느 누가, "예수 그리스도께서 십자가에 못 박히신 것이 너희 눈앞에 밝히 보이거늘"(갈 3:1b), 누가 십자가에 치욕을 안길 것입니까?

 그의 눈은 얼마나 번쩍입니까?

 그의 입술은 얼마나 민첩한가요?

 그의 마음은 그 안에서 얼마나 뜨거워집니까?

 어떤 격렬함으로는 그는 증언합니까?

> 그러나 내게는 우리 주 예수 그리스도의 십자가 외에 결코 자랑할 것이 없으니(갈 6:14a).

 그분은 자신의 독수리의 날개를 펼치고, 즉시로 힘차게 날아오르며, 한편으로 여전히 그의 예리한 눈은 맹렬히 그분이 한참 아래 남겨두신 십자가의 모든 원수를 감찰하십니다.

 종종 바울의 서신들 안에서 여러분은 이것을 관찰할 수 있습니다.

 그의 생각이 그토록 온유하시고, 인내하시며 우리를 위하여 자신을 희생 제물로 드리신, 고난받으신 그의 주님이신 예수님과의 교제 속에 있게 되자마자, 그는 빛이 나고, 광채가 나며, 오르며, 솟아오르고, 자신을 깨끗이 잊어버렸습니다. 그의 혀가 하나님의 그리스도께서 사람들의 아들들을 위하여 행하신 영광스러운 사역에 대하여 말하기 시작할 때, 갑작스레 사유를 발견되었고, 그는 "놓인 암사슴이라 아름다운 소리를 발하는도다"(역주: 창 49:21)라는 말씀처럼 되었습니다.

그렇다면 그러한 마음으로 우리의 본문에 접근해 봅시다.

그러할 때 우리는 즉시로 세 개의 십자가가 있음을 알게 될 것입니다.

다음은 본문의 요약입니다.

> 내게는 우리 주 예수 그리스도의 십자가 외에 결코 자랑할 것이 없으니.

즉 그리스도께서 십자가에 달리셨습니다. "그분으로 말미암아" 혹은 "그것으로 말미암아"(어떤 쪽이든 여러분이 선호하는 대로 읽으십시오), "세상이 나를 대하여 십자가에 못 박"혔습니다. 즉 십자가에 못 박힌 세상을 말합니다. 그리고 "내가 또한 세상을 대하여 그러하니라." 즉 바울 자신 혹은 신자가 그리스도와 함께 십자가에 못 박힌 것입니다.

다시 나는 내 앞에 서 있는 세 개의 십자가가 있는 갈보리를 바라봅니다. 그리스도께서 중앙에 계시고, 그분 양쪽에는 십자가에 달린 사람들이 있습니다. 한 사람은 두 번째 죽음을 느끼며 죽어가고 있었고, 또 한 사람은 그분과 함께 낙원에 있을 것을 기대하며 죽어가고 있습니다.

이제 이 세 십자가를 살펴봅시다.

1. 우리 주제의 주요 부분은 바울이 영광을 돌리는 십자가에 달리신 그리
   스도에 있습니다

나는 여러분이 그 표현법에 집중하기를 바랍니다.

> 내게는 우리 주 예수 그리스도의 십자가 외에 결코 자랑할 것이 없으니.

어떤 인기 있는 작가들과 대중 연설가들은, 그들이 진실을 진술해야 할 때, 매우 세심한 주의를 요하는 언어로 옷 입힐 필요가 있다고 생각합니다. 아마도 그들은 요지와 신랄함을 숨기려하지는 않지만, 어찌되었든, 그들은 모두의 이목을 집중시킬 만한 진실의 창문과 민낯을 정확히 투영하고 싶어하지 않습니다.

그러므로 그들은 진실 위에 망토를 두릅니다. 그들은 성령의 검을 신중히 칼집에 넣습니다. 사도 바울은 선택할 수 있었다면, 여기에서도 그렇게 했었을 수 있습니다. 그러나 그는 농간을 경멸합니다. 그는 진리를, 유대인들이 그러했을 것이고, 그의 대적자들이 "모든 가증할 불쾌함을 가지고"라고 말하듯이, 가능한 한 가장 최악의 형태로 진술합니다.

> 그러나 내게는 우리 주 예수 그리스도의 죽음 외에 결코 자랑할 것이 없으니.

그의 자랑은 오직 십자가에 있습니다. 내가 생각하기에 특히 이 시대에는 그럴 수 없겠으나, "십자가"라는 어휘의 사용이 얼마나 갈라디아와 다른 지역에서 고상한 사람들의 귀에 불쾌감을 안겨주며 들렸는 지를 알지

못할 것입니다. 그 시대에는 그 어휘는 중범죄자의 처형틀과 사형 집행인의 교수대를 의미했습니다.

그러므로 그 사노는 그 어휘를 사용하는 일에 주저하지 않습니다.

"나의 주인이 죽으셨던 교수대 외에는."

우리는 "십자가"라는 명명을 바울이 말하는 바를 들었던 사람들에게 고통을 안겨주었을 수치의 어감을 우리에게는 전달해주지 않는 다른 감정과 결부시키는데 너무도 익숙해 있습니다. 어떤 가정에 있어 그 식구 중 한 사람이 교수형을 당했다면, 그 가족은 민감하게 움츠려들었을 것입니다. 그리고 자신의 지도자가 십자가 위에서 죽었다고 들었을 사람의 감정은 훨씬 더 동일할 것입니다.

따라서 바울은 십자가를 담대히 기술하여, 십자가로 거친 걸림돌이 되게 합니다. 비록 그것이 어리석은 다른 이들에게 걸려 넘어지게 하는 거침돌로 드러날지라도 말입니다. 그러나 그는 십자가를 은폐하지 않습니다. 그는 십자가를 자랑합니다.

다른 한편, 나는 진정을 다해 여러분이 바울이 사람의 영광과 고난의 수치를 대조하는 지를 주목하기 바랍니다. 왜냐하면 그 일은 단지 그리스도의 죽음도, 예수의 죽음과 예수 그리스도의 죽음도 아니며, 주 예수 그리스도의 죽음도 아니라, "우리 주 예수 그리스도의 죽음"이기 때문입니다.

모든 어휘는 그분의 인격의 탁월성, 그분의 인품의 장엄함과 모든 성도들이 그분 안에 가지는 관심을 기술하는 경향이 있습니다. 그것은 십자가, 곧 우리 주님의 십자가였습니다.

그분을 경배토록 합시다.

그것은 구세주 되시는 우리 주 예수 그리스도의 십자가였습니다.

그분을 사랑토록 합시다.

그것은 기름부음 받으신 메시아 우리 주 예수 그리스도의 십자가였습니다.

그분을 존숭합시다.

그분의 발아래 앉아서 그분에 대해 배웁시다.

우리 각자는 말할 것입니다.

그것은 내 주이신 예수 그리스도의 십자가였습니다.

그러나 우리가 "그것은 우리 주님 예수 그리스도의 십자가였습니다"라고 말할 때, 전체 문제를 부드럽게 하며 십자가에 위대성을 부여하게 될 것입니다.

오, 그렇습니다!

우리는 고귀하신 그리스도와 고통스러운 십자가 그리고 하나님의 아들과 교수대 사이를 대조하여 생각하길 즐거워합니다. 그분은 임마누엘이셨고, 우리와 함께 하시는 하나님이셨습니다.

하지만 그분은 저주 받은 나무 위에서 중죄인으로서의 죽음을 당하셨습니다. 바울은 격렬하게 그 수치를 그리고 선명하게 그 영광을 드러냅니다. 그는 그리스도의 고난을 선포하든지 혹은 뒤따르는 영광을 선포하든지 어떤 경우에도 주저하지 않습니다.

그러나 그는 십자가를 가지고 무엇을 의미하였습니까?

물론 그는 그 거룩한 손과 발이 못 박힌 특정한 조각의 나무 자체에 관심을 둔 것이 아니었습니다. 왜냐하면 그 나무는 단지 물질주의에 불과하며, 사람의 뇌리에서 사라질 존재였기 때문입니다. 그는 예수 그리스도의 대속하는 희생 제사를 통한, 칭의의 영광스러운 교리, 거저 주시는 칭의를 의미합니다.

이것이 십자가로 그가 의미하는 바입니다. 즉 우리 주 예수 그리스도께서 자신의 죽음을 통해 이루신 죄의 사면과 은혜에 의하여 그분을 믿도록 인도함을 받은 모든 사람들에게 자유로이 부여하신 영원한 생명의 선물들 말입니다.

바울에게 있어 십자가는 모세에게 구리 뱀이 의미했던 것과 마찬가지입니다. 광야에 있는 구리 뱀이 죄에게 물린 사람들의 희망이었고 모세가 해야했던 모든 일은 그들로 바라보고 살게 하는 것이었던 것처럼, 오늘날 그리스도의 십자가, 곧 예수 그리스도의 대속이 인류의 희망이며, 우리의 사명은 계속적으로, 이렇게 외치는 것입니다.

"그분을 바라보고 사십시오!"

"그분을 바라보고 사십시오!"

현 시대에 있어 모든 자만에 빠진 문화와 모든 헛된 철학들과 함께 그토록 폭넓게 냉소적인 대상은 바로 이 교리, 곧 십자가에 달리신 그리스도에 대한 복음입니다.

또한 우리가 자랑해야할 교리가 바로 이 교리이기도 합니다. 우리는 그 교리를 매우 명확히 제시하는 것을 부끄러워하지 않습니다. 우리는 우리를 대신한 예수님의 대체(substitution), 즉 대리적 희생 제사(vicarious sacrifice)를 자랑합니다.

성경은 그분에 대해 말합니다.

> 죄를 알지도 못하신 이를 우리를 대신하여 죄로 삼으신 것은 우리로 하여금 그 안에서 하나님의 의가 되게 하려 하심이라(고후 5:21).

> 우리는 다 양 같아서 그릇 행하여 각기 제 길로 갔거늘 여호와께서는 우리 모두의 죄악을 그에게 담당시키셨도다(사 53:6).

> 그리스도께서 우리를 위하여 저주를 받은 바 되사 율법의 저주에서 우리를 속량하셨으니 기록된 바 나무에 달린 자마다 저주 아래에 있는 자라 하였음이라(갈 3:13).

우리는 우리의 언약의 머리(covenant Head)와 대표자이신 무죄한 분에게로의 죄의 전가를 믿습니다. 그 전가 안에서 바로 그 대리하신 분에게 처벌이 건네어지고 그분이 죄의 처벌을 대신 감당해주신 사람들의 죄가 깨끗해짐을 우리는 믿습니다.

이제 우리는 이것을 자랑합니다.

우리는 때때로 사람들이 자신들의 조상으로부터 받은 전통에 따른 신조를 자랑하는 것이 아니라 이것을 자랑합니다. 왜냐하면 우리는 이 진리를 배웠고, 성령의 내적 가르침에 의하여 각자에게 주어진 것이므로, 그 교리는 매우 소중하기 때문입니다.

우리는 공허한 자랑으로 그것을 자랑하는 것이 아닙니다. 우리는 우리 자신의 마음의 내적 만족을 가지고 그것을 자랑합니다. 우리는 그 만족을 밖으로 드러난 우리 삶의 경건한 구별로 증명합니다.

우리는 우리 영혼을 그 진리에 의탁합니다. 그 교리가 꾸며낸 이야기라면, 우리의 희망은 영원히 난파하게 되고, 우리 모두는 난파하는 위험에 우리를 내맡긴 꼴이 됩니다.

우리는 그 위험을 감수할 준비가 잘 되어 있습니다.

우리는 이 구원이 우리로 실패케 한다면 기꺼이 멸망할 것입니다.

우리는 이 믿음 위에 살아갑니다. 그 믿음이 우리의 고기요 잔입니다. 이 믿음을 버린다면, 우리에게는 성경 안에서 우리가 소유할 만한 아무 것도 남지 않게 될 것입니다. 그 믿음이 우리에게 우리 확신, 우리 소망, 우리 안식, 그리고 우리 기쁨의 머리요 선두가 되었습니다.

우리는 이 믿음을 선포하는 일에 부끄러워하지 않으며, 오히려 지상의 모든 이들이 우리가 선포하는 바를 들어야 한다면 그곳이 어디든, 우리는 그 믿음을 밤낮으로 큰 소리로 외치길 원합니다. 그리하여 믿음을 인정하는 것을 결코 부끄러워하는 대신, 사람의 자녀들 사이에서 증거할 기회를 얻게 될 때, 그 믿음을 전파할 우리의 최고의 영예요 가장 큰 기쁨으로 간주할 것입니다.

그러나 왜 우리는 그 믿음을 기뻐합니까?

우리는 왜 그 믿음을 자랑합니까?

그 답은 내가 우리의 감사에 대한 여러 겹의 주장들을 얼핏 들여다 보는 것 이상을 할 수 없을 만큼 너무도 큰 범주입니다. 우리는 그리스도의 십자가를 자랑합니다. 왜냐하면 그리스도의 십자가를 하나님의 속성이 견줄 데 없이 선명하게 드러난 예시로 우리는 간주하기 때문입니다.

우리는 그곳에서 그분의 지혜의 도움을 받아, 하나님이 인류를 구원코자 하시는 방법을 찾으시는 하나님의 사랑을 보게 되며, 따라서 우리는 그 계획이 진리와 공의를 위반함 없이 행해질 수 있는 완벽한 행동임을 알게 됩니다. 십자가 안에서 우리는 한 때 양 극단으로 비쳐졌던 특질들인 공의와 긍휼이 기묘하게 조화를 이룸을 봅니다.

우리는 하나님께서 최고로 의로우신 이유를 봅니다. 이는 그분이 긍휼이 전혀 없으신 것처럼 보이게 하나, 그분의 아들이라는 선물 안에서는 무한히 자비로우십니다. 사실상 긍휼과 공의는 동일한 측의 변호인이 되어 믿는 죄인들의 무죄 방면을 위해 저항할 수 없는 청원을 드립니다.

우리는 결코 하나님의 그 속성들 중 어느 것이 그리스도의 희생 안에서 더 영광스럽게 빛이 나는지 구별할 수 없습니다. 그 속성들 각자는 세상 죄를 지고 가시는 하나님의 어린 양의 인격과 사역 안에서 영광스러운 높은 보좌를 취합니다. 말하자면 그 속성은 하나님의 성품과 완전성을 반영하는 판(disk)가 되었기 때문에, 우리가 그리스도의 십자가를 자랑하는 것이 마땅합니다. 그리고 우리 안에는 자랑할 만한 아무 것도 없습니다.

다음으로 우리는 그리스도의 십자가를 예수님의 사랑의 확증으로 자랑합니다. 예수님은 전적으로 이 땅에 오셨을 만큼 사랑이 많으십니다. 그분은 사랑으로 배고픈 이들을 먹이는 것을 좋아하셨고, 아픈 자를 치유하시고, 죽은 자를 살리시는 것을 좋아하셨습니다. 그분의 삶 자체가 사랑이었습니다. 그분은 체현된 자애로움 자체이셨고, 박애주의자들 가운데 으뜸이자 친절한 사람들 가운데 왕이셨습니다.

오, 그러나 그분의 죽음은 어떠합니까?

그분이 감당하신 잔혹하고 수치스러운 죽음 말입니다. 그분 안에는 죄가 없었음에도 죄로 말미암은 진노가 그분을 저주에 복속시킨 그 죽음을 그분이 감당하셨습니다. 이것이 최고의 그리스도의 사랑을 보여줍니다. 그러므로 우리는 그리스도의 십자가를 자랑하며 결코 그렇게 하는 것을 부끄러워하지 않을 것입니다.

우리는 더욱 그리스도의 십자가를 자랑합니다. 그 십자가가 죄를 없애기 때문입니다. 죄를 종식시키고 부정함을 해소하는 다른 길은 없습니다. 적확한 처벌 없이 법 위반을 용서하는 것은 하나님의 모든 경고와 상반될 수 있습니다. 그러한 일은 정의에 대한 요구를 달래주지도, 죄인의 양심을 충족시킬 수 없습니다.

사면 없이는 그 어떤 마음의 평화도 향유될 수 없고 양심은 그 어떤 사면도 속죄 없이는 얻어질 수 없다고 선언합니다. 가장 위로가 되는 약속들이 속량하는 피와 함께 봉인되지 않은 채 주어졌다면, 우리는 사면이 아니라 단지 형 집형정지에 불과했음을 두려워하면서 마음이 혼란했었을 것입니다.

본능은 사람들에게 이 진리를 확신시킵니다. 왜냐하면 모든 세상의 종교는 희생 제사와 연관이 있어왔기 때문입니다. 인간의 자녀들 가운데서 일찍이 생성되었던 거의 모든 종류의 예배 행위는 가장 현저한 특징으로 희생 제사를 가지고 있었습니다.

범죄는 처벌받아야 했고, 악과 죄는 땅에서부터 울부짖었고, 희생된 자들은 복수를 피하라고 요구받았습니다. 마음은 양심을 달래줄 어떤 것을 갈구했습니다. 그 갈구는 원시 시대 안에서 인간에 의해 습득된 고대 진리의 유물입니다.

이제 그리스도는 그분 자신이 나무 위에서 자신의 몸 안에 우리의 죄를 지게 되셨을 때, 자신을 죄에 대한 희생 제물이 되게 하셨습니다. 그분은 꺼져가는 호흡을 내쉬며 말씀하셨습니다.

다 이루었다.

오, 얼마나 놀라운 은혜인가요!
이제 사면이 자유로이 사람들의 자녀들 사이에서 공표됩니다. 그 사면은 우리가 공의와 합법성을 인지하는 사면입니다. 동쪽이 서쪽으로부터 먼 것처럼, 하나님께서 우리 죄악을 그리스도의 죽음을 통하여 우리에게서 멀리 제거하셨습니다.

이것, 곧 그리스도의 죽음만이 죄를 없앨 수 있습니다. 그러므로 우리는 이 그리스도의 십자가를 자랑합니다.

그렇습니다.

그리스도의 십자가만을 우리는 영원히 자랑할 것입니다.

하나님께 감사할지어다.

그리스도의 십자가가 우리의 죄들, 곧 이 짐과 부담이 더 이상 우리를 짓누르지 못하도록 그 죄들을 제거하셨습니다. 우리는 이제 임의로 말하지 않습니다. 그리스도의 십자가가 우리의 영혼 안으로 소망과 평강과 기쁨을 숨으로 불어넣으셨습니다. 나는 어떤 사람이 십자가의 평화를 호흡하게 하는 능력을 경험하여 알게 되지 않는 한, 어떻게 십자가를 자랑하는지를 알 수 있는 사람은 없다고 확신합니다.

나는 내가 알고 있는 바를 말하며, 내가 느끼고 있는 바를 증언합니다. 나의 죄의 짐은 사느니 죽는 게 낫겠다고 느끼게 할 만큼 나를 무겁게 짓눌렀습니다. 수많은 날과 수많은 밤 동안, 나는 나의 심장의 고통 안에서 지옥을 화염을 느꼈습니다. 왜냐하면 나는 나의 죄악을 알았으나, 의로운 용서의 길을 알지 못했기 때문입니다.

하지만 한 순간에 그 짐이 내게서 벗겨졌습니다. 그리고 나는 구세주에게서 흘러넘치는 사랑을 느꼈습니다. 나는 그분의 발아래 엎드렸고, 그분이 나의 죄를 치워버리셨고, 그 죄를 종식시켰음을 알고 두려워 떨었습니다. 그 비견할 데 없는 사랑의 행동이 나의 마음을 사로잡아 예수께로 이끌었습니다. 그분은 나의 본성을 변화시키셨고 동시에 나의 영혼을 새롭게 하셨습니다.

그러나 내가 그 기쁨을 가지다니요!

절망의 깊은 계곡 속에 빠졌다가 동시에 말할 수 없는 평화와 기쁨의 정상까지 올라선 사람은 여러분에게 그들이 십자가와 그 십자가의 구원하는 능력을 자랑해야 한다고 말할 수 있습니다.

여러분!

왜입니까?

우리는 우리 양심에 따라 믿어야 합니다. 우리는 그 내적 증거를 속일 수 없습니다. 우리는, 우리가 그러했던 것처럼, 다른 사람들이 죄에 대해 깊이 확신하고, 그들의 짐이 그들의 어깨에서 굴러 떨어짐을 느끼도록 진정 십자가에게로 인도되기를 원할 뿐입니다.

그때에 그들은 그리스도의 십자가를 자랑하게 될 것입니다. 그 이후로 우리는 절망 가까이에 있는 영혼들에게 이 치료약을 우리 손에 들고 나아갔으며, 우리는 그 약이 고치지 못한 사례를 결코 보지 못했습니다.

하지만 우리는 십자가가 모든 세상 안에서 가장 위대한 도덕적 힘이라는 확신이 없다면, 우리는 십자가를 그토록 많이 자랑해서는 안 됩니다. 우리가 십자가를 자랑하는 이유는 아무 것도 사람들의 마음에 도달할 수 없을 때, 십자가가 사람들의 마음에 미치기 때문입니다. 죽어가는 구세주의 사랑의 이야기는 종종 세상에 있는 모든 도덕적 강론이 결코 움직이게 할 수 없는 사람들에게 감동을 주어왔습니다.

그들 자신의 양심에 대한 반론할 수 없는 추론에 의해 판단되고 판결받은 그들은, 그들이 예수님의 십자가에 가까이 이끌리기 전까지는, 그들이 매번 결정할 때마다 공격하였던 유혹들에 의하여 점령당한 그들의 능력을 흔들어놓은 그들의 욕망을 통제할 수 없었습니다.

그리고 사면을 통해 그들은 희망을 모았고, 희망을 통해 그들은 죄를 다스릴 힘을 얻었습니다. 그들이 예수님 위에 얹어진 자신들의 죄를 보았을 때, 그들의 대체자로서의 그분으로 하여금 몹시도 슬프게 고난받게 한 자신들의 죄를 미워하였습니다.

  그 후 성령께서 그들 위에 임하셨고, 그들은 하나님께서 부여하신 힘으로 구세주가 대신 죽으신 그 죄를 몰아내기로 결심하였습니다. 그들은 새로운 삶을 시작하였고, 그들은 그 삶 안에서 계속 살아갔으며, 그들을 처음 자제케 하였던 동일한 거룩한 힘에 의하여 지탱되었습니다. 그리고 이제 그들은 하나님의 능력을 통하여 그 새로운 삶이 온전해지길 고대하고 있습니다.

  죄로부터 사람들을 구원함에 있어 부정함이 승리하는 요소가 어디에 있습니까?

  인간의 교만을 정복함에 있어 철학의 우승컵들이 어디에 있습니까?

  학문적 강론을 통해, 정숙하게 된 창기를 우리에게 데려오십시오.

  마음이 개심된 도둑들을 데려와 보십시오.

  양같이 무해하게 된 곰 같은 기질을 지닌 화난 사람들을 데려와 보십시오.

  이것저것을 행하라고 제시하는 우리의 아마추어 박애주의자들로 하여금 그들의 궤변으로 행해진 도덕적 변화의 사례들을 제출하게 하십시다.

  사실은, 그들은 도시 선교사(City Missionary)와 권서인(Bible Woman)들에게 입을 삐쭉이거나 보다 낮은 취급을 합니다. 거만한 자들을 겸손하게 만들고, 타락한 자를 일으켜 세우며, 더러워진 자들을 새롭게 만들고, 고독하고 절망에 빠진 이들에게 새로운 시작을 제공하는 것이 바로 십자가입니다.

  그 어떤 것도 그 일을 할 수 없습니다.

  세상은 자체의 이기심과 죄악의 습지 속으로 더욱 낮게 잠깁니다. 그리스도의 십자가로 상징화되는 오직 이 놀라운 대속이라는 지렛대만이 우리의 천박한 족속을 들어 우리가 원래 점해야 하는 덕과 명예의 위치로 올려놓습니다.

2. 십자가가 세상이 십자가에 못 박힌 것을 보여줍니다

그 사도는 세상이 그분에 대하여 십자가에 못 박혔다고 말합니다.

이 표현으로 그가 의미하는 바가 무엇입니까?

그는 세상이 중죄인처럼 십자가에 못 박혔고, 십자가에 달려 죽은 것으로 간주합니다. 나는 그가 세상의 지위가 유죄판결을 받았음을 의미한다고 생각합니다. 그는 자신에 대해 많이 생각하였던 세상을 마주 보며 말하였습니다.

"나는 그대를 중요하게 생각하지 않소.

불쌍한 세상이여!

그대는 마치 유죄 판결을 받은 죄인과 같소."

그는 세상이 자신의 구세주를 십자가에 못 박았고, 자신의 하나님을 십자가에 못 박은 것을 알고 있습니다. 세상이 온 거리를 다니며 완벽히 무죄한 분을 추적한 것이 바로 그 죄입니다. 세상이 조롱하고 물어뜯은 것이 바로 그분의 무한한 관대함이었습니다. 세상이 거부한 것이 영원한 진리이셨고, 세상은 거짓을 선택하였습니다.

그리고 세상이 십자가의 죽음으로 몰아간 이는, 바로 성육신하신 사랑이셨던 하나님의 아들이셨습니다.

"이제"하고 바울은 말합니다.

나는 그대의 지위를 아오. 세상이여! 나는 그대를 아오. 나는 그대를 그대의 범죄로 인해 혐오되는, 교수형에 처해지도록 판결 받아 몹시도 미움 받는 인생을 끝내도록 결정이 난 비참한 인간보다 더 존경하지는 않소.

바울은 세상이 유죄라고 정죄했기 때문에, 이는 바울로 하여금 세상의 판단을 전적으로 멸시하도록 이끌었습니다. 세상은 말하였습니다.
"이 바울은 바보이다. 그의 복음은 어리석고 그 자신은 단지 허튼 소리를 지껄이는 사람에 불과하다."
바울은 생각합니다.
"그래! 세상 그대가 아는 것은 거기까지겠지!"
이 점에서 우리는 바울과 연합합니다.
너를 높여줄 만한 판단은 무엇이지?
그대는 하나님의 아들을 알지 못했어.
불쌍한 눈먼 세상이여!
우리는 그분이 온전하셨다고 확신하는데, 그대는 그분을 죽기까지 사냥했어.
너의 판단은 참으로 딱하구나!
오 세상이여!
그대는 우리에 대하여 십자가에 못 박힌 셈이야.
우리는 "여론," "대중적 믿음," "증가되는 그 시대의 감각," "그 시대의 정서"와 "그 시대의 정신"을 중시하라는 말을 듣습니다. 나는 바울이 우리 시대의 종교 신문들 중 몇몇을 읽을 수 있었더라면 하는 바람이 있습니다.
하지만 나는 그 선한 사람이 그토록 혐오스러운 일을 하게 하고 싶지는 않습니다. 왜냐하면 나는 감히 말할 수 있는데요. 바울은 그 일을 하기보다는 차라리 메버타인(Mammertine) 감옥에서 한탄하며 지내길 선호할 것이라고 말입니다.

그러나 여전히 나는 그가 우리 스스로를 그 시대의 정서와 함께 유지시킬 필요성에 대한 그러한 표현들 중 얼마를 읽은 후에 어떤 모습일지를 알고 싶습니다.

그는 말할 것입니다,

세상의 정서라니!
그것은 나에 대해 십자가에 못 박혔소.
세상의 의견이 무슨 상관이겠소.
어린 자녀들이여,
우리는 하나님의 사람들이오. 모든 세상은 악한 일에 관심이 있소.
당신은 세상, 즉 악한 존재인 세상이 여러분에 대해 어떻게 생각하는지를 신경 쓰오?
아니면 당신은 그대의 주님의 진리에 대해 주의합니까?
당신은 당신의 혀를 부드럽게 하고 여러분의 언사를 매끄럽게 하여, 악한 존재인 세상을 기쁘게 하려하고 있습니까?

바울은 그러한 입장에 대해서는 분개할 것입니다.
그는 말하였습니다.

세상이 나를 대하여 십자가에 못 박히고.

그러므로 그는 모든 세상의 쾌락을 십자가에 못 박힌 부패한 사체로 간주하였습니다.

당신은 로마에 있는 콜로세움으로 가고 있는 바울을 상상할 수 있습니까? 나는 검투사들의 경기를 보기 위한 벤치들 가운데 하나에 앉혀진 그를 상상해봅니다.

황제가 있군요. 로마의 모든 위대한 귀족들과 원로원이 함께 있습니다. 그리고 서로 다른 사람의 피를 흘리게 만든 이들을 응시하여 내려다보고 있는 잔인한 눈들이 있습니다.

여러분은 바울이 그 현장에서 한 자리를 강제적으로 차지하게끔 되었을 때 어떻게 느꼈을지를 그려볼 수 있습니까?

그 일은 그에게 순교하는 것과 마찬가지였을 것입니다. 그는 로마가 당시의 가장 최고의 오락으로 여겼을 광경을 참을 수 없어 그의 눈과 귀를 닫아버렸을 것입니다. 그들은 그 제국의 도시 안으로 몰려들었고, 고문받는 불쌍한 야수들과 서로 살해하는 사람들을 보기 위해 매일 극장 안으로 물밀듯 쏟아져 들어갔습니다.

그것이 바울 시대의 세상이었습니다. 그리고 그는 세상을 십자가에 못 박힌 중죄인이라고 정확히 판단하였습니다.

그가 오늘날의 대중적 쾌락을 강제적으로 보아야 한다면, 그것에 대해 나는 할 말이 별로 없지만, 그는 로마에 있던 원형경기장의 오락들에 대해 그러했던 것처럼 오늘날의 오락들에 대해서도 거의 신물이 나는 것으로 여기지 않았겠습니까?

바울에게도 그 시대의 모든 명예는 유사한 방식으로 십자가에 못 박힌 것임에 틀림없습니다.

바울이 그의 시대에 황제로서 다스리던 이들을 철면피(wretch)라고 간주하기로 결심했다고 가정해 보십시오.

나는 그 용어를 심사숙고하여 사용합니다. 왜냐하면 나는 권위를 악평하려고 하지 않기 때문입니다.

그러나 실질적으로는 내가 그들을 철면피라고 부를 때, 그들에게는 최대한 좋게 말하는 것입니다. 그들은 비인간적인 괴물들이었던 것으로 보입니다.

"자신들의 변덕스러운 어리석음으로 모든 자연법과 품위를 위반
한 독재자들."

그들에게는 모든 종류의 탐욕이 매일의 습관이었고, 새로운 관능적인 오락을 고안해내고는 그것을 새로운 쾌락들이라고 칭했던 이들이었습니다. 바울이 나폴리와 폼페이와 같은, 로마 사람들이 그들의 휴일에 찾아갔던 모든 도시들을 생각할 때, 바울은 그 도시들을 얼마나 혐오했던지요!

그리고 나는 그 사도가 지금 여기에 있을 수 있다면, 그가 얼마나 자주 지위와 직함이 모든 진정한 권위를 수치스러운 무절제 속으로 잠기는 경향이 있는지를 알았다면, 그리고 고위층 집단 안에서 어떤 악명 높은 부도덕이 응당 발견되었을까를 알았더면, 그는 세상의 모든 화려함과 권세와 명예를 나무 위에 달려 태양 아래서 썩어가는 부패한 시신처럼 아무런 가치가 없는 것이라고 여기는 것은 너무도 당연할 것입니다.

그는 말합니다.

"세상이 내게 대하여 십자가에 못 박혔습니다. 세상은 내게 교수대 위에 달려 있습니다. 나는 세상의 쾌락과 세상의 화려함을 중요시 여기지 않습니다."

세상의 모든 보물들을 바울이 경멸적으로 판단했던 것과 마찬가지로, 바울은 결코 자신이 얼마만큼의 가치가 있는 지를 생각하기 위해 눈길을

주느라 많은 시간을 허비하지 않았습니다. 그러한 시각으로 그는 먹는 것과 입는 것에 만족해했습니다.

때때로 그는 의복과 음식이 부족한 때도 있었습니다. 그는 일상적으로 빌립보 교인들에게 자신의 필요를 채워준데 대해 감사를 표했습니다.

그러나 그는 결코 무엇이든지 저장하려 하지 않았고, 금이나 은으로 자신의 재산을 증대시키는 생각을 추호도 갖지 않았습니다. 그는 말하였습니다. "아닙니다. 이것은 사용하여 모두 없어질 것들입니다."

그리고 그는 세상을 그에게서 십자가에 못 박힌 것으로 대우하였습니다.

이제, 그리스도인들이여!

이것, 즉 세상은 이윤추구의 측면 뿐 아니라 뒤죽박죽 섞인 악들과 여러 유형의 천박함의 관점에서 여러분에게 십자가에 못 박힌 존재라고 말할 수 있습니까?

이제, 세상이 말하는 바를 보십시오.

젊은이, 돈을 벌어요, 돈을 벌란 말입니다!
할 수만 있다면 정직하게.
그러나 모든 수단을 동원해 돈을 버세요.
자기 자신을 보십시오.
여러분이 예리하지 않다면, 성공할 수 없습니다.
굳이 말할 필요 없습니다.
잘 속는 사람이 되기보다는 이중 플레이를 하세요.
 여러분의 평판은 주가가 오를 때 함께 오르게 될 것입니다.
변화하세요.

이제 여러분이 돈을 번다고 가정해봅시다.

그 결과는 무엇이지요?

그 순전한 결과는 내가 종종 확인했듯이, 모모 귀하의 유언장이 검인법원(Probate Court)에서 많은 사람들 앞에서 증명되었다고 말하는 한 단락의 신문기사와, 그를 먹어 삼키려는 그의 모든 친척들 사이에 벌어지는 엄청난 시시한 싸움이 뒤따를 뿐입니다. 그것이 수고하고 관리하고 계획한 삶의 절정입니다. 그는 돈을 벌기 위해 살아왔고, 그 돈을 이제 뒤에 남겨두어야 합니다. 그것이 그 어리석음의 끝입니다.

오, 돈을 벌고 그 돈을 모으는 데만 목적을 두는 삶은 얼마나 불쌍합니까!

그러나 여전히 바르게 돈을 모으는 비범한 재능은 하나님의 영광을 위하여 성별될 수 있습니다. 여러분은 이 세상의 재산을 우리 주님을 섬기는데 사용할 수 있습니다.

돈을 버는 것은 잘못된 일이 아닙니다. 움켜쥐는 것이 삶의 주요 목적이 되고, 내어주기를 꺼려하는 일이 우상숭배인 탐욕으로 자라갈 때만이 잘못된 것입니다.

모든 그리스도인들에게는 모든 형태의 세속적인 것들이 십자가에 못 박혀야하며, 그리하여 우리는 "이제 나에게 사는 것은 나 자신을 위한 것이 아니라, 그리스도이시니, 나는 그분을 영예롭게 하고 영광을 돌리기 위해서 삽니다"라고 말할 수 있어야 합니다.

그 사도가 세상이 그에게 십자가에 못 박혔다고 말할 때, 그는 정확히 이것을 의미하였습니다.

나는 세상이 추구하는 그 어떤 것에 의해서도 노예처럼 되지 않습니다. 나는 세상의 처세술에는 아무런 관심이 없습니다. 나는 세상의 정신에 의해 지배되지 않습니다. 나는 세상의 미소를 추구하지 않습니다. 나는 세상의 위협을 두려워하지 않습니다. 세상은 나의 주인이 아니며, 나는 세상의 노예도 아닙니다. 전체 세상은 바울로 하여금 거짓말을 하도록 강요하거나 죄를 짓도록 강제할 수 없습니다. 바울은 세상에 무슨 일어날지라도 진리만을 말합니다.

여러분은 도자기공 팔리시(Palissy)의 말을 회상할 수 있습니다. 이는 프랑스의 왕이 그에게 만일 종교를 바꾸어 위그노 교도(Huguenot)가 되는 것을 포기하지 않는다면, 그를 대적들에게 넘기게 되지 않을까 염려된다 말할 때의 일입니다. 그 도공은 이렇게 대답하였습니다.

폐하! 폐하께서 "너를 넘기게 되지 않을까 염려된다"라고 말씀하시는 것을 듣게 되어 유감입니다. 왜냐하면 세상에 있는 모든 사람은 팔리시로 하여금 그것처럼 말할 수 있게 하지 못하기 때문입니다. 나는 어느 누구도 두려워하지 않습니다. 나는 단지 옳은 일을 해야만 합니다.

오, 그렇습니다!
하나님을 두려워하고 십자가를 사랑하는 사람은 그로 하여금 당당히 설 수 있게 하는 도덕적 척추를 갖고 있으며, 세상을 경멸합니다.
"사형에 어울리는 중죄인이여!"
그는 말합니다.

사형감인 중죄인이여,
그리스도를 십자가에 못 박은 이여.

그대 우주가 그대 자신을 부르는구나. 그 적절한 이름으로 그대는 기꺼이 영접 받고 싶어 하는도다. 바울은 하등 그대를 존중하지 않는다. 오히려 바울은 그대와 필적하는 존재이다. 왜냐하면 그는 그대가 바울에 대해 생각하는 만큼 바울도 그대에 대해 많이 생각하기 때문이다. 그리고 그게 전부이다.

그가 이렇게 외칠 때 들어보십시오.

세상이 나를 대하여 십자가에 못 박히고 내가 또한 세상을 대하여 그러하니라.

사람을 섬기기 위해 사는 것과 그들에게 복을 베풀기 위해 사는 것은 별개입니다. 그리고 우리는 이 복을 베풀기 위해 살 것입니다. 하나님이 우리를 도우시는 그 일, 그들의 선을 위하여 우리를 희생하는 그 일을 할 것입니다.

그러나 사람들을 두려워하고, 생각하려는 내용에 대해 허락을 구하고, 우리가 무엇을 말할지 그리고 우리가 어떻게 말해야할지에 관해 그들의 가르침을 요구하는 것, 그것은 우리가 허용할 수 없는 야비한 일입니다. 하나님의 은총에 의하여 우리는 우리 스스로를 그리 격하시키지 않았고, 앞으로 그럴 일은 없을 것입니다. 사도 바울은 말합니다.

그리스도의 십자가로, 세상이 나를 대하여 십자가에 못 박혔느니라.

3. 다음으로 그는 십자가 처형으로 마무리합니다. 그것은 "내가 세상에 대하여 십자가에 못 박혔도다."

우리가 그들이 어떻게 그에게 멸시를 퍼부었는가를 알아차린다면, 우리는 곧 이 십자가 처형의 증거에 대해 알게 될 것입니다. 한 때 사울은 위대한 랍비였고, 히브리적 전통에 박식한 바리새인들 중의 바리새인이었습니다.

그리고 그는 많이 칭송받던 인물이었습니다. 그는 또한 전형적인 학자이자 철학자였으며, 대단한 정신력을 가진 인물이어서 학자 진영을 이끌기에 적합한 인물이었습니다.

그러나 바울이 십자가에 못 박히신 그리스도를 전파하기 시작했을 때, 그들은 말하였습니다.

"흥, 그는 정말 바보 녀석이야. 그에게 신경 쓰지마!"

혹은 이렇게 그들은 말했습니다.

"그를 타도하라. 그는 변절자이다."

그들은 그를 저주하였습니다. 그의 이름은 그 이름을 언급하는 모든 유대인들의 얼굴에 분노가 일게 하였습니다. 그리고 그것은 모든 지적인 헬라인들에게도 마찬가지였습니다.

"바울이라고?

그는 아무 것도 아니야."

그가 그들의 방식대로 생각할 때는 모두에게 중요했으나, 하나님의 방식으로 생각할 때는 그들에게 아무 것도 아닌 존재가 되었습니다.

그리고 그들이 그의 모든 동기들을 의심하게 될 때, 그리고 그의 모든 행동들을 그릇 해석함으로써, 그들은 그를 공개리에 부끄럽게 하였습니다. 바울이 무엇을 하였는지는 중요치 않았고, 그들은 그가 이기적인 사람이며 그는 자기 자신의 이익만을 추구하는 사람이라고 꽤 확신하였습니다.

그들이 그가 옳았다는 사실을 인정하지 않을 수 없을 정도로 행동했을 때, 그들은 그것을 잘못된 것으로 몰아갔습니다. 어떤 이들은 그의 사도권을 부인하고 그는 결코 하나님에 의해 보냄을 받은 적이 없다고 말하였습니다.

그리고 어떤 이들은 복음을 증거하는 그의 능력을 의심하였습니다. 그리하여 그들은 이런 저런 방식으로 가여운 바울을 마음껏 십자가에 못 박았습니다.

그들은 더 나아가 그를 멸시하였고, 그를 피하였습니다. 그의 옛 친구들은 그를 버렸습니다. 어떤 이들은 그를 내쫓았고, 다른 이들은 그를 거리에서 멸시하며 손가락질했습니다. 그의 핍박은 그에 대한 그들의 증오를 보여주었고, 이제 정당한 법적 절차 없이 대중이 처벌하는 형태로 그에게 돌을 던졌습니다. 그리고 머지않아 외관상 법적 절차를 밟는 것처럼 그를 행정관들 앞에 끌고 갈 것이었습니다.

바울은 그들에 대하여 십자가에 못 박혔습니다.

그의 가르침에 관하여, 그들은 그가 종일 지껄이는 자, 즉 이상한 신을 선포하는 자에 불과하다고 헐뜯었습니다.

나는 감히 말합니다.

그들은 종종 그가 선포하였던 그리스도의 십자가를 거의 타파된 교리이자, 아무 것도 신기할 것이 없는 내용(a nine day"s wonder)을 전한다고 조롱했다고 말입니다. 그리고 그들은 말하였습니다.

"당신이 단지 바울과 같은 사람들의 입을 막을 수 있다면, 그 이야기는 곧 잊혀질 것이요."

나는 그들이 현대에도 하위층 사람들에게 "당신의 구태의연한 청교도주의는 거의 죽었다. 오래지 않아 그것을 사라지고 말 것이오"라고 말하는 것을 들었습니다.

그러나 우리는 십자가에 못 박히신 그리스도를 선포합니다. 사도가 선포하였던 것과 동일한 옛 교리를 우리는 선포하고 있으며, 이로 인해 세상의 지혜자들의 멸시로 우리는 십자가에 못 박힌 것입니다.

이제 사랑하는 크리스쳔 친구 여러분!

여러분이 그리스도의 십자가를 고수한다면, 여러분은 자신의 분깃을 위하여 이것을 지키도록 기대될 것입니다. 세상은 여러분에 대하여 십자가에 못 박힐 것이고, 여러분은 세상에 대하여 십자가에 못 박힐 것입니다.

여러분은 냉대를 받게 될 것입니다. 옛 친구들은 공개적인 대적이 될 것입니다. 그들은 그들이 여러분을 전에 사랑했던 것 이상으로 여러분을 증오하기 시작할 것입니다. 집에서도 여러분의 대적이 있는데, 곧 여러분의 가족이 그들입니다.

여러분은 옳은 일을 가까스로 하게 될 것입니다. 여러분이 친한 친지였을 때의 흥청대는 자리에 참여했을 때, 여러분이 술을 마시며, 음탕한 노래들을 부를 때, 여러분은 유쾌한 친구였습니다.

그러나 이제는 그들은 여러분은 바로 취급합니다. 그들은 여러분을 위선자로 업신여깁니다. 그리고 여러분의 평판을 중상모략합니다.

그들의 혐오를 여러분이 제자가 되었다는 신분증이 되게 하십시오.

그리고 말하십시오.

세상 또한 내게 대하여 십자가에 못 박혔고 나도 세상에 대하여 십자가에 못 박혔습니다. 세상에 그리스도로 인하여 나에 대하여 악하게 말하는 무엇이든지, 그것은 멸망할 악인의 두서없는 지껄임에 불과합니다. 그리고 그것에 대해 내가 무엇을 신경써야 합니까?

한편으로는 내가 거절당하고 멸시당한다면, 나는 단지 내가 항상 예상했던 것을 당한 것일 뿐입니다. 곧 나의 초라하고 겸손한 방식으로 내 십자가를 지는 것 말입니다. 이는 그리스도 자신의 길을 따르는 것으로, 그분은 사람들에게 멸시당하고 배척당하셨습니다.

이 모든 도덕과 교훈은 이것입니다.
무엇이든지간에, 계속 그리스도를 자랑하십시오.
이것이 습관이 되게 하십시오.
사랑하는 친구들이여!
여러분이 명예로울 때나 불명예 가운데 있을 때나, 좋은 평판을 듣든지, 악평을 들을 때에도, 그리고 하나님께서 여러분의 소유를 배로 늘려 주셔서 부자가 되게 하시든지, 혹은 재산을 줄여 가난하게 만드시든지, 여러분은 그리스도의 십자가를 자랑하십시오.

여러분이 그분을 위하여 일할 건강, 능력, 그리고 힘이 있거나, 여러분이 피로로 침대에 누워 있어야 하고, 여러분의 하늘의 아버지의 뜻을 인내 가운데 감당해야 할지라도, 여러분이 십자가를 자랑하기로 결심하십시오.

가파른 요단 계곡으로 내려가 요단강을 뚫고 나가서, 계속 십자가를 자랑하십시오.

왜냐하면 여러분은 영광의 하늘 안에서 피로 사신 무리들이 그들이 속량 받은 승리의 표식으로 십자가를 찬양하는 것을 보게 될 것이기 때문입니다.

여러분은 십자가를 신뢰합니까?

여러분은 예수 안에서 안식합니까?

그렇지 않다면, 주님께서 여러분에게 이 축복된 특권을 가르치게 하십시오.

그것과 같은 즐거움은 결코 없습니다.

그것과 같은 능력은 결코 없습니다.

그것과 같은 생명은 결코 없습니다.

그것과 같은 평화는 결코 없습니다.

십자가에서 우리는 천국을 발견합니다. 우리가 십자가를 응시하는 동안, 모든 하늘의 거룩한 존재가 우리의 마음에 가득하게 될 것입니다.

여러분이 결코 그곳에 가본 적이 없지만, 주께서 여러분을 바로 이 순간에 인도하신다면, 여러분은 용서받고, 받아들여지며, 영원히 축복받을 것입니다.

주님께서 여러분 모두를 그리스도를 위하여 이 모든 은총의 참여자가 되게 하시길 기원합니다.

아멘.

Sermons on the Passion of Christ

제11장
수치와 침 뱉음을 당하심

> 나를 때리는 자들에게 내 등을 맡기며 나의 수염을 뽑는 자들에게 나의 뺨을 맡기며 모욕과 침 뱉음을 당하여도 내 얼굴을 가리지 아니하였느니라(사 50:6).

이 선지자는 누구에 대해 말하고 있습니까?
자기 자신입니까?
아니면 다른 어떤 이들입니까?
우리는 이사야가 여기에서 주 예수 그리스도에 관하여 쓰고 있음을 의심할 수 없습니다.
우리 주님 자신이 누가복음 18장 31절에 기록된 사건 안에서 언급하신 내용이 이 예언들 중 하나가 아닙니까?

> 예수께서 열두 제자를 데리시고 이르시되 보라 우리가 예루살렘으로 올라가노니 선지자들을 통하여 기록된 모든 것이 인자에게 응하리라 인자

> 가 이방인들에게 넘겨져 희롱을 당하고 능욕을 당하고 침 뱉음을 당하겠
> 으며 그들은 채찍질하고 그를 죽일 것이나(눅 18:31-33a).

지금 우리 앞에 놓인 것과 같은 채찍질과 침 뱉음이라는 놀라운 예언은 분명코 주 예수님을 가리킴에 틀림없습니다. 그 예언의 최고의 성취는 오직 그분 안에서만 확실히 발견됩니다.

나는 여러분이 전체 장을 다 읽는다면, 여러분이 생각할 수 있는, 그분 외에 그 예언자가 말하고 있는 이가 누구인지를 묻고 싶습니다.

동시에 그는 누구에 대해 말할 수 있겠습니까?

> 내가 흑암으로 하늘을 입히며 굵은 베로 덮느니라 나를 때리는 자들에게
> 내 등을 맡기며 나의 수염을 뽑는 자들에게 나의 뺨을 맡기며 모욕과 침
> 뱉음을 당하여도 내 얼굴을 가리지 아니하였느니라(사 50:2, 6).

하늘을 구름으로 두르시는 전능자가 스스로를 낮추어 자기 자신의 얼굴조차 가리지 않고 뺨을 때리도록 허락하시는 은혜로운 겸손함이 어떠합니까?

하나님이시자 인간이신 그분 외에는 자신에 대해 어느 누구도 이처럼 말할 수 없습니다. 그분은 하나님이심에 틀림없습니다.

그렇지 않다면 어떻게 "내가 꾸짖어 바다를 마르게 하며 강들을 사막이 되게 하며"(사 50:2)라고 말할 수 있겠습니까?

그리고 동시에 그분은 "간고를 많이 겪었으며 질고를 아는 자"(역주: 사 53:3)이셨습니다. 왜냐하면 "나를 때리는 자들에게 내 등을 맡기며 나의 수염을 뽑는 자들에게 나의 뺨을 맡기며 모욕과 침 뱉음을 당하여도 내

얼굴을 가리지 아니하였느니라"라는 표현 안에는 이상한 깊이의 비애감이 있기 때문입니다.

다른 이들이 무엇이라고 말하든, 우리는 이 구절에서 말하는 분이 나사렛 예수, 유대인들의 왕이시며, 하나님의 아들이시고 인자이신 우리의 구속주라고 믿습니다. 그들이 막대기로 뺨을 때린, 그리고 자신이 경험한 슬픔을 애처롭게 선언하신 분은 이스라엘의 심판자이십니다.

우리는 우리 앞에 예언의 말씀을 두고 있습니다. 그러나 그 예언은 그 사건이 발생한 순간에 기록된 것처럼 정확합니다. 이사야는 복음서 기자들 중의 한 사람이었을지도 모를 정도로 말입니다. 그는 우리 구세주가 감내하신 것을 정확히 묘사합니다.

예수님께서 전적으로 이방인들에게 넘겨진 때, 즉 빌라도 총독이 잔인한 매질의 과정에 그분을 내어준 때는 그분의 세 번째 재판에서였습니다.

영국 군대 내에서 행해진 매질은 잔인하기 짝이 없습니다. 그러나 로마인들 사이에 행해졌던 것과 비교할 때 우리들 가운데서 행해지는 채찍질은 아무 것도 아닙니다. 나는 로마인들의 채찍이 황소의 힘줄로 만들어졌고, 그것 안에는 뼈의 쪼개진 조각들과 함께 양의 무명뼈(hucklebone)가 꼬여져 들어가 있었다고 들었습니다. 이는 채찍이 휘둘러지는 매 순간에 처참하게 떨리는 살 속으로 보다 효과적으로 채찍이 파고 들어가게 해서 그 끔찍한 채찍질로 살을 짓이기게 하기 위함이었습니다.

매질은 일반적으로 죽음 자체보다 더 극심하게 여겨진 처벌이었고, 실제로 많은 사람들이 매질당하는 동안 혹은 매질을 당한 직후에 생명을 잃었습니다. 우리의 거룩한 구속자는 그분의 등을 때리는 사람에 내주셨고, 쟁기 가는 자가 그곳에 깊은 이랑을 만들었습니다.

오, 얼마나 처참한 광경입니까!

우리가 어떻게 그것을 보고 견딜 수 있겠습니까?

그것이 전부는 아니었습니다. 모든 이들이 소집되지 않는 한 조롱이 충분하지 않은 것처럼, 모든 부대원을 소집하고는 그분을 조롱하듯 왕좌에 앉히고 대관식을 흉내내면서 조롱거리로 삼았습니다. 그리고 그들은 이것을 행할 때, 그분을 다시 때리고 매질하였고, 얼굴에 침을 뱉으므로 이것을 행했습니다.

그들이 그 거룩하신 분에게 행사한 잔혹한 행위는 무자비한 자가 아니고서는 고안해낼 수 없는 종류들이었습니다. 그들의 잔인한 스포츠는 완전한 몰두로 빠져들었는데, 이는 그들의 무죄한 희생자가 저항도 아무런 항변도 하지 않았기 때문입니다.

이것이 그분의 인내에 대한 그분 자신의 기록입니다.

> 나를 때리는 자들에게 내 등을 맡기며 나의 수염을 뽑는 자들에게 나의 뺨을 맡기며 모욕과 침 뱉음을 당하여도 내 얼굴을 가리지 아니하였느니라.

우리 왕을 보십시오!
나는 이 아침에 영으로 계신 그분을 여러분 앞에 보여드리며 외칩니다.

> 이 사람을 보라!

여러분의 모든 시선과 마음을 이쪽으로 돌려서 멸시받고 거절받은 이 사람을 보십시오.

존중과 사랑의 마음으로 그분을 응시하십시오.

그분의 고난과 그분의 성품 안에 내재된 사랑을 경외의 마음으로 바라보십시오.

그 광경을 보는 사람은 찬송할 수밖에 없습니다. 나는 여러분에게 모세가 불타 없어지지 않는 덤불을 보았을 때에 그가 행했던 바를 상기시키기 원합니다. 이는 비통함으로 불에 타는 것처럼 보이지만 결코 멸절되지 않는 우리 주님께 어울리는 상징입니다.

나는 여러분에게 옆으로 비켜서서 이 위대한 광경을 볼 것을 촉구합니다.

하지만 우선 다음의 명령을 주의해 보십시오.

> 네가 선 곳은 거룩한 땅이니 네 발에서 신을 벗으라(역주: 출 3:5).

십자가 주위의 모든 땅은 거룩합니다. 우리의 고난 받으시는 주님은 그분이 서신 모든 장소를 거룩하게 만드셨습니다. 그러므로 우리의 마음은 그분의 수난의 그림자 아래 머무는 동안 경외심으로 가득 차야 합니다.

성령께서 여러분이 이 순간에 네 개의 빛 안에 계시는 예수님을 볼 수 있게 도우시길 기원합니다. 각각의 관점에서 그분은 우리가 경건하게 집중하여 바라볼 가치가 충분합니다.

첫째, 그분을 하나님의 대표자로 바라보아야 합니다.
둘째, 우리는 그분의 백성들의 대리자로서 보도록 합시다.
셋째, 그분을 여호와의 종으로 바라봅시다.
넷째, 그분이 구속하신 이들의 위로자로서 바라봅시다.

1. 나는 여러분을 하나님의 대표자로서 여러분의 멸시당하고 거절당하신
   주님을 응시하도록 초대합니다

   그리스도 예수의 인성 안에서, 하나님 자신이 세상에 오셨고, 특별히 예루살렘과 유대 백성들을 방문하셨습니다. 그러나 동시에 그분은 모든 인류의 가장 가까운 곳에 임하셨습니다. 주님은 하나님께서 은혜를 베푸신 백성들을 오랫동안 부르셨고 하나님은 여전히 그들에게 은혜를 베풀기를 원하셨습니다. 하나님은 이사야 50장 2절에서 "내가 왔고," "내가 불렀다"라고 말하심으로 하나님은 진정 인류 가운데 임하셨습니다.
   우리 주님께서 하나님의 대표자로서 이 땅에 오실 때에 그분은 자신의 모든 신적 능력을 가지고 임하셨다는 것에 주의할 필요가 있습니다.
   그 장은 우리 앞에서 말합니다.

   > 내 손이 어찌 짧아 구속하지 못하겠느냐 내게 어찌 건질 능력이 없겠느냐 보라 내가 꾸짖어 바다를 마르게 하며 강들을 사막이 되게 하며 물이 없어졌으므로 그 물고기들이 악취를 내며 갈하여 죽으리라(사 50:2).

   하나님의 아들이신 그분이 거기 계셨을 때, 그분은 정확히 그 기적들을 행하지 않으셨습니다. 이는 그분이 심판보다는 은혜를 베푸는 기적을 행사하기로 결심하셨기 때문입니다. 그분은 애굽에 내려진 역병을 반복하지 않으셨는데, 그분은 징벌을 내리시기 위해 오신 것이 아니라, 구원하기 위해 오신 까닭입니다.
   그러나 그분은 사람들에게 그분에 대한 확신을 가장 강력하게 심어주기 위해 더 큰 이사들과 기적들을 행하셨는데, 그 기적과 이사는 선함과

긍휼로 가득 찼기 때문입니다.

그분은 배고픈 자들을 먹이셨고, 아픈 자들을 고치셨으며, 죽은 자를 일으키셨고, 귀신을 내쫓으셨습니다. 그분은, 모든 사람들의 눈에 주의 팔이 아무런 능력이 없는 것처럼 보일 때에, 애굽에서 행해졌던 것과 동등한 놀라운 일들을 행하셨습니다.

그분은 물이 변하여 피가 되게 하시지 않았으나, 물로 포도주가 되게 하신 것은 사실입니다.

그분은 그들의 물고기에서 악취가 나게 하시지 않았으나, 그분의 말씀으로 그물을 터뜨릴 만큼 큰 물고기들로 가득 채우셨습니다.

그분은 애굽에서처럼 전체 빵 덩어리를 찢지는 않으셨으나, 그분은 떡 덩이와 물고기를 배가시키셔서 수천 명의 남성들과 여성들과 아이들이 그분의 관대한 손으로 먹게 하셨습니다.

그분은 그들의 장자를 죽게 하지 않으셨으나, 죽은 자들을 회복시키셨습니다.

나는 성부 하나님의 영광이 어느 정도 나사렛 예수의 인격 속에 감추어져 있다고 인정합니다. 그러나 심지어 그 영광이 모세가 수건으로 그 영광을 가릴 때에 모세에 얼굴에 있었을 때에도, 성부 하나님의 영광은 여전히 거기 있었습니다.

하나님의 그 어떤 본질적인 속성도 그리스도 안에 부재하지 않았습니다. 그리고 비록 사람들이 의도적으로 눈을 가리지 않는다면, 하나님의 모든 속성을 그분 안에서 보았을 것입니다.

그분은 자신의 아버지의 일들을 하셨고, 그러한 일들은 그분이 자신의 아버지의 이름으로 왔다는 것을 액면 그대로 증언합니다.

그렇습니다.

예수께서 거룩한 땅의 성스러운 땅을 걸으시고, 그분을 거절하는 저주 아래 있을 때에 하나님은 세상 속에 인격적으로 계셨습니다.

하지만 하나님께서 인간들 사이에 오셨을 때, 그분은 인정받지 못하셨습니다.

그 선지자가 무엇이라고 말했던가요?

> 내가 왔어도 사람이 없었으며 내가 불러도 대답하는 자가 없었음은 어찌 됨이냐(사 50:2).

하나님의 성령에 의하여 가르침을 받은 소수의 사람들만이 그분을 인식하였고 기뻐하였습니다. 그러나 그분을 알지 못했던 전체 세대의 관점에 볼 때 그들은 매우 소수에 불과하였습니다. 그분의 탁월성과 위엄에 대한 희미한 생각을 갖고 있는 이들은 그분을 거절하였습니다.

그분이 왕이셨다는 것을 두려워했기 때문에, 헤롯은 그분을 살해하려고 하였습니다. 지상의 왕들은 스스로를 왕으로 세웠고, 통치자들은 하나님과 그분의 기름부음 받은 자를 거스르는 반대를 공모하였습니다.

그분은 완벽히 다른 모든 "사람들에게서 멸시당하고 거절 받은 이들"을 능가합니다. 내가 말했던 바와 같이 비록 그분 안에 계신 성부 하나님이 희미하게 장막이 쳐져서, 그 영광의 어렴풋한 빛이 영원히 터져 나올지라도, 여전히 사람들은 그 빛을 알아차리지 못하고, "그를 없애시오. 그를 없애시오. 그를 십자가에 못 박아 죽이시오"라고 외쳤습니다.

이것이 하나님이 내려 보내신 분에 대한 그 시대의 평결이었습니다. 그분이 부르셨으나, 대답한 이가 아무도 없었습니다. 그분은 전적으로 그분을 거절한 반역적인 사람들에게 온종일 그분의 손을 뻗으셨습니다.

하지만 우리 주님은 그분이 이 세상에 오셨을 때, 놀라우리만치 하나님의 대표자로써 이 세상에 적응하셨습니다. 이는 그분이 하나님 자신이었기 때문이었을 뿐 아니라, 인간으로서의 그분의 전체적 본성이 사역을 위해 성별되었고, 그분 안에는 결점이나 흠이 없었기 때문입니다. 그분은 아버지를 드러내며 사람들의 아들들을 축복하시려는 바램 이상의 그 어떤 동기에 의해서도 영향을 받지 않으셨습니다.

오, 사랑하는 이들이여!

예수님이 하셨던 것처럼 그토록 하나님의 입 가까이에 자신의 귀를 두었던 존재는 없었습니다. 그분의 아버지는 밤의 꿈이나 환상 가운데 그분에게 말씀하실 필요가 없으셨습니다. 왜냐하면 그분의 모든 능력이 빈틈없이 발현되고 있을 때, 하나님의 능력 안에서 하나님의 마음을 이해함에 있어 방해될 만한 아무런 요소가 그분에게는 없었습니다.

그러므로 그분의 아버지께서 예수님을 깨우시는 매일 아침마다 예수님의 귀에 대고 말씀하셨습니다. 예수님은 학자로서 아버지의 발아래 앉아서 먼저는 배우셨고, 그 다음에 가르치셨습니다. 그분이 아버지께 들은 바를 사람들에게 알게 하셨습니다.

그분은 자신의 말이 아니라 예수님을 보내신 분의 말씀을 전하셨고, 예수님은 자신의 행동을 취한 것이 아니라, 그분이 말씀하시기를 "나의 아버지가 내 안에 거하시고, 아버지께서 그 일을 하신다"라고 하셨습니다.

예수님의 사명도 역시 모든 부드러움과 사랑으로 가득 찼는데, 왜냐하면 그분은 지친 사람들에게 어울리는 말씀을 하셨고, 낙담한 사람들을 위로하기 위해 오셨기 때문입니다

확실히 그러한 사명은 그분에게 환영을 보증해 주어야 합니다. 그분의 행보는 지극히 융화적이었는데, 그분은 사람들 가운데로 가셨고, 세리와

죄인들과 함께 식사하셨기 때문입니다. 그리하여 그분은 어린 아이들을 품에 안으시고, 그들을 축복하셨을 만큼 친절하셨습니다.

당연히 이것으로 인해, 그들은 그분을 볼 때 바르게 마음으로 환영하고 기뻐했어야 했습니다.

그러나 본문은 우리에게 그들의 행동이 그분에게 마땅한 대우를 하기보다는 얼마나 상반된 태도를 취했는가를 말해줍니다. 즉 그분을 환영하는 대신에, 그들은 그분을 매질하였고, 그분에게 합당한 명예를 보여주는 대신에, 그분을 조롱하였습니다. 그분에게 조롱이 퍼부어지고, 침이 뱉어지는 동안에, 잔혹함이 그분의 등을 후려쳤고, 그분의 얼굴에서 수염을 뜯어내었습니다.

바로 그분이 하나님이셨는데도, 수치와 멸시가 그분에게 쏟아졌습니다. 그리스도께서 때리고 매질하는 구경거리가 되셨다는 것은, 사람이 할 수 있다면, 실제적으로 그의 하나님께 무엇을 행하며, 지극히 높으신 하나님께 무엇을 할 수 이었는지를 보여줍니다.

하트(Hart)는 그 사실을 다음과 같이 표현합니다.

> 인내심 많은 예수님이 어떻게 서 계신가를 보라.
> 그분은 가장 낮은 위치에서 모욕 받고 계신다.
> 죄인들이 전능하신 손을 굽게 만들었으며,
> 그들의 창조주의 얼굴에 침을 뱉었다.

우리의 조상이 하나님의 말씀보다는 악마의 충고에 복종하고, 하나님이라는 요소(factor)보다 불행을 싹트게 한 사과를 선호함으로써 그들의 창조주의 명령을 어겼을 때, 말하자면 그들은 하나님의 얼굴에 침을 뱉은 것입니다.

그리고 그 이후로 모든 죄는 영원하신 분을 동일하게 멸시하는 죄를 반복하여 짓고 있는 것입니다. 그것이 하나님을 불쾌하게 만들지라도, 사람이 자신의 쾌락을 취할 때, 그는 하나님을 멸시한다고 선언하는 것과 같으며, 하나님보다 자기 자신을 선호하고, 지극히 높으신 분의 진노를 거부하는 것입니다. 사람이 하나님의 명령을 거스려 행할 때, 그는 하나님께 다음과 같이 말하는 것과 같습니다.

> 당신이 내게 명하는 것보다 이것을 행하는 것이 더 낫습니다. 당신의 금지 명령들 속에서 당신은 오해하였거나, 당신이 의도적으로 최고의 쾌락을 부인하게 합니다. 그리고 나 자신의 이익을 위해서 당신보다 더 나은 재판관인 나는 당신이 나로 거룩케 한 쾌락을 취합니다. 나는 당신을 지혜롭지 못하거나 친절하지 않다고 생각합니다.

모든 죄된 행동은 하나님의 주권을 멸시합니다. 그분이 궁극적 존재임을 부인하며 그분께 순종하기를 거절합니다. 모든 죄의 행동은 하나님의 사랑과 지혜에 대해 명예를 더럽힙니다.

왜냐하면 그러한 행동은 죄를 피하라고 명하는 것보다 우리가 악을 행하도록 허락하는 것이 더 큰 사랑이라고 말하는 것처럼 보이기 때문입니다. 모든 죄는 많은 면에서 진정 거룩하신 하나님의 위엄에 대한 모욕이며 하나님은 악한 행동을 그렇게 간주하십니다.

사랑하는 친구 여러분!

이는 특히 복음을 들었으나 구세주를 거절하는 이들의 죄에 해당합니다. 그들의 경우에 있어 주님은 그들에게 가장 은혜로운 형태로 다가가셨으나, 그들은 그분을 거부한 까닭입니다.

주님은 당연히 이렇게 말할 것입니다.

> 나는 너희를 구하기 위해 너희에게 다가갔다.
> 그러나 너희는 나를 존중하지 않았다.
> 나는 너희에게 이렇게 말하면서 다가갔다.
> 나를 바라보고 구원을 받으라. 땅 끝에 있는 모든 이들이여.
> 그러나 너희는 불신앙 속에 눈을 감아버렸다.
> 나는 이렇게 말하면서 다가간다.
> "함께 추론해보자. 너희 죄가 주홍같을 지라도 양털 같이 되리라."
> 하지만 너희는 너희 죄악으로부터 깨끗해지기를 원치 않는다.
> 나는 다음과 같은 약속과 함께 너희에게 다가갔다.
> 사람에 대한 모든 죄와 모독은 사하심을 얻을 것이다(마 12:31).
> 너희의 대답은 무엇이냐?"

많은 경우에 있어 그 대답은 이것입니다.
"우리는 하나님의 의보다 우리의 의를 선호합니다."
그것이 하나님의 얼굴에 침을 뱉는 것이 아니라면, 나는 무엇이 그러할지 알지 못합니다. 우리의 의는 "더러운 누더기"로 잘 묘사되는 까닭입니다. 그리고 우리의 의가 그리스도 예수 안에 있는 하나님의 의보다 더 낫다고 말하는 것은 대단히 뻔뻔한 일입니다.

혹은 우리가 구세주를 거부할 때, 이것을 말하지 않을지라도, 그분께 우리는 구세주가 필요하지 않기 때문에, 그분을 원하지 않는다고 말합니다. 이는 하나님께서 그분 자신의 아들의 생명과 죽음을 가지고 놀았다고 말하는 것과 같습니다.

속죄의 피가 잉여분에 불과하다고 간주하는 것보다 무엇이 하나님께 더 큰 조롱을 안길 수 있겠습니까?

회개보다 죄를 선택하는 사람은 거룩하여 하늘에서 영원히 사는 것보다 하나님의 진노로 고통받는 것을 선호합니다. 몇몇 무가치한 쾌락 때문에 사람들은 하나님의 사랑보다 앞서 나가고, 하나님의 영원한 진노의 위험성을 감수합니다.

그들은 하나님이 자신들에게 전혀 중요하지 않은 것처럼 하찮게 생각합니다. 이 모든 것은 실제적으로 여호와 하나님을 조롱하고 멸시하는 것이며, 주 예수께 퍼부어진 모욕들에 의하여 잘 설명될 수 있습니다.

그러한 일이 발생한다면 큰 화가 내게 미칠 것입니다.

나의 하나님!

나의 하나님!

나는 이 얼마나 죄된 족속에 속한 것입니까!

당신의 무한하신 선함을 그토록 경멸적으로 취급하다니요.

당신이 전적으로 거부당하셨다는 것, 특히 당신이 사랑의 옷을 입고, 부드러움과 긍휼을 두르셨을 때 거절당하신 것은 생각하기조차 끔찍한 일입니다.

그러나 당신 앞에 그 그림이 있습니다. 하나님 스스로 그분의 사랑하는 아들 안에 있는 인격 속에서 안중에 둠이 없이 멸시당하고, 거절당하고, 수치당하며, 부단히 불명예를 안습니다.

그 광경은 우리 안에 회개를 불러일으킵니다. 우리는 우리가 채찍질했던 그분을 바라보아야하고 그분에 대해 슬퍼해야 합니다.

오, 성령이시여!

이 부드러운 은총이 우리 모든 마음 가운데 역사하게 하옵소서.

2. 그리고 이제 나는 또 하나의 빛으로 여러분 앞에 주님을 모시길 원합니다. 아니면 그분 자신의 빛으로 자신의 백성의 대리자이신 그분을 여러분의 눈 앞에 비추어달라고 간구하십시오

우리 주 예수 그리스도께서 이처럼 고난당하셨을 때, 그 일이 그분 자신으로 인한 것이 아니며, 순전히 그분의 아버지를 위한 것도 아니었고, "그가 찔림은 우리의 허물 때문이요 그가 상함은 우리의 죄악 때문이라 그가 징계를 받으므로 우리는 평화를 누리고 그가 채찍에 맞으므로 우리는 나음을 받았도다"(역주: 사 53:5)라는 것을 회상하십시오.

내가 과도하게 책망할 수 없는 현대의 한 개념이 생겨났습니다. 그것은 그리스도께서 십자가 위에서를 제외하고는 우리 죄를 대속하지 않았다는 사고입니다.

반면에 이사야의 이 단락 안에서, 우리는 그분의 상함과 채찍질당함에 의해서 뿐 아니라, 그분의 죽음에 의하여 우리가 나음을 입었다고 가능한 한 매우 명확하게 가르침을 받습니다. 그리스도의 삶과 죽음 사이는 결코 나뉘지 않습니다.

그분이 살지 않으셨다면, 어찌 그분이 죽으실 수 있었겠습니까?

그분이 살아 있는 동안이 아니라면, 어찌 고난당하실 수 있었겠습니까?

죽음은 고난이 아닙니다. 죽음은 고난의 끝입니다.

여러분이 그리스도의 의와는 무관하다는 악한 생각을 대비해 조심하십시오.

왜냐하면 그분이 자신의 삶 안에서 완전하지 않았다면 그분의 피에 의한 속죄는 가능하지 않았을 것이기 때문입니다. 그분은 우선 거룩하고, 해가 없으시며, 더럽혀지지 않았다는 것이 증명되지 않는 한, [희생 제물

로] 받아질 수 없었을 것입니다. 희생 제물은 흠이 없어야 했는데, 그렇지 않다면 그 동물은 제사에 바쳐질 수 없었습니다.

에둘러 애매하고 무의미한 질문을 던지기보다는, 있는 그대로의 당신의 주님을 바라보시고 그분 앞에 순종하십시오.

나의 사랑하는 형제자매 여러분!

예수님께서 스스로 우리 죄를 지셨고, 죄가 취급되어야 할 방식으로 스스로 다루어지도록 할 죄를 감당하신 것으로 드러났음을 이해하십시오. 일찍이 존재하였던 것들 중에서 죄는 그 무엇보다도 가장 수치스러운 것입니다. 죄는 채찍질당하는 것이 마땅합니다. 죄는 침 뱉음당하는 것도 마땅하고, 십자가에 달리는 것이 마땅합니다.

당연히 우리 주님께서 우리의 죄를 지셨기 때문에, 그분은 수치를 당하셔야 했고, 그분은 채찍질을 당하셔야 했습니다.

만일 여러분이 하나님께서 죄에 대해 어떻게 생각하시는지를 알기 원한다면, 그분의 아들이 우리를 위하여 죄가 되었을 때, 군인들에 의하여 가해진 침 뱉음을 당하신 그분의 유일하신 아들을 보십시오.

하나님 보시기에 죄는 수치스럽고, 끔찍하며, 혐오스러우며, 가증스러운 것입니다. 그리고 예수께서 죄를 취하셨을 때, 그분은 버림받고 멸시받도록 내던져져야 하셨습니다.

이 광경은 여러분이 침 뱉음을 당하신 분이 누구이셨는가를 회상할 때 더욱 놀랍게 다가올 것입니다. 왜냐하면 죄인인 여러분과 내가 매질을 당하고 채찍질을 당하며, 그리고 멸시받았더라면, 그 안에는 아무 것도 놀랄 일이 없었을 것이기 때문입니다.

반면 우리 죄를 가져가신 분은 그분 앞에서는 천사들이 경외하며 절하고, 그분 위에 놓인 죄를 바라보는 하나님이셨습니다. 바로 그분이 가장 강렬한 정도의 수치의 대상이 되셨습니다. 예수께서 우리 대신에 서 계신 것을 보시는 영생하시는 아버지에 대해 성경은 이렇게 말씀합니다.

자기 아들을 아끼지 아니하시고(롬 8:32).

여호와께서 그에게 상함을 받게 하시기를 원하사 질고를 당하게 하셨은 즉(롬 53:10).

하나님은 아들의 영혼으로 속건 제물이 되게 하셨습니다.
그렇습니다.
사랑하는 이들이여!
비록 죄가 전가(imputation)에 의하여 우리의 거룩하신 주님 위에 놓일 뿐일지라도, 그 일은 그분으로 죄가 제거되기 전까지는 수치와 비탄의 심연으로 던져버렸음을 여러분이 회상할 때, 죄가 육체 안에서 정죄 받았고 극도의 수치로 드러났습니다.
또한 이 모든 것의 자발성을 회상하십시오.
그분은 기꺼이 고난과 멸시를 감당하기로 복종하셨습니다. 본문은 이렇게 말합니다.
"그분은 때리는 자들에게 등을 맡기셨습니다."
그들은 그분을 사로잡지 않았고, 강요하지 않았습니다. 혹은 그들이 그렇게 행동했다면, 그것은 그분의 동의 없이는 행할 수 없었을 것입니다. 그분은 때리는 자들에게 등을 내주셨습니다. 그분은 수염을 뽑는 자들에게 그분의 뺨을 내주셨습니다. 그분은 수치와 침 뱉음을 피하기 위해 얼굴을 돌리지 않으셨습니다. 그분은 그러한 모욕을 회피할 어떤 방법도 추구하지 않으셨습니다.

그분의 슬픔이 그토록 큰 위대성을 갖게 된 것은 바로 그분의 비통함의 자발성 때문이었습니다. 그리스도께서 강제직으로 우리를 대신하여 서셔야 했다는 것은, 그것이 가능했을지라도, 매우 사소한 일이었습니다.

그러나 그분이 그곳에 자유의지로 서셨다는 것은 그리고 그곳에 의적으로 조롱을 당하도록 서셨다는 것은 참으로 은혜입니다. 하나님의 아들이 기꺼이 우리를 위하여 저주가 되셨고, 우리 때문에 수치의 대상이 되도록 하신 것은 그분 자신의 뜻 때문이었습니다.

나는 여러분이 내 말을 들으면서 어떻게 느낄지 알지 못합니다. 그러나 내가 말하는 동안, 나는 내 표현력이 그 주제를 이런 방식으로 다루지 않았더라면 하고 아쉬움을 느낍니다. 나의 표현은 그 임무에 비해 너무 약합니다. 나는 여러분이 가능하다면 나의 말 이상으로 나아가길 원합니다.

그리고 여러분 스스로 흑암으로 하늘들을 덮으실 수 있는 그분이 자신의 얼굴을 가리지 않으셨고, 우주를 하나가 되도록 끈으로 묶으실 수 있는 그분이 자신이 창조하신 사람들에 의하여 묶여서 눈이 가려지게 되었다는 사실에 대해 묵상해보기 바랍니다.

태양처럼 빛나던 그분의 얼굴은 침 뱉음을 당하기도 했습니다. 확실히 우리는 이 놀라운 사실을 믿기 위해서 하늘을 신뢰할 필요가 있습니다.

하나님의 영광스러운 아들이 조롱당하고 놀림의 대상이 되었다는 것이 사실일 수 있었을까요?

나는 종종 하늘에서는 아무런 믿음이 필요치 않다고 들었습니다. 그러나 나는 우리가 교부들이 그들에게 요청되었던 바를 믿어야 했던 것처럼 이 일들이 행해졌었다는 것을 믿는 믿음을 가져야 할 것이라고 판단합니다.

나는 그분의 고귀한 얼굴이 침 뱉음으로 더럽혀졌다는 것을 생각한다면 어떻게 앉아서 그분을 응시하겠습니까?

모든 하늘이 장엄한 침묵 속에 경배를 위해 그분의 발아래 엎드릴 때, 그분이 조롱받았다는 것이 가능한 것으로 비쳐지겠습니까?

천사들과 정사들(principalities)이 그리고 권세들이 모두 그분을 찬양하면서 황홀감 속에 평화로운 음악을 열창할 때, 천하고 천한 인간들이 그분의 수염을 뽑는 일이 가능해 보입니까?

손은 황옥을 물린 황금 노리개 같은(아 5:14).

그분의 거룩한 손이 교수대에 못 박혔고, "뺨은 향기로운 꽃밭 같은"(역주: 아 5:13) 그분의 뺨이 얻어맞고 상처를 입어야 했던 것이 놀랍지 않아 보입니까?

우리는 그 사실을 확신할 수 있습니다.

하지만 우리는 그의 등은 상처를 입었고, 그분의 얼굴은 침 뱉음을 당한 것에 대해 계속 놀라지 않겠습니까?

이 사례에서 보듯이 인간의 죄는 항상 우리를 놀라게 할 것입니다.

여러분은 어떻게 이런 범죄를 저지를 수 있습니까?

오, 사람의 아들들이여!

여러분은 어찌 그와 같은 분을 잔인한 조롱으로 대우할 수 있습니까?

오, 여러분의 뻔뻔스러움이 죄를 불렀습니다. 참으로 그 선지자가 "창녀의 낯"(역주: 렘 3:3)이라고 말했듯이, 여러분은 마귀의 마음을 가지고 있습니다. 지옥이 여러분 안에서 불타고 있습니다.

왜 당신은 지상의 화려함에는 침을 뱉을 수 없습니까?

왜 하늘은 당신의 조롱거리가 되어야 합니까?

혹은 왜 천사들에게는 침을 뱉지 않습니까?

당신의 천박한 행동이 시행될 장소가 가장 사랑받는 분의 얼굴 외에는 없었습니까?

그분의 얼굴 외에는 당신이 침 뱉을 곳이 없었습니까?

그분의 얼굴이라니요!

정말 슬픈 일입니다.

그분의 얼굴이라니요!

그토록 사랑스러운 분이 이런 수치를 당해야 합니까?

나는 사람이 창조되지 않았더라면 좋았겠다고 생각합니다. 혹은 창조된 인간이 그러한 공포스러운 삶을 살기보다는 차라리 휩쓸려 사라져버렸더라면 하고 생각합니다.

하지만 여기에 우리가 안식할 믿음의 사안이 있습니다.

사랑하는 이들이여!

여러분의 위대한 대속자의 손에 여러분을 의탁하십시오.

그분이 이 모든 수치를 감당하셨습니까?

그렇다면 이 사실 안에 충분한 것 이상의 혜택과 유효성이 있음에 틀림없습니다. 그것은 그분의 고귀한 죽음의 서막이었고, 특히 그분의 죽음 자체에는 모든 죄악, 부정함과 죄를 제거하고도 남을 공로(merit)가 있음에 틀림없습니다.

우리의 수치는 종결되었는데, 왜냐하면 그분이 그 수치를 모두 지셨기 때문입니다. 우리의 처벌은 제거되었습니다. 그분이 그 모든 처벌을 감내하셨습니다. 우리 모든 죄악이 갚아야할 것의 두 배를 우리의 대속자가 지불하셨습니다.

여러분의 안식으로 돌아갑시다.

오, 나의 영혼이여!

평화가 여러분의 우는 마음을 온전히 사로잡게 하십시오.

3. 그러나 시간은 우리를 실망시킵니다. 그러므로 우리는 다음으로 구세주를 보기 위한 우리의 갈망이 있는 세 번째 빛을 언급하려고 합니다. 사랑하는 이들이여, 우리는 하나님의 종으로서의 주 예수 그리스도를 보길 원합니다

그분은 자신이 인간의 모습으로 되셨을 때, 스스로 종의 형체를 입으신 것입니다.

그분이 이 직책을 얼마나 철저히 수행하셨는지를 살펴보십시오.

그리고 우리가 이 세 번째 그림을 우리의 모범으로 간주하려 하고, 그것이 우리 인생의 지침이 될 것임을 기억하십시오.

나는 여러분 중 많은 사람들이 스스로를 하나님의 종으로 불리기를 기뻐한다는 것을 알고 있습니다.

그 이름을 헛되이 취하지마십시오.

예수님이 이 세상에 계셨던 것처럼, 여러분 또한 이 세상에 있습니다. 그리고 여러분은 그분처럼 되기를 추구해야 합니다.

종으로서 그리스도는 개인적으로 사역을 위해 준비되셨습니다. 그분은 30년 이상을 이 세상에 계셨고, 그분의 아버지의 집에서 순종을 배우셨으며, 그 후에 고난을 통하여 순종을 배우는 일에 시간을 할애하셨습니다.

그분은 어떠한 종이셨는가요!

그분은 결코 자신의 사명을 자신의 의지를 통해 착수하지도 수행하지도 않으셨습니다. 그분은 항상 그분의 아버지를 기다리셨습니다. 그분은 낮과 밤 언제든지 하늘과 계속적으로 교통하셨습니다.

그분은 "아침마다 깨우치시되 나의 귀를 깨우치사 학자들 같이 알아듣게 하시도다"(사 50:4)라고 말하십니다. 복되신 주님은 동이 트기 전에 그분을 부르시는 부드러운 음성을 들으셨고, 그 속삭임으로 해가 뜨기 전에 일어나셨으며, 여명의 시점에 산기슭에서 기도로 씨름하며 하나님을 기다리셨고, 사람들의 자녀들에게 가서 전해야할 메시지를 아버지에게서 받으셨습니다.

그분은 사람을 그토록 사랑하셨으나, 그분은 아버지를 더 많이 사랑하셨고, 그분은 결코 하나님의 사랑을 인간으로서 하나님의 마음에서 신선하게 받지 않고서는 결코 그 사랑을 밝히 말씀하지 않으셨습니다. 그분은 아버지께서 항상 자신을 들으셨음을 아셨고, 그분은 항상 하나님께 받아들여지고 있다는 마음으로 사셨습니다.

우리 본문은 우리로 하여금 이 사역이 헌신에 있어 저장고를 알지 못함을 확신시킵니다.

우리는 일반적으로 어디엔가 주춤거립니다. 나는 그것을 말하는 것이 부끄럽습니다만, 나는 내가 그렇게 행했던 것을 슬퍼합니다. 우리들 가운데 많은 이들이 그리스도께 우리의 모든 건강과 힘, 그리고 모든 돈을 진심으로 그리고 즐거이 드릴 수 있었을 것입니다.

그러나 세상의 평판의 관점에서는 우리는 위기를 느낍니다.

중상모략 당하고, 여러분에 대해 불쾌한 이야기가 돌아다닙니다. 이것은 여러분과 상관 없는 너무 지나친 혈과 육에 대한 것입니다.

여러분은 이렇게 말하고 싶을 것입니다.

"나는 바보처럼 여겨질 수 없어. 나는 순전한 사기꾼으로 간주되는 것을 견딜 수 없어."

그러나 참된 그리스도의 종은 그가 그의 주님의 일을 자신에게 감당시킬 때, 평판에 대해 결코 신경써서는 안됩니다. 우리의 복되신 주님은 기꺼이 가장 음란하고 가장 천박한 사람들에 의하여 조롱당하는 일을 기꺼이 감당하셨습니다.

비열한 이들이 그분을 조롱거리로 만들었습니다. 비난받아야 할 이들의 비난거리를 하나님은 그분에게 임하게 하셨습니다. 그분은 술주정뱅이들의 안주거리가 되셨고, 군인들이 거칠게 그분을 감옥에 구금했을 때, 그들은 마치 예수님이 최소한의 인간으로서의 대우도 가치가 없는 양 그분을 놀리는데 몰두했습니다.

그들이 내게 무릎을 꿇었도다.
그리고 외쳤다.
"왕에게 만세를 기원합니다."
어떤 조롱과 비웃음이 쏟아지든
나는 땅바닥이며 더 밑바닥일 뿐이다.
일찍이 나의 비통함 같은 아픔이 있었던가?

군인들 또한 얼굴에 침을 뱉도다.
그 얼굴은 천사들이 볼 수 있는 은혜를 구했던 곳이며,
선지자들도 그러했던 곳이다.
하지만 아무도 그 얼굴이 그곳이라는 것은 알지 못했다.
나의 비통함과 같은 아픔이 일찍이 있었던가?

헤롯과 빌라도는 참으로 무가치한 쓰레기 같은 사람들이었으나, 예수님은 그들로 자신을 재판하게 허용하셨습니다. 그들의 부하들은 비열한 자들이었지만, 그럼에도 그분은 자신을 그들에게 넘겨주셨습니다. 그분이 그들에게 분노의 입김을 한번 불으셨더라면, 그들에게 삼키는 불을 발하여서 그들을 그루터기만 남게끔 전부를 태워버리실 수 있었습니다.

그러나 그분의 전능하신 인내심이 그분의 진노를 자제시켰습니다. 그리고 그분은 양털 깎는 자 앞의 양처럼 되셨습니다. 그분은 자신의 피조물들이 그분의 수염을 뽑고 얼굴에 침을 뱉도록 허용하셨습니다.

그러한 인내심이 하나님의 종으로서의 여러분에게 요청됩니다.

우리는 기꺼이 무가치하게 여겨져야 하며, 심지어 만물의 찌꺼기로 여겨져야 합니다. 그리스도인이 고난받기를 거절하고, "우리는 우리의 권리를 위해 일어서야 합니다"라고 외치는 전사(戰士)가 된다면, 그것은 참으로 연민을 자아내는 일입니다.

여러분은 그러한 자세를 취하시는 예수님을 본 적이 있습니까?

우리에게는 "나는 결판을 낼거야"라고 말하는 성향이 있습니다.

그렇습니다!

그러나 당신은 그런 태도를 취하신 예수님을 그려낼 수는 없습니다. 나는 화가가 그분에 대해 그렇게 묘사하는 것을 허용치 않을 것입니다.

그 그림의 주인공은 그리스도가 아닌 다른 사람이겠지요.

그분은 "나를 때리는 자들에게 내 등을 맡기며 나의 수염을 뽑는 자들에게 나의 뺨을 맡기며 모욕과 침 뱉음을 당하여도 내 얼굴을 가리지 아니하였느니라"라고 말씀하셨습니다.

나를 따라 다음 요점으로 갑시다.

이 모든 과정 동안, 그분 안에는 아무런 물러섬이 없었습니다. 그들은 그분의 얼굴에 침을 뱉으며, 그 다음은 그분이 7절에서 말씀하신 내용입니다.

> 내 얼굴을 부싯돌 같이 굳게 하였으므로(사 50:7)

그들이 그분의 얼굴을 더럽히기로 작정하였을지라도, 그분은 그것을 견디기로 결심하셨습니다. 그분은 자신의 허리띠를 동여매셨고, 더욱 결심을 공고히 하셨습니다.
오! 우리 주님의 침묵이 갖는 용맹함을 보십시오.
잔혹함과 수치가 그분으로 말하게 할 수 없었습니다.
때때로 여러분의 입술은 부인과 변명을 말하기 위해 입이 근질근질하지 않습니까?
여러분은 침묵하는 것이 더 지혜롭다고 느낀 적은 없습니까?
그러나 비난과 공격이 과도하게 잔인할 때는 그것은 분노에 치를 떨도록 여러분을 심하게 찔렀을 것입니다. 천박한 거짓말이 여러분의 분노를 조장하였습니다 그리고 여러분은 사악한 자들이 여러분의 앞에 있는 동안, 여러분의 입술로 재갈 물리려 하였을지라도, 말을 해야한다고 느꼈거나 아마도 말을 했을 수 있습니다.
그러나 우리의 사랑하는 주님은 그분의 인내심과 사랑의 전능성 안에서 한 말씀도 하지 않으셨고, 도축자 앞의 양처럼 그분의 입을 열지 않으셨습니다. 그분은 견줄 데 없는 침묵으로 훌륭한 고백을 증언하셨습니다.
오, 그분의 침묵은 얼마나 강력하며, 얼마나 영광스럽게 강력한지요!
우리가 그분의 제자가 되려한다면, 그 면을 닮아야 합니다. 우리 역시도, 아버지의 뜻에 따라, 움직일 때든, 가만히 앉아 있든 혹은 말을 할 때든, 혹은 침묵할 때, 우리의 얼굴을 부싯돌처럼 굳게 해야 합니다.

그분은 다른 곳에서 "내 마음은 밀랍 같아서 내 속에서 녹았으며"(시 22:14)라고 외치셨을지라도, 어기에서는 "내 얼굴을 부싯돌 같이 굳게 하였으므로"라고 말씀하셨습니다.

그리고 여러분은 이 모든 과정에서의 그분의 영혼의 확신과 평온함을 감지했습니까?

그분은 거의 다음과 같이 말하는 것 같습니다.

> 너희는 내게 침을 뱉을 수 있다. 그러나 너희는 내 안에서 죄를 발견할 수 없을 것이다. 너희는 내 수염을 뽑을 수 있으나, 너희는 나의 도덕성을 비난하며 공격할 수 없다. 너는 내 어깨에 채찍을 휘두를 수 있으나, 너희는 내게 잘못을 전가할 수 없다. 너희의 거짓 증언은 감히 내 얼굴을 보지 못할 것이다.
>
> 나로 하여금 누가 나의 대적자인지 알게 하라.
>
> 그로 내게 가까이 나아오게 하라.
>
> 보라. 주 여호와께서 나를 지키실 것이고, 나를 정죄하실 분이 그분이시다.
>
> 보라. 그들 모두는 옛 의복처럼 녹아질 것이고, 좀이 그들 모두를 먹어치울 것이다.

그렇다면 침잠하십시오!

하나님의 진정한 종들이여!

인내 속에 여러분의 영혼을 붙드십시오.

모든 사람이 여러분을 속일지라도, 꾸준히 그리고 확고히 하나님을 섬기십시오.

사역의 바닥까지 가며, 그 심연까지 뛰어들고, 심지어 그리스도의 무덤 안에 눕는 것에도 만족해하십시오.

왜냐하면 여러분은 그리스도의 부활을 공유하게 될 것이기 때문입니다.

하늘의 길은 명예의 언덕으로 올라가는 것이라고 착각하지 마십시오.

그 길은 수치의 골짜기 아래로 가는 내리막길입니다.

여러분이 여기에서 위대하다 하여 영원히 위대해질 것이라고 상상하지 마십시오.

여러분은 사람들에게서 멸시받고 거부되어, 작아지고, 작아지고, 또 작아지게 될 것임에 틀림없습니다. 이것이 영원한 영광으로 가는 길입니다.

4. 마지막으로 나는 그분의 백성에 대한 위로자로서의 그분의 특징에 대해 설명하려 합니다. 그러나 나는 말하자면 내가 그렸어야할 그림에 대한 대략의 스케치를 하는 동안, 여러분이 이것을 해주기를 요구해야 합니다

첫째, 우리의 복되신 주님은 지쳐있는 당신에게 적절한 한 말씀을 하실 자격이 충분히 있으셨습니다.

왜냐하면 그분 자신이 겸손하시고, 온유하시며, 그리하여 우리가 만날 수 있는 분이시기 때문입니다.

사람들이 의기소침해 있을 때에는, 마치 그들이 거칠고 거만한 사람들

로부터는 위로를 받을 수 없는 것처럼 느낍니다. 위로자는 고난받는 자로 다가와야 합니다. 그분은 고통받는 자를 격려하실지라도, 자신은 천하고, 깨어진 심령으로 오셔야했습니다.

여러분은 가난한 자의 딸을 방문할 때는 여러분의 최고급 의복을 입어서도, 그리고 여러분이 그녀보다 훨씬 부자라는 것을 보여주기 위해 여러분 몸에 보석을 걸치고 가서도 안 됩니다.

소외된 사람 쪽에 앉아서 그로 하여금 여러분이 온유하고 심령이 가난함을 알게 하십시오.

여러분의 주인은 "때리는 자에게 자신의 등을 맡기시고 수염을 뽑는 자들에게 그분의 뺨을 대주셨습니다."

그러므로 그분은 여러분이 원하시는 위로자이십니다.

둘째, 그분의 낮아지심 뿐 아니라 그분의 동정(sympathy)도 기억하십시오.

여러분은 이 아침에 아픔과 고통으로 가득 차 있습니까?

예수님은 여러분의 그 모든 아픔과 고통에 대해 알고 계십니다.

그분이 자신의 등을 때리는 자들에게 내어주신 까닭이지요.

여러분은 스캔들이나 중상모략 같은, 통증보다 더 심한 것으로 고통당하고 있습니까?

그분은 수치나 침뱉음을 당할 때 얼굴을 숨기지 않으셨습니다.

여러분은 최근 조롱당한 적이 있습니까?

은총 없는 자들이 여러분의 신실함에 대해 놀리지는 않았습니까?

예수님께서는 여러분과 공감하실 수 있으십니다. 왜냐하면 여러분은 그들이 예수님을 거룩하지 못한 희화화의 대상으로 삼았던 것을 알고 있기 때문입니다. 여러분의 마음을 잡아 찢는 모든 고통 안에 여러분의 주님은 분깃을 갖고 계십니다.

가서 그분에게 말씀드리십시오.

많은 이들은 여러분을 이해치 못 할 것입니다. 여러분은 다른 나머지 새들과는 다른 얼룩이 있는 새입니다. 그리고 나머지 새들이 모두 여러분을 쪼아댈 것입니다.

그러나 예수님은 이것을 아십니다. 그분 역시 쪼아댐을 당했던 얼룩이 있는 새이셨기 때문입니다. 그분은 "거룩하고 악이 없고 더러움이 없고 죄인에게서 떠나 계신" 분으로(역주: 히 7:26), 그러나 여러분에게서 분리되지 않으십니다.

그분께 나아가십시오.

그러면 그분은 여러분을 동정하실 것입니다.

셋째, 그분의 부드러운 영혼과 그분의 공감하시는 능력에 더하여, 우리를 위로하시기 위한 도우심은 그분의 모범됨입니다.

왜냐하면 그분은 다음과 같이 주장하실 수 있기 때문입니다.

"나는 내 등을 때리는 자들에게 내주었다. 너도 동일한 일을 할 수 없겠니? 제자가 그의 주인보다 더 나아야 하지 않을까?"

내가 천국의 문지방에 도착하여 그곳의 가장 천한 자리에 앉을수만 있다면, 나는 내가 가진 자격보다 무한히 더 나은 지위를 가졌다고 느낄 것이며, 나는 나의 존귀하시고 거룩하신 주님이 침 뱉음을 당하도록 자신의 얼굴을 내주신 것을 생각할 때, 내가 거드름을 피우며, "나는 이 멸시를 참을 수 없어. 나는 이 고통을 견딜 수 없어"라고 말할 수 있을까요?

그 왕이 기드론 시내를 건너야 했다면, 여러분을 위해서는 기드론 시내가 없어야 합니까?

주인께서 십자가를 감내하신다면, 여러분의 어깨는 벗겨지는 고통이 있어서는 안 됩니까?

그들이 집주인을 "바알세붑"이라고 불렀다면, 그들이 여러분을 "경애하는 귀하"라고 불러야 합니까?

그들이 그분을 조롱했고 비웃었다면, 여러분은 존경받아야 합니까?

그리스도께서 "그 놈"이라고 불리는 현장에서 여러분은 신사숙녀 여러분이 되어야 합니까?

그분의 출생을 위해 그들은 마구간을 빌려 주었습니다. 그리고 그분의 장례를 위하여 그분은 무덤 하나를 빌리셨습니다.

오, 친구들이여!

교만이 사라지게 하십시오.

가능한 낮게 허리를 굽힐 수 있도록 허락되는 것을 우리의 최상의 명예로 여기십시오.

그리고 그분의 사례는 우리에게 그분이 모든 상황 가운데서도 침착하셨다는 사실에 의하여 추가적으로 위안을 줍니다.

오, 구세주의 마음속의 깊은 안식이여!

그들은 그분을 조롱하는 자리에 올려놓았으나 그분은 화난 말로 대답치 않으셨습니다. 그들은 그분의 손에 갈대를 쥐어 주었으나, 그분은 하실 수 있었음에도, 그것을 쇠철장으로 변화시켜 그들을 도자기처럼 깨뜨리지 않으셨습니다. 그분은 위축되거나 그들에게 자비를 구하지도 않으셨습니다.

고통의 한숨이 그분에게서 배어나왔고, "내가 목마르다"라고 말씀하셨습니다. 왜냐하면 그분은 극기주의자가 아니셨기 때문입니다. 그러나 사람에 대한 두려움도 마음의 소심한 위축도 그분에게서는 찾아볼 수 없었습니다.

순교자들의 왕이신 그분은 순교자의 관을 쓰실 자격이 충분히 있으십니다. 그분은 왕으로서 합당하게 견디셨기 때문입니다. 그분과 같은 인내는 결코 없었습니다. 그것이 여러분이 닮아야 할 부분입니다.

사랑하는 형제들이여!

그것이 여러분이 닮아야 할 내용입니다.

자매들이여!

여러분은 매우 신중하게 예수님을 따라 한 줄 한 줄 써내려가야 합니다.

여러분은 여러분의 손을 돕도록 여러분의 주인을 필요로 합니다. 사실상, 그리스도의 학교 학생들이 그분의 모본을 따라 글자를 쓸 때는 언제든지, 그분이 성령으로 그들의 손을 항상 붙들고 계시기 때문입니다.

다섯째, 우리 구세주의 승리는 우리를 자극하고 격려하도록 목적지워졌습니다.

그분은 이 아침에 우리 앞에 그분의 백성들에 대한 위로자로 서 계십니다.

여러분의 마음속에서 지침이나 어지러움이 발생하지 않도록, 그분이 자신을 거스르는 죄인들의 반대를 견디셨던 것을 생각하십시오.

그분이 한 때 낮아지고 멸시를 받으셨을지라도, 이제 그분이 하나님의 우편에 앉으셔서 만유를 다스리시기 때문입니다. 그리고 모든 무릎이 그분 앞에 절하게 되고 만입이 예수 그리스도가 주님이시라고 고백하며 하나님 아버지께 영광을 돌리게 될 그 날이 다가오고 있습니다.

그분에 침을 뱉었던 이들은 그 날을 후회하게 될 것입니다.

그분을 조롱했던 여러분은 여기로 오십시오.

그분은 죽은 자들 가운데서 여러분을 일으켜 세우셨습니다.

여기로 와서 이제 그분께 침을 뱉으십시오.

그분께 매질했던 여러분은 여러분의 막대기를 가져오십시오.

그분의 영광이 펼쳐지는 이 날에 여러분이 무엇을 할 수 있는 지를 보십시오.

보십시오.

그들은 달아날 것이며, 언덕에게 그들 위한 피난처가 되어달라고 호소합니다. 그들은 바위들에게 입을 열어 자신들을 숨겨달라고 애원합니다.

하지만 땅으로 하늘로 달아나게 한 것은 그들이 침을 뱉었던 동일한 얼굴, 바로 그분의 얼굴일 뿐입니다.

그렇습니다.

모든 것들이 그분, 즉 과거 자신의 등을 때리는 자들에게 내주셨고, 수염을 뽑도록 자신의 뺨을 내주셨던 그분의 화난 얼굴이 갖는 엄위하심 앞에서 달아나고 있습니다.

따라서 그분처럼 되십시오.

그분의 이름을 지니고 있는 여러분.

그분을 신뢰하십시오.

그리고 그분을 위해 사십시오.

그러면 여러분은 영광 가운데 그분과 함께 영원히 다스리게 될 것입니다.

아멘.

Sermons on the Passion of Christ

제12장
우리의 영광인 십자가

> 그러나 내게는 우리 주 예수 그리스도의 십자가 외에 결코 자랑할 것이 없으니 그리스도로 말미암아 세상이 나를 대하여 십자가에 못 박히고 내가 또한 세상을 대하여 그러하니라(갈 6:14).

거의 모든 사람들이 자랑하는 어떤 것을 가지고 있습니다. 모든 새는 자기만의 노래하는 곡조가 있습니다. 결코 기뻐하지 않는 것은 가여운 마음입니다. 그것은 전적으로 소리나는 종이 없는 따분한 짐 싣는 말과 같습니다.

사람들은 보통 이것 혹은 저것을 기뻐합니다. 많은 사람들은 그들이 자랑할 수 있고, 헛된 자기과시로 가득 찬 것을 선택하길 기뻐합니다.

사실, 사람들이 그들의 자랑거리로 인해 파멸되는 것은 매우 슬픈 일입니다. 하지만 많은 사람들이 그렇게 합니다. 많은 이들은 자신들의 수치가 될 수 있는 것을 자랑하고, 단지 공허함 뿐인 것을 더욱 자랑합니다.

어떤 이들은 자신들의 신체적 힘을 자랑합니다. 하지만 황소가 그들을 능가하지요. 다른 이들은 그들의 금을 자랑합니다. 하지만 그것은 단지 두꺼운 진흙에 불과합니다.

혹은 그들의 재능을 자랑합니다. 하지만 그것은 그들에게 일을 맡길 수 있는 소질에 불과합니다. 그들의 책무 수행에 필요하여 주어진 파운드는 그들 자신 것처럼 생각되지만, 그들은 하나님에게 속한 그 파운드의 자랑거리를 빼앗는 셈입니다.

오, 나의 청중들이여!

"자랑하는 자는 주 안에서 자랑할지니라"(고후 10:17)라고 외치는 지혜의 말을 들으십시오.

개인의 영광을 위해 사는 삶은 우리가 살아있을지라도 죽은 것입니다.

거품을 위해 멸망당하는 어리석음을 범치 마십시오.

많은 사람이 사소한 명예나 별 볼일 없는 것들 안에서의 일시적인 성공의 만족을 위하여 자신의 영혼을 던져버립니다.

사람들이여!

여러분의 경향이 어떤 것을 자랑하고자 한다면, 여러분의 지혜가 불멸의 마음에 어울리는 자랑을 발견하게 하십시오.

사도 바울은 그가 자랑할 수 있었던 것들에 대하여 풍부하게 선택했습니다. 그의 마음이 자신의 백성들 사이에 여전히 머물렀더라면, 그는 그들의 가장 명예로운 랍비들 중의 한 사람이 되었을 것입니다. 그는 자신이 쓴 빌립보서 3장에서 이렇게 말합니다.

> 만일 누구든지 다른 이가 육체를 신뢰할 것이 있는 줄로 생각하면 나는 더욱 그러하리니 나는 팔일 만에 할례를 받고 이스라엘 족속이요 베냐

> 민 지파요 히브리인 중의 히브리인이요 율법으로는 바리새인이요 열심
> 으로는 교회를 박해하고 율법의 의로는 흠이 없는 자라(빌 3:4-6).

그는 자신이 많은 사람들, 특히 자신의 나라의 동년배들보다도 더 유대인들의 종교에 유익을 가져왔고, 후에 자신의 동료 고백자들(그리스도인들) 안에서도 높은 존경을 받았다고 말합니다.

그러나 그가 주 예수께 대한 믿음으로 회심했을 때, 그는 말하기를 "그러나 무엇이든지 내게 유익하던 것을 내가 그리스도를 위하여 다 해로 여길뿐더러 또한 모든 것을 해로 여김은 내 주 그리스도 예수를 아는 지식이 가장 고상하기 때문이라"(빌 3:7-8)고 합니다.

그는 회심하자마자 그의 이전의 종교와 열정에 대한 모든 자랑을 버리고 외칩니다.

> 하나님은 나의 출생, 내가 받은 교육, 나의 성경에 대한 숙련도, 혹은 정
> 통적 제의에 대한 애정에 대한 자랑을 금하십니다. 하나님은 우리 주 예
> 수 그리스도의 십자가 외에는 어떤 것도 자랑하는 것을 금하십니다.

바울은 자신이 선택해야 했다면, 그리스도의 십자가를 위하여 자신의 고난을 자랑했었을 것입니다. 왜냐하면 그는 살아있는 순교자였고, 십자가에 달리셨던 그 분을 위하여 영속적으로 자기를 희생할 사람이었기 때문입니다. 그는 말합니다.

> 그들이 그리스도의 일꾼이냐 정신 없는 말을 하거니와 나는 더욱 그러
> 하도다 내가 수고를 넘치도록 하고 옥에 갇히기도 더 많이 하고 매도 수

없이 맞고 여러 번 죽을 뻔하였으니 유대인들에게 사십에서 하나 감한 매를 다섯 번 맞았으며 세 번 태장으로 맞고 한 번 돌로 맞고 세 번 파선하고 일 주야를 깊은 바다에서 지냈으며 여러 번 여행하면서 강의 위험과 강도의 위험과 동족의 위험과 이방인의 위험과 시내의 위험과 광야의 위험과 바다의 위험과 거짓 형제 중의 위험을 당하고 또 수고하며 애쓰고 여러 번 자지 못하고 주리며 목마르고 여러 번 굶고 춥고 헐벗었노라 (고후 11:23-27).

바울은 자신의 사도권을 확립하는 이 고난들의 요약을 제시해야 했었습니다. 그러나 그는 그 일을 행하기 전에 "원하건대 너희는 나의 좀 어리석은 것을 용납하라 청하건대 나를 용납하라"(고후 11:1)라고 기록하였습니다.

그는 마음속으로 줄곧 "하나님은 우리 주 예수 그리스도의 십자가 외에는 어떤 것도 자랑하는 것을 금하십니다"라고 말하고 있었습니다.

그 위대한 사도는, 해야 한다면, 자랑할 또 하나의 이유를 가지고 있었습니다. 왜냐하면 그는 주님에 대한 환상과 계시에 대해 말할 수 있었기 때문입니다.

내가 그리스도 안에 있는 한 사람을 아노니 그는 십사 년 전에 셋째 하늘에 이끌려 간 자라 (그가 몸 안에 있었는지 몸 밖에 있었는지 나는 모르거니와 하나님은 아시느니라) 내가 이런 사람을 아노니 (그가 몸 안에 있었는지 몸 밖에 있었는지 나는 모르거니와 하나님은 아시느니라) 그가 낙원으로 이끌려 가서 말로 표현할 수 없는 말을 들었으니 사람이 가히 이르지 못할 말이로다 (고후 12:2-4).

그는 이 계시들의 풍성함으로 인해 필요 이상으로 의기양양할 위험에 처해 있었습니다. 따라서 그는 육체의 고통스런 가시로 말미암아 겸손해질 필요가 있었습니다. 바울은 고린도 교회 안에서 자신의 지위를 주장해야할 필요가 제기되었을 때, 강제적으로 이것들을 언급해야만 했습니다.

그러나 그는 그러한 자랑을 좋아하지 않았고, 그는 "하나님은 우리 주 예수 그리스도의 십자가 외에는 어떤 것도 자랑하는 것을 금하십니다"라고 말할 때 가장 편안했습니다.

형제들이여!

바울은 여기에서 그리스도를 자랑하였다고 말하지 않음을 주목하십시오.

비록 그가 온 맘으로 그것을 행하고 있으면서도 말입니다.

그러나 그는 그가 "우리 주 예수 그리스도의 십자가"를 최고로 자랑한다고 선언합니다. 이는 사람들의 눈에는 주 예수의 역사(history) 가운데 가장 비천하고 가장 영광스럽지 않은 부분이었습니다.

그는 성육신을 자랑할 수 있었을 것입니다.

천사들이 성육신에 대해 노래했고, 현자들이 동방으로부터 그 사건을 보기 위해 왔었지요.

새로운 왕이 "가장 높은 곳에서 하나님께 영광"이라는 하늘의 찬송을 불러일으키지 않았습니까?

그는 그리스도의 일생을 자랑할 수도 있었겠지요.

그분의 삶처럼 관대하고 흠 없는 삶을 살았던 이가 있었던가요?

그는 그리스도의 부활을 자랑할 수도 있었습니다. 부활은 잠든 자들이 갖는 세상에서 가장 큰 희망입니다.

그는 우리 주님의 승천을 자랑할 수도 있었습니다. 왜냐하면 그분은

"사로잡힌 자들을 사로잡아 인도하시기" 때문입니다. 그리고 그분을 따르는 모든 이들이 그분의 승리를 자랑합니다.

그는 그분의 재림을 자랑할 수도 있었습니다. 그리고 나는 그가 재림을 자랑했음을 믿어 의심치 않습니다. 왜냐하면 주님은 믿는 모든 사람들에 안에서 경배받기 위해 하나님의 나팔소리와 천사장들의 음성들, 그리고 큰 함성과 함께 하늘에서 곧 내려오실 것이기 때문입니다.

하지만 그 사도는 이 모든 것들을 넘어서서 기독교 체계의 핵심을 선택하였습니다. 그것은 세상의 조롱의 핵심인 십자가로 기독교의 원수들에 의해 가장 강력하게 공격하는 요점이었습니다. 그 사도는 십자가 외에 다른 것들은 어둠 속으로 던져버렸습니다.

사도는 선포합니다.

> 그러나 내게는 우리 주 예수 그리스도의 십자가 외에 결코 자랑할 것이 없으니.

그렇다면 우리의 거룩한 종교의 최고의 자랑은 십자가임을 배우십시오.

은총의 역사는 보다 일찍 시작되고 나중에 진행되기도 하지만, 십자가가 그 역사의 중간점에 서 있습니다. 두 개의 영원 가운데 십자가가 중심점이며, 과거의 법령과 미래의 영광에 대해서도 십자가가 축이 됩니다.

이 아침에 우리들 가운데 각자가 하나님의 성령의 능력으로 "하나님께서 우리 주 예수 그리스도의 십자가외에는 그 어떤 것도 자랑하는 것을 금하십니다"라고 말할 때까지, 십자가 앞으로 나아가 십자가에 대해 생각하십시오.

1. 주님이 나를 도우신다면(왜냐하면 누가 십자가에 달리셨던 그분의 도움 없이 십자가를 묘사할 수 있을까요?) 바울에게 십자가는 무엇을 의미했을까요?

그는 이 용어 아래에 다음을 포함시키지 않았습니까?

첫째, 십자가에 대한 사실(fact of the Cross)
둘째, 십자가의 교리(the doctrine of the Cross)
셋째, 교리적 십자가(the Cross of the doctrine)

첫째, 나는 무엇보다도 그것이 그에게는 십자가에 대한 사실을 의미했다고 생각합니다.

우리 주 예수 그리스도는 진정 교수대 위에서 중죄인이 죽는 형태로 죽임을 당하셨습니다. 그분은 문자적으로 나무 위에서 인간의 관점에서 저주받아 죽으셨습니다.

나는 여러분이 그 사도가 어떻게 설명했는지를 알아차리길 촉구합니다.

우리 주 예수 그리스도의 십자가.

그의 서신들 속에서 그는 때때로 "그리스도"를 말하고, 다른 때에는 "예수"를, 그리고 종종 "주님" 보다 더 자주 "우리 주님"이라고 말합니다.

그러나 여기에서는 "우리 주 예수 그리스도"라고 말합니다. 이 모든 묘사 속에는 십자가의 수치와 대조되는 것처럼 일종의 허세가 감지되는 말들이 있습니다. 그 용어들은 그토록 불명예스러운 죽음에 처해졌던 그분의 위엄을 표현하려는 의도가 어느 정도 담겨있습니다.

그분은 기름부음 받은 그리스도이시고, 구원자 예수님이십니다. 그분은 주님이시고, 만유의 주이시며, 그분은 "우리 주 예수 그리스도"이십니다. 그분은 신민이 없는 주님이 아니십니다. 그분은 "우리 주님이시기 때문입니다."

그분은 자신만을 위해 기름부음 받은 것도 아닙니다. 우리 모두는 "우리 그리스도"로서의 그분 안에서 분깃을 공유하기 때문입니다. 만유 안에서 그분은 우리의 것이며, 그분은 십자가 위에 계셨던 분이십니다.

둘째, 다음으로, 나는 바울이 십자가의 교리를 자랑했다고 말했습니다.

정말 그러합니다.

십자가의 교리는 무엇니까?

"십자가의 도가 멸망하는 자들에게는 미련한 것이요 구원을 받는 우리에게는 하나님의 능력이라"(고전 1;18)는 무엇에 대해 기록된 것입니까?

한 마디로, 그것은 속죄(atonement)의 교리이고, 주 예수 그리스도께서 우리를 위하여 죄가 되셨으며, 그리스도께서 많은 사람들의 죄를 지시기 위해 바쳐졌고, 하나님께서 그분을 우리 죄의 속죄(propitiation)를 위해 내어놓으셨다는 교리입니다.

바울은 "우리가 아직 연약할 때에 기약대로 그리스도께서 경건하지 않은 자를 위하여 죽으셨도다"(롬 5:6)라고 말하였습니다.

그리고 다시 그는 "이제 자기를 단번에 제물로 드려 죄를 없이 하시려고 세상 끝에 나타나셨느니라"(히 9:26. 스펄전은 히브리서를 바울서신에 포함시켰던 당시의 이해를 따르는 것 같다-역주)라고 말하였습니다.

십자가의 교리는 죄를 위한 희생 제사에 대한 교리입니다.

예수님은 "세상 죄를 지고 가는 어린 양"이시다. 또한 예수님은 "하나님이 세상을 이처럼 사랑하사 독생자를 주셨으니 이는 그를 믿는 자마다 멸망하지 않고 영생을 얻게 하려 하심이라"(요 3:16)는 말씀의 중심이시다.

십자가의 교리는 온전한 속죄가 이루어졌다는 교리이고, 최후의 속전이 지불되었다는 교리입니다.

> 그리스도께서 우리를 위하여 저주를 받은 바 되사 율법의 저주에서 우리를 속량하셨으니 기록된 바 나무에 달린 자마다 저주 아래에 있는 자라 하였음이라(갈 3:13).

십자가 위에 계신 그리스도 안에서 우리는 불의한 자들을 위하여 의로우신 분이 죽어가는 것을 보게 됩니다. 그것은 우리를 하나님께 이끄시려는 목적 때문입니다. 죄인들의 범죄를 지시는 무죄한 자를 우리는 보게 되는데, 이는 그들로 용서받고 용납받게 하시려는 의도였습니다. 그것이 십자가의 교리, 즉 바울이 결코 부끄러워하지 않았던 교리였습니다.

이는 또한 그 교리의 필요한 부분입니다. 즉 그분을 믿는 모든 사람은 누구든지 모든 죄로부터 의롭게 되며, 주 예수 그리스도를 신뢰하는 사람은 누구든지 그 순간에 용서받고, 의롭게 되며, 가장 소중한 분 안으로 용납됩니다.

> 모세가 광야에서 뱀을 든 것 같이 인자도 들려야 하리니 이는 그를 믿는 자마다 영생을 얻게 하려 하심이니라(요 3:14-15).

바울의 교리는 이것입니다.

> 그런즉 원하는 자로 말미암음도 아니요 달음박질하는 자로 말미암음도 아니요 오직 긍휼히 여기시는 하나님으로 말미암음이니라(롬 9:16).

그리고 그것은 구원이란 행위로 말미암지 않고, 종교 의식으로도 말미암지 않으며, 단지 유일하게 예수를 믿는 것만으로 이루어진다는 항구적 가르침입니다. 우리가 이미 성취된 그리고 십자가 위에서의 우리의 거룩하신 주님의 죽음에 의하여 완성된 그 의로움(righteousness)을 신뢰하는 행동만으로 수용되어야 합니다.

예수의 피에 의해 대속을 선포하지 않는 사람은 십자가를 선포하지 않습니다. 그리고 그리스도 예수께 대한 믿음으로 말미암은 칭의를 선포하지 않는 사람은 전적으로 표적에서 빗나간 것입니다.

셋째, 그 사도는 또한 그 교리의 십자가를 자랑하였습니다.
왜냐하면 십자가 위에서의 하나님의 아들의 죽음은 기독교의 핵심이기 때문입니다. 여기에 어려운 점이 있고, 걸림돌(stumbling block)과 넘어지게 하는 반석(rock of offence)이 있습니다.

유대인은 십자가에 달려 죽은 메시아라는 개념을 견딜 수 없었습니다. 그는 화려함과 힘을 찾고자 했습니다. 다수의 종교 의례들과 다양한 세정 의식들 그리고 희생 제사들, 이 모든 것들이 제거되어야 했고, 피 흘리시는 구세주 외에는 아무 것도 남아있지 않게 된 것이 아닙니까?

십자가에 대한 언급에서 **철학자 헬라인**은 스스로가 모욕 받았다고 생각했고, 그 설교자를 바보라고 헐뜯었습니다.

실제적으로 그는 다음과 같이 말했습니다.
당신은 사려 깊거나 지적인 사람이 아니오.
당신은 시대에 뒤떨어지지 않은 사람이 아니오.
단지 낡아빠진 철학의 진흙탕을 붙들고 있을 뿐이오.
왜 현대 사고의 발견들과 함께 나아가지 않는 것이오?

바울 사도는 어린아이도 이해할 수 있는 단순한 사실을 가르치면서, 그 가르침 안에서 하나님의 지혜를 발견했습니다. 십자가 위에서 인류의 구원을 이루신 그리스도가 헬라 현자들의 모든 말보다 그에게 더 의미있게 다가왔습니다.

한편 **로마인**은 한 사람의 죽은 유대인, 십자가에 달려 죽은 유대인을 자랑하는 일에 대해 아무런 주의를 기울이지 않았을 것입니다. 자신의 철창으로 자신들이 정복한 세상을 발아래 짓누르면서, 그는 그와 같은 십자가에 대한 꿈처럼 꾸며진 이야기는 자신의 조상 신들로부터 결코 빼내지 못할 것이라고 선언했습니다.

바울은 그 세상의 지배자들의 날카롭고 실제적인 대답 앞에서 위축되지 않았습니다. 그는 네로 앞에 섰을 때도 떨지 않았습니다. 헬라인이든, 유대인이든, 로마인이나 야만인이든, 노예나 자유자이든, 그들 앞에서 바울은 그리스도의 복음을 부끄러워하지 않았고, 십자가를 자랑했습니다.

그는 십자가를 자신의 철학으로 삼았고, 십자가를 자신의 전통으로 삼았으며, 십자가를 그의 복음이요, 그의 영광으로 삼았습니다. 그리고 그 외에는 아무 것도 가치를 두지 않았습니다.

2. 바울은 왜 십자가를 자랑했을까요?

그는 주제가 빈약했기 때문에 그렇게 한 것이 아니었습니다. 내가 이미 여러분에게 제시한 바대로, 그는 원하기만 했다면 얼마든지 자랑할 수 있었던 다양한 영역을 갖고 있었기 때문입니다.

그는 엄중한 그리고 의도적인 선택 가운데 십자가만을 자랑하였습니다. 그는 여러 상황을 미리 고려하였고, 독수리의 눈으로 전체 주제의 범위를 살펴보았으며, 그가 무엇을 행하였고, 그것을 왜 하였는지를 잘 알고 있었습니다.

그는 사고력이 뛰어난 사람이었습니다. 형이상학자로서 그를 능가할 수 있는 사람은 없었고, 논리적으로 사고하는 사람으로서, 아무도 그를 추월할 수 없었습니다. 초기 기독교의 입안자로서 그는 독보적인 존재였습니다. 다른 이들은 보다 시적이었거나, 보다 단순했을 수 있습니다.

그러나 그보다 더 사려 깊거나 논쟁을 잘 진행할 수 있는 사람은 없었습니다. 결단력과 확고함을 가지고 바울은 만사를 제쳐놓고 그의 전체 일생을 통해 분명하게 선언합니다.

나는 십자가를 자랑합니다.

그는 이것만을 말하고 있는 것입니다.
"하나님께서는 십자가 외에는 내가 다른 것을 자랑하는 것을 금하십니다."

주여! 내가 자랑하는 것을 금하십시오.
나의 하나님이신 그리스도의 죽음 안에서 자랑하는 것 외에는,
나에게 가장 매력적인 것들은 모두 허무한 것들뿐입니다.
나는 그것들을 그분의 피에 제물로 바칩니다.

바울은 하나님께 자신이 그리스도의 십자가에 영광을 돌리는 것 외에는 아무런 야심을 알지 못함에 대해 증인이 되어주실 것을 요청했었을 수 있습니다. 이것을 생각할 때 나는 아멘이라고 말할 준비가 되었습니다. 그리고 여러분에게 감동적인 이 구절들을 노래하길 촉구합니다.

옛 십자가가 조용히 서 있습니다.
할렐루야! 할렐루야!
십자가의 승리를 전하십시다.
할렐루야! 할렐루야!

하나님의 은혜가 여기에서 빛나고 있습니다.
복 되신 아들, 그리스도를 통하여,
그분은 죄악을 대속하신 분입니다.
할렐루야! 할렐루야!

따라서 바울은 왜 십자가를 자랑했을까요?
여러분이 궁금해 하는 것이 마땅합니다. 오늘날 십자가를 자랑하지 않고 십자가를 버리는 이들이 많은 까닭입니다. 십자가는 자랑되어야 합니다.

그러나 대속을 무시하는 목사들이 있습니다. 그들은 십자가를 숨기거나, 십자가에 대해 거의 말하지 않습니다. 여러분은 예배를 드리고 또 드릴 수 있으나 속죄하는 피에 대해서는 거의 듣지 못합니다.

그러나 바울은 항상 죄의 속죄를 전면에 내세웠습니다. 바울은 결코 죄의 속죄를 먼발치에서 설명하려들지 않았습니다.

십자가가 자기 희생의 모범을 의미함을 증명하려고 수많은 책들이 기록되었습니다. 하지만 모든 순교가 그것을 의미하지는 않습니다. 그들은 인간의 죄악을 대속하는 실질적인 대속적 희생과 위대한 대속적 죽음을 통한 유효한 정화를 감당할 수 없습니다.

하지만 십자가는 바로 그것을 의미합니다. 그것이 아니라면 십자가는 아무 것도 아닙니다. 내가 그렇게 생각하는 이유가 있습니다.

첫째, 바울이 십자가 안에서 하나님의 공의의 정당한 집행(the vindication of divine justice)**을 보았기 때문입니다.**

하나님의 공의가 그분의 사랑하는 아들의 인격 안에서 발생한 하나님 자신의 죽음처럼 그토록 선명하게 비쳐질 수 있는 곳이 어디이겠습니까?

하나님 자신이 깨어진 법 때문에 고난당하신다면, 율법의 위엄이 최대한 존중된 것입니다.

얼마 전, 미국의 한 판사가 자신의 어린 시절 친구였던 죄수를 재판하도록 부름받았습니다. 처벌은 벌금형으로, 약간은 과중한 금액이 부과될 범죄였습니다. 그 판사는 벌금을 감경시키지 않았습니다. 그 사건은 명백히 심각한 것으로, 그는 죄수에게 최대치의 벌금을 부과하였습니다. 그 범죄자와의 이전 관계를 알았던 사람들은 그 법을 집행함에 있어 아량이 전혀 베풀어지지 않았다고 생각했습니다.

반면에 다른 이들은 그 판사의 공명정대함을 칭송했습니다.

그런데 그 순간 모든 이들은 판사가 재판석에서 즉시 내려와 스스로 벌금 전액을 지불하는 것을 보고 깜짝 놀랐습니다. 그는 법에 대한 그의 존중의 마음 뿐 아니라 그 법을 깨뜨린 사람에 대한 그의 호의를 모두 보여주었습니다.

하나님은 그분의 사랑하는 아들의 인격 속에서 그 일을 행하셨습니다. 그분은 처벌을 면제하시지 않았고, 오히려 그분 자신이 그 처벌을 감내하셨습니다. 그분의 아들은 다름 아닌 그분 자신이셨습니다. 왜냐하면 하나님과 아들 사이에는 본질적인 연합이 있기 때문입니다.

하나님은 인간의 죄악으로 말미암아 초래된 빚을 지불하셨습니다. 나는 십자가 위에서 이루어진 하나님의 공의의 정당한 집행에 대해 생각하길 좋아합니다. 나는 결코 그 생각에 대해 실증내본 적이 없습니다. 어떤 이들은 그 생각을 견딜 수 없어합니다.

그러나 나에게는 죄가 처벌받아야한다는 것은 불가피해보입니다. 그렇다면 사회의 기초가 무너질 수 있기 때문입니다. 죄가 가볍게 다루어진다면, 덕은 장난감에 불과하게 될 것입니다. 법에 있어 형사상의 제재가 없거나, 처벌이 단순한 공허한 위협에 불과하다면 사회는 존립할 수 없습니다. 이따금 한 정부 안에 속한 모든 사람들은 보다 엄격한 법집행을 절실히 필요로 합니다. 어떤 범죄들이 만연하고, 평온한 일상이 깨져 있을때면, 본보기가 처벌이 요구되곤 합니다.

그리고 그것이 요구되는 것은 당연합니다. 왜냐하면 모든 사람의 양심의 깊은 내면에는 공익을 보장하기 위해서 죄는 반드시 처벌받아야 한다는 확신이 있는 까닭입니다. 정의가 다스려야 하며, 심지어 선한 마음조차도 그것을 요구합니다.

속죄함이 없이 구원이 있을 수 있었다면, 그것은 재앙이었을 것입니다. 의로운 사람, 심지어 선한 마음을 가진 사람조차도 그들의 범죄에 대한 자연스러운 결과로부터 죄인들을 면죄해주기 위하여 법을 무시하는 태도를 반대할 것입니다.

나 역시 공정한 구원을 높이 평가합니다. 불의한 구원은 결코 나의 양심의 이해나 요구를 충족시키지 못할 것입니다.

아니지요.

하늘이 무너질지라도 하나님으로 공정하신 하나님이 되게 하십시오.

하나님으로 그분의 판결을 실행하게 하십시오.

그렇지 않으면 우주는 우주 자체가 옳지 않다고 생각할 것이고, 그러한 의심이 보편적 마음을 다스린다면, 하나님을 향한 모든 존숭의 마음은 사라질 것입니다.

하나님은 그분의 공의로운 법령을 최후까지도 실행하십니다. 그 법령의 요구 조건의 일점일획도 경감시키지 않으십니다.

형제들이여!

하나님의 법을 정당하게 실행하시는 우리 주 예수 그리스도와 같은 분의 죽음에는 무한한 효력이 있습니다. 비록 그분이 인간이시지만, 그분은 또한 하나님이십니다. 그리고 그분의 수난과 죽음 안에서, 그분은 지옥의 처벌에 대해 결코 열등하지 않은 하나님의 공의를 정당하게 집행하셨습니다.

하나님은 하나님의 법이 명예가 손상된 것보다는 십자가 위에서 예수께 죽으실 때, 참으로 의로우십니다. 우리의 위엄 있으신 주님 자신이 인간의 죄로 초래된 진노를 감당하셨을 때, 죄는 가벼이 다루어질 수 없다는 것이 모두에게 명확해졌습니다.

우리는 십자가를 자랑합니다. 십자가 안에서 빚이 청산되었고, 우리의 죄가 예수님께 얹어졌기 때문입니다.

둘째, 우리는 십자가 위에서 우리가 전례 없는 하나님의 사랑의 현시를 보았기 때문에 자랑합니다.

> 우리가 아직 죄인 되었을 때에 그리스도께서 우리를 위하여 죽으심으로 하나님께서 우리에 대한 자기의 사랑을 확증하셨느니라(롬 5:8).

나는 바울이 십자가가 열정의 창조자(creator of enthusiasm)임을 알았기에 다시 십자가를 자랑하였다고 확신합니다. 기독교는 성령이 생성하시는 열정 안에서 그 주된 힘을 발견합니다. 그리고 이는 십자가에게서 나옵니다.

십자가의 설교는 악을 대항하여 싸우는 십자군의 위대한 무기입니다. 영혼을 빛나게 하는 어떤 것이 십자가의 진리 안에 있습니다. 그것이 하나님의 제단에서 나오는 화염 마냥 살아있는 숯불처럼 설교자의 입술을 어루만져 듣는 사람들의 마음에 불을 지릅니다. 우리는 이 복음을 먹어야 살 수 있고, 이 복음을 위하여 죽습니다.

신자에게 주어진 피로 말미암은 속죄, 죄로부터의 온전한 구원, 그리스도 안에서의 완전한 안전이 사람으로 하여금 기쁨과 감사와 성별과 결단, 인내와 거룩한 삶, 모든 불태우는 열정을 요청합니다.

그러므로 우리는 십자가의 교리를 자랑하며, 우리의 모든 힘을 가지고 그 교리를 말하는 일에 결코 지체치 않을 것입니다.

해를 입은 분이 범죄자의 본성을 취하시고, 방탕한 죄악으로 인한 징계를 감당하신 그 사실을 생각해보십시오.

그분은 무한하시고, 지극히 거룩하시며, 모든 영광 속에 영원히 경배받으실 분이십니다. 하지만 그분은 많은 사람들의 죄를 지시기 위해 스스로를 낮추어 범죄자들의 수에 포함되셨습니다.

올림푸스 신들의 이야기가 담긴 신화들은 지고의 낮아지심과 무한한 사랑이 담긴 이 놀라운 행동과 같은 가치 있는 내용을 전혀 포함하지 않습니다. 고대의 샤스트라(Shaster)와 베다(Vedas: 고대 인도에서 기원한 지혜서-역주)는 그러한 종류의 행동에 대한 아무 것도 가지고 있지 않습니다.

십자가 위에서의 예수 그리스도의 죽음은 인간이 고안할 수 있는 내용이 아닙니다. 어느 시대도 어떤 날의 시적인 묘사에서도 그와 같은 것을 생산한 적이 없습니다. 우리가 그 십자가에 대해 자주 듣지 않았고, 별로 생각지 않았다면, 우리는 표현할 수 없을 정도로 그 십자가에 흠뻑 빠져들었을 것입니다.

셋째, 바울이 모든 죄악을 제거하는 그리스도의 십자가를 선포하길 기뻐했다고 믿습니다.

그는 십자가 위에 계신 주 예수께서 범죄를 끝내셨고, 죄를 종결시키셨으며, 영원한 의를 가져오셨다고 믿었습니다. 예수님을 믿는 사람은 모세의 율법으로서는 의로워질 수 없었던 모든 것으로부터 의롭게 됩니다. 죄가 예수님께 얹어졌기 때문에, 하나님의 공의는 그 죄를 믿는 죄인들 위에 얹을 수 없습니다. 주님은 결코 동일한 범죄로 두 번 처벌하지 않으십니다.

하나님이 나를 위한 대속 제물을 이미 받으셨다면, 나를 대속하신 분이 그 징벌을 감내하셨는데, 어찌 하나님이 나를 그분의 법정으로 다시 부르셔서 그 범죄에 대해 처벌하시기 위해 나를 소환하실 수 있겠습니까?

많은 번민하는 양심이 십자가를 잡으려고 노력하였고 절망 가운데서 구원을 발견하였습니다.

바울이 그리스도를 자랑함이 놀랍지 않습니까?

이렇게 기록되었기 때문이지요.

> 이스라엘 자손은 다 여호와로 말미암아 의롭다 함을 얻고 자랑하리라 하느니라(사 45:25).

이는 죄인들을 온전히 그리고 영원히 사면하고 가장 극악한 범죄자를 눈처럼 하얗게 만드는 구원의 방법입니다.

넷째, 바울은 다시 지혜의 경이로움(marvel of wisdom)**으로서의 십자가를 자랑합니다.**

그에게는 십자가가 완전한 지혜와 능력의 총합으로 비쳐집니다.

그는 외칩니다.

> 깊도다 하나님의 지혜와 지식의 풍성함이여(롬 11:33).

대신하여 받으신 고난의 계획은 단순하지만 숭고합니다. 인간의 지혜나 천사의 지혜가 그것을 고안하는 것은 불가능해 보입니다. 인간은 이미 그들이 결코 들어본 바가 없었을 십자가를 증오하고 십자가에 대하여 싸웠습니다.

하나님만이 당신의 무한한 지혜의 보고에서 무죄한 이의 대속을 통한 죄인들을 위한 이 견줄 데 없는 구원의 계획을 제시하셨습니다. 우리가 그 구원의 계획을 연구하면 할수록, 우리는 그 가르침의 온전한 내용을 알게 될 것입니다.

십자가를 쉽게 이해할 수 있고 바닥까지 드러날 주제로 간주하는 이는 피상적인 사상가에 불과합니다. 가장 고귀한 지성은 여기에서 숙고해야 할 풍성한 내용이 있음을 발견케 될 것입니다.

가장 심오한 마음을 가진 이들은 십자가의 순수한 백색광(whitel light)을 형성하는 장엄한 빛의 다양성을 숙고하면서 자신의 존재를 잃어버릴 수도 있습니다.

사람과 하나님에 있어, 죄와 정의에 대한 모든 것, 비참함과 궁휼에 대한 모든 것, 어리석음과 지혜에 대한 모든 것, 강함과 부드러움에 대한 모든 것, 혹은 분노와 연민에 대한 모든 것이 여기에서 보여질 수 있습니다.

십자가 안에서 영원에 대한 사고, 무한한 계획의 초점, 광대한 지혜의 소산에 대한 응축된 이해를 발견할 수 있습니다. 하나님과 십자가에 대하여 우리는 말할 수 있습니다.

> 여기에서 나는 그분의 가장 내밀한 마음을 바라봅니다.
> 그곳에서 은총과 원수 갚음이 묘하게 어울립니다.
> 그분의 아들을 가장 날카로운 비통함으로 찢습니다.
> 이는 나의 즐거움을 구매하기 위함입니다.

다섯째, 나는 바울이 다시 십자가가 악인들 가운데 가장 악한 자에게도 소망의 문이기 때문에 십자가를 자랑한다고 믿습니다.

바울 시대 역시 세상은 몹시도 타락하였습니다. 로마 문명은 가장 잔인하고 가장 천박한 종류의 문명이었고, 대중들은 전적으로 언급하기도 불편한 악 속에 빠져있었습니다.

바울은 그가 십자가를 말할 때 자신의 손에 들린 빛과 함께 그 흑암의 장소들 속으로 들어갈 수 있다고 느꼈습니다. 하나님의 아들의 피를 통한 용서를 말하는 것은 전능한 메시지를 전하는 것입니다.

십자가는 타락한 자들을 들어올리며, 절망한 자들을 구원합니다. 십자가는 승리적인 은총의 본보기입니다. 십자가는 등대로서 그 위로의 빛이 캄캄한 절망의 바다를 가로질러 비추며, 우리 타락한 족속의 칠흙 같은 밤을 격려하며, 영원한 난파로부터 구원합니다. 그리고 그 십자가는 영원한 평강으로 우리를 안내합니다.

여섯째, 나는 바울이 내가 종종 그러했던 것처럼, 십자가가 그에게 그리고 그의 형제들에게 안식의 근원이었기 때문에 십자가를 자랑했다고 믿습니다.

나는 내가 우리 예수 그리스도의 대속의 교리를 이해하기 전까지는 진정한 마음의 안식이 무엇을 의미했는지를 결코 알지 못했다고 고백하는데, 그것도 매우 대담하게 고백합니다.

이제 나는 주님, 즉 내 죄를 나의 희생양으로서 지고 가시거나, 그 죄들로 인해 나의 속죄제로서 죽어 가시는 나의 주님을 뵙게 될 때, 나는 심오한 마음의 평화와 영혼의 만족을 느낍니다.

십자가는 안전과 기쁨을 위해 내가 원하는 모든 것입니다. 진정으로, 이 침대는 사람이 스스로를 온전히 누릴 수 있을 만큼 충분히 깁니다. 십자가는 구원의 전차이고, 그 안에서 우리는 두려움 없이 인생의 거친 길을 통과합니다.

속죄의 베개는 고통으로 아파하는 머리를 치유합니다. 십자가의 그늘 아래에 나는 큰 기쁨으로 앉아 있습니다. 그리고 그 기쁨의 열매는 내 입맛에 너무도 달콤합니다. 나는 십자가 아래서 안식하는 동안 하늘을 향해 서둘러 가기까지 인내하지 못합니다. 왜냐하면 나의 찬송이 진정이 이렇게 말하는 까닭입니다.

>여기에서 나는 나의 하늘을 발견합니다.
>내가 십자가를 응시하는 동안.

여기에 완벽한 정화가 있고, 하나님의 공의에 의해 보호받는 하나님의 안전이 있습니다.

>그리하면 모든 지각에 뛰어난 하나님의 평강이 그리스도 예수 안에서 너희 마음과 생각을 지키시리라(빌 4:7).

대속(substitution)의 진리로부터 나를 멀리 떼놓으려는 시도는 헛된 수고일 뿐입니다.

현대적 사고의 허무한 것들을 설교하도록 나를 유혹해보십시오. 이 아이는 본질을 놔두고 그림자를 향하여 떠나고, 참을 놔두고 몽상을 향해 떠날 만큼 어리석지 않습니다.

나는 그 구닥다리 교리가 지금 내게 제공하는 안식, 평화, 그리고 이루 말할 수 없는 기쁨을 내 마음 속에 공정하게 교환할 수 있는 그 어떤 것도 보지 못합니다. 나는 예수께서 내 대신에 죄인의 자리에 서서서 내 죄를 지셨고, 내 죄를 제거해주셨다는 나의 단순한 믿음 이상을 나아갈 수 없습니다. 나는 이것을 선포해야 합니다.

나는 그 외의 것은 알지 못합니다. 하나님은 나를 도우셔서 나는 결코 십자가를 너머 일 센티미터도 나아가지 않을 것입니다. 나에게는 십자가 외에는 어떤 것도 공허이며 내 마음을 혼잡스러게 하는 것들이기 때문입니다.

그대의 안식으로 돌아갈지니!

나의 영혼이여!

그대를 사랑하고 그대를 위해 자신을 내어주신 오직 그분 안에 외에, 그곳 외에 어디에 그대를 위한 한줄기의 소망이라고 있던가?

일곱째, 나는 바울이 다시 그가 십자가를 열정의 창조자(creator of enthusiasm)로 보았기 때문에 십자가를 자랑했다고 확신합니다.

기독교는 그 주된 힘을 성령께서 제공하는 열정 안에서 발견합니다. 십자가의 선포는 악에 대항하는 십자군의 위대한 무기입니다. 십자가의 진리 안에는 영혼으로 불타오르게 하는 어떤 것이 있습니다. 십자가의 진리는 설교자의 입술을 활활 타오르는 숯불처럼 어루만져, 청중의 마음을 하나님의 제단에서 나오는 화염처럼 불을 지릅니다.

우리는 복음을 먹고 살며, 이 복음을 위하여 죽습니다. 믿는 자에게 주어지는 피에 의한 속량, 죄로부터의 온전한 구원, 그리스도 안에서의 완전한 안전은 사람으로 기쁨, 감사, 거룩해짐, 결단, 인내, 거룩한 삶, 모든 불타오르는 열정으로 초대합니다.

그러므로 우리는 십자가의 교리를 자랑합니다. 우리는 십자가의 교리를 우리의 모든 힘을 다해 선포하는 일에 결코 지제치 않을 것입니다.

3. 이제 시간이 다 된 것 같군요. 나는 화두를 확대하려고 했었는데, 이제 여러분에게 단지 개괄만을 제시해야할 것 같습니다

십자가를 자랑하는 바울의 가장 중요한 이유들 중 하나는 바울 자신에 임한 십자가의 효과였습니다.
그를 향한 십자가의 효과는 무엇이었을까요?
십자가는 결코 아무런 영향 없이 다가가지 않습니다.
십자가가 있는 곳으로 나아오십시오.
십자가는 생명을 위하든지 사망을 위하든지 일을 합니다.

> 세상이 나를 대하여 십자가에 못 박히고 내가 또한 세상을 대하여 그러 하니라(갈 6:14).

자아와 세상은, 그리스도의 십자가가 나타나고 믿어질 때, 둘 다 십자가에 못 박히게 됩니다.
사랑하는 이들이여!
그것이 의미하는 바는 무엇일까요?
그는 단지 이것, 곧 그가 그리스도를 본 이래로 그는 세상을 십자가에 못 박히고 매달려 교수형에 처해진 것으로 간주했다는 것을 의미하지 않을까요?
세상은 그에게 아무런 매력이 없습니다. 세상의 불쾌한 얼굴을 바울은 두려워하지 않았습니다. 세상의 사랑을 그는 구애하지 않았습니다. 세상은 바울에게 십자가에 달려진 범죄자가 가진 힘에 불과한 힘을 가할 수 있을 뿐입니다.

교수대에 달린 시체가 무슨 힘을 가졌겠습니까?

그 정도의 힘만을 세상은 바울에게 행사할 뿐입니다. 세상은 바울을 멸시했습니다. 그리고 바울은 세상을 따라갈 수 있었을지라도, 세상을 따라가지 않았을 것입니다. 그는 세상에 대하여 죽은 사람이었습니다. 그리고 세상은 바울에 대하여 죽었습니다.

그리하여 이중의 분리가 있었던 것이지요.

십자가는 어떻게 이 일을 행할까요?

이 악한 세상의 지배 아래 있는 것은 끔찍한 일입니다.

십자가는 우리가 세상을 벗어날 수 있도록 어떻게 우리를 도울까요?

형제들이여!

왜 일찍이 십자가를 본 사람이 세상의 허세와 자랑을 헛된 쇼로 치부할까요?

화려한 자랑과 번쩍이는 명예는 십자가에 달리신 분 앞에서 저열한 것으로 그 빛을 잃습니다.

오, 위대한 자들이여!

무엇이 여러분의 비단이며, 무엇이 여러분의 모피이며, 여러분의 보석이고, 여러분의 금, 여러분의 별들이고 여러분의 훈장입니까?

누구에게 십자가에 못 박히신 그리스도를 자랑하라고 배웠습니까?

교수형 집행인에게 속한 옛 의복들은 매우 비싼 것들이었습니다. 세상의 빛은, 그 나무 위에서 의의 태양이 빛을 비추기 시작할 때, 흑암이 되었습니다.

우리가 가시관을 쓰신 주님을 본 이상, 우리가 세상의 모든 왕국들과 그들의 영광에 대해 무엇을 사랑해야 할까요?

모든 왕들의 홀 주위보다 십자가의 하나의 못 주위에 더한 영광이 있습니다.

인생 가운데 황금 양털의 작위가 주어지게 하고, 훈장의 자격이 있는 모든 작위가 자기 자리에 서게 하십시오.

그러할 때 그들의 영광은 무엇입니까?

그들의 영광은 피할 수 없는 운명의 시간에 시들게 되고, 반면에 십자가의 영광은 영원합니다. 지상의 모든 것들은 십자가의 빛 아래서 볼 때 흐릿해지고 희미해집니다.

바울은 또한 세상의 지혜가 어리석음을 보았습니다.

세상이 지혜롭고 철학적이다고 말하는 것을 보십시오!

그렇습니다.

세상의 철학은 영광의 주님을 십자가에 못 박기 위하여 도입되었습니다. 세상의 철학은 온전함을 알지 못했고 순전한 이타심(pure unselfishness)의 아름다움을 인식하지도 못했습니다. 메시아의 살해가 바리새인들의 문화의 결과였고, 모든 시대 가운데 가장 위대한 교사를 죽게 만드는 것이 사두개파적 사고의 원숙한 열매였습니다.

현 시대의 심사숙고도 죄에 대한 만족설의 교리를 부인하는 것 이상의 더 큰 솜씨를 발휘하지는 못합니다. 그들은 자신들의 비판과 자신들의 새로운 신학으로 우리 주님을 새롭게 십자가에 못 박았습니다. 그리고 이는 일찍이 모든 세상의 지혜들이 행해온 바입니다. 세상의 지혜는 의심을 흩뿌리며, 희망을 소멸시키고, 확실성을 부인케 하는데 익숙합니다.

그러므로 우리에게 있어 세상의 지혜는 순전히 어리석을 뿐입니다. 하나님은 이 세상의 지혜자들에게 멸시를 퍼부으셨습니다. 그들의 어리석은 마음은 눈이 가려졌고, 그들은 대낮에 손으로 더듬어 찾는 자들입니다.

그러므로 그 사도 또한 세상의 종교를 아무 것도 아니라고 간주하였습니다. 그리스도를 십자가에 못 박은 것이 바로 세상의 종교였고, 그 종교의 기저에 제사장들이 있었습니다. 바리새인들은 그 종교를 강력히 밀고 나갔습니다. 그 나라의 교회, 수많은 의식들을 중시하는 교회, 장로들의 전통들을 사랑했던 교회, 성구함(phylacteires)과 너풀너풀한 예식 의복을 자랑하는 교회, 이것이 관료들에 의해 집행되어 주님을 십자가에 못 박았던 교회였습니다.

그러므로 바울은 제사장과 제단을 연민의 마음으로 바라보았고, 하나님의 성령이 부재하신 예배의 화려함으로 그리스도 없는 세상을 꾸미려는 모든 시도를 가여이 여겼습니다.

십자가에 달리신 그리스도를 한 번 보십시오.

그러면 화려한 건축물과 멋드러지게 그려진 장면은 저속하고 겉만 번지르르한 것이 되고 맙니다. 십자가는 영과 진리로 드려지는 예배를 요청하지만, 세상은 이 예배에 대해 아무 것도 알지 못합니다.

그리고 그것이 세상이 추구하는 바입니다. 어떤 이들은 명예를 좇아 뛰어가고, 어떤 이들은 배우는 일에 수고를 다하며, 다른 이들은 부자가 되기 위하여 땀을 흘립니다.

그러나 바울에게는 이 모든 것들이 사소합니다.

십자가상의 그리스도를 보았기 때문이지요.

예수께서 죽으신 것을 본 사람은 결코 장난감 같은 하찮은 사업에 몰두하지 않습니다. 그는 어린아이의 일을 버립니다. 어린 아이, 징징대는 일(a pipe), 작은 비누, 그리고 많은 예쁜 비눗방울들. 그것이 세상입니다. 십자가만이 우리로 젖을 떼게 하듯 그러한 유치한 놀이로부터 벗어나게 할 수 있습니다.

그리고 세상의 철학은 세상의 쾌락과 세상의 권세와 함께 합니다. 세상은 그리고 세상에 속한 모든 것은 바울에게 시체와 같이 되었습니다. 그리고 그는 세상에 대해 시체와 같이 되었습니다.

교수대 위에 줄로 매달려 흔들리고 있는 시신을 보십시오.

얼마나 역겹고 부패한 일입니까!

우리는 그것을 견딜 수 없습니다. 시신이 공기를 역병으로 가득 채울 때까지 지상 위에 오랫동안 매어달려 있게 하지 마십시오.

죽은 자로 우리 눈에서 보이지 않게끔 매장하십시오.

십자가 위에서 죽으셨던 그리스도는 이제 우리 마음속에 살아계십니다. 인간의 죄악을 지셨던 그리스도는 우리 영혼을 소유하시고, 따라서 우리는 오직 그분 안에서, 그분을 위하여, 그분에 의해서만 살아갑니다. 그분은 우리의 사랑을 독점하셨습니다. 우리의 모든 열정은 그분을 위하여 불태워집니다. 하나님은 우리가 하나님을 영화롭게 하고 우리 시대를 축복하도록 그 일이 우리 안에서 일어나게 하셨습니다.

바울은 이 서신을 "이 후로는 누구든지 나를 괴롭게 하지 말라 내가 내 몸에 예수의 흔적을 지니고 있노라"(갈 6:17)라고 말함으로써 끝을 맺습니다.

그는 노예였고, 그의 주인의 이름이 새겨져 있었습니다. 그 각인은 결코 지워질 수 없었는데, 그 인장은 그의 마음속에 아로새겨졌기 때문입니다.

따라서 나는 속죄의 교리가 우리의 확립된 신앙이며, 그 신앙 안에 있는 믿음이 우리 생명의 한 부분임을 믿습니다. 우리는 변하지 않는 진리 안에 뿌리내려졌고 심겨졌습니다.

여러분의 새로운 관점으로 나를 회심시키려 하지 마십시오.

내게는 그것은 지나 간 일이고, 그러한 시도를 그만 두십시오.

여러분은 헛된 수고만 할 뿐입니다.

모든 것이 끝났습니다.

이점에서 번지르함은 아무런 감동을 주지 않습니다. 나는 내 위치를 확보했고, 나는 절대로 그만두지 않을 것입니다. 십자가에 달리신 그리스도께서 나의 전체 본성, 영혼, 마음과 신체 모두를 소유하셨기에 나는 모든 반대 주장이 미칠 수 없는 그 너머에 있습니다.

형제자매 여러분!

십자가의 승리의 깃발 아래 등록하지 않으시렵니까?

먼지 속에 굴려지고 피로 얼룩져있을지라도, 그 깃발은 이제 주님의 군대를 승리로 이끌고 있습니다.

모든 목사들이 십자가라는 참된 교리를 선포한다면!

모든 그리스도인들이 십자가의 영향 아래 살아간다면, 그리고 우리가 이 시대보다 훨씬 더 밝은 날들을 보게 될 것입니다.

십자가에 달리신 분께 영광이 영원토록 있을지어다.

아멘.

C. H. Spurgeon

SERMONS ON THE PASSION OF CHRIST

C. H. Spurgeon

찰스 해돈 스펄전의
고난주간 메시지
Sermons on the Passion of Christ

2017년 11월 15일 초판 발행
2025년 2월 28일 초판 2쇄 발행

지 은 이 | 찰스 해돈 스펄전

옮 긴 이 | 왕인성

편　　집 | 변길용, 권대영
디 자 인 | 이보람
펴 낸 곳 | 사)기독교문서선교회
등　　록 | 제16-25호(1980. 1. 18)
주　　소 | 서울시 서초구 방배로 68
전　　화 | 02) 586-8761~3(본사)　031) 942-8761(영업부)
팩　　스 | 02) 523-0131(본사)　031) 942-8763(영업부)
홈페이지 | www.clcbook.com
이 메 일 | clckor@gmail.com
온 라 인 | 기업은행 073-000308-04-020, 국민은행 043-01-0379-646
　　　　　　예금주: 사)기독교문서선교회

ISBN 978-89-341-1736-0 (03230)

* 낙장·파본은 교환해 드립니다.